汪晖 著

现代中国思想的兴起

下 卷

第一部

公理与反公理

生活·讀書·新知 三联书店

Copyright © 2015 by SDX Joint Publishing Company.
All Rights Reserved.
本作品简体字版权由生活·读书·新知三联书店所有。
未经许可，不得翻印。

图书在版编目（CIP）数据

现代中国思想的兴起／汪晖著．—3 版．—北京：生活·读书·新知三联书店，2015.1 （2023.9 重印）
ISBN 978 – 7 – 108 – 05164 – 6

Ⅰ．①现…　Ⅱ．①汪…　Ⅲ．①思想史－研究－中国　Ⅳ．① B2

中国版本图书馆 CIP 数据核字（2014）第 276914 号

全书总目

如何诠释"中国"及其"现代"？（重印本前言）—— 1

前言 —— 1

导论 —— 1
    第一节　两种中国叙事及其衍生形式 —— 2
    第二节　帝国/国家二元论与欧洲"世界历史" —— 23
    第三节　天理/公理与历史 —— 47
    第四节　中国的现代认同与帝国的转化 —— 71

◎ 上卷
    第一部
    理与物 —— 103

第一章　天理与时势 —— 105
    第一节　天理与儒学道德评价方式的转变 —— 105
    第二节　礼乐共同体及其道德评价方式 —— 125
    第三节　汉唐混合制度及其道德理想 —— 155
    第四节　理的系谱及其政治性 —— 187
    第五节　天理与郡县制国家 —— 212
    第六节　天理与"自然之理势" —— 254

第二章　物的转变：理学与心学 —— 260
    第一节　"物"范畴的转化 —— 260

第二节　格物致知论的内在逻辑与知识问题 —— 270
第三节　"性即理"与物之自然 —— 279
第四节　乡约、宗法与朱子学 —— 284
第五节　朱子学的转变与心学 —— 291
第六节　此物与物 —— 298
第七节　无、有与经世 —— 310
第八节　新制度论、物的世界与理学的终结 —— 324

第三章　经与史（一） —— 345
第一节　新礼乐论与经学之成立 —— 345
第二节　经学之转变 —— 382

第四章　经与史（二） —— 411
第一节　辟宋与清代朱学的兴衰 —— 411
第二节　经学、理学与反理学 —— 429
第三节　六经皆史与经学考古学 —— 458

◎ 上卷
第二部
帝国与国家 —— 487

第五章　内与外（一）：礼仪中国的观念与帝国 —— 489
第一节　礼仪、法律与经学 —— 489
第二节　今文经学与清王朝的法律/制度多元主义 —— 519
第三节　今文经学与清王朝的合法性问题 —— 551
第四节　大一统与帝国：从礼仪的视野到舆地学的视野 —— 579

第六章　内与外（二）：帝国与民族国家 —— 609
第一节　"海洋时代"及其对内陆关系的重构 —— 609
第二节　作为兵书的《海国图志》与结构性危机 —— 619
第三节　朝贡体系、中西关系与新夷夏之辨 —— 643
第四节　主权问题：朝贡体系的礼仪关系与国际法 —— 679

第七章　帝国的自我转化与儒学普遍主义 —— 737
第一节　经学诠释学与儒学"万世法" —— 737
第二节　克服国家的大同与向大同过渡的国家 —— 744
第三节　《大同书》的成书年代与早期康有为的公理观 —— 753
第四节　作为世界之治的"大同" —— 765
第五节　经学、孔教与国家 —— 782
第六节　从帝国到主权国家："中国"的自我转变 —— 821

◎ 下卷

　　第一部
　　公理与反公理 —— 831

第八章　宇宙秩序的重构与自然的公理 —— 833
第一节　严复的三个世界 —— 833
第二节　"易的世界"：天演概念与民族—国家的现代性方案 —— 844
第三节　"群的世界"：实证的知识谱系与社会的建构 —— 882
第四节　"名的世界"：归纳法与格物的程序 —— 897
第五节　现代性方案的"科学"构想 —— 920

第九章　道德实践的向度与公理的内在化 —— *924*
　　第一节　梁启超的调和论及其对现代性的否定与确认 —— *924*
　　第二节　"三代之制"与"诸科之学"(1896—1901) —— *929*
　　第三节　科学的领域与信仰的领域(1902—1917) —— *956*
　　第四节　科学与以人为中心的世界(1918—1929) —— *995*

第十章　无我之我与公理的解构 —— *1011*
　　第一节　章太炎的个体、自性及其对"公理"的批判 —— *1011*
　　第二节　临时性的个体观念及其对"公理"的解构
　　　　　——反现代性的个体概念为什么又以普遍性为归宿？—— *1021*
　　第三节　民族—国家与章太炎政治思想中的个体观念
　　　　　——在个体/国家的二元论式中为什么省略了社会？—— *1047*
　　第四节　个体观念、建立宗教论与"齐物论"
　　　　　世界观对人类中心主义的扬弃
　　　　　——在无神的现代语境中，什么是道德的起源？—— *1078*

◎ 下卷
　　　第二部
　　　科学话语共同体 —— *1105*

第十一章　话语的共同体与科学的分类谱系 —— *1107*
　　第一节　"两种文化"与科学话语共同体 —— *1107*
　　第二节　中国科学社的早期活动与科学家的政治 —— *1125*
　　第三节　世界主义与民族—国家：
　　　　　科学话语与"国语"的创制 —— *1134*
　　第四节　胡明复与实证主义科学观 —— *1145*
　　第五节　作为"公理"的科学及其社会展开 —— *1169*
　　第六节　现代世界观与自然一元论的知识分类 —— *1200*

第十二章　作为科学话语共同体的新文化运动 —— *1206*
  第一节　"五四"启蒙运动的"态度的同一性" —— *1206*
  第二节　作为价值领域的科学领域 —— *1208*
  第三节　作为科学领域的人文领域 —— *1225*
  第四节　作为反理学的"新理学" —— *1247*

第十三章　东西文化论战与知识/道德二元论的起源 —— *1280*
  第一节　文化现代性的分化 —— *1280*
  第二节　东西文化论战的两种叙事模式 —— *1289*
  第三节　东/西二元论及其变体 —— *1292*
  第四节　新旧调和论的产生与时间叙事 —— *1296*
  第五节　总体历史叙事中的东/西二元论及其消解 —— *1309*
  第六节　总体历史中的"东西文化及其哲学" —— *1314*
  第七节　从文化观的转变到主体性转向 —— *1327*

第十四章　知识的分化、教育改制与心性之学 —— *1330*
  第一节　知识问题中被遮蔽的文化 —— *1330*
  第二节　张君劢与知识分化中的主体性问题 —— *1343*
  第三节　知识谱系的分化与社会文化的"合理化"设计 —— *1370*

第十五章　总论：公理世界观及其自我瓦解 —— *1395*
  第一节　作为普遍理性的科学与现代社会 —— *1395*
  第二节　科学世界观的蜕化 —— *1403*
  第三节　现代性问题与晚清思想的意义 —— *1410*
  第四节　作为思想史命题的"科学主义"及其限度 —— *1424*
  第五节　哈耶克的科学主义概念 —— *1438*
  第六节　作为社会关系的科学 —— *1454*
  第七节　技术统治与启蒙意识形态 —— *1486*

附录一
地方形式、方言土语与抗日战争时期"民族形式"的论争 —— *1493*

  第一节 作为"民族形式"的"中国作风"与"中国气派"
      ——共产主义运动中的民族主义政治与文学问题 —— *1495*
  第二节 "地方形式"概念的提出及其背景
      ——战争对乡村与都市关系的重构 —— *1499*
  第三节 "地方性"与"全国性"问题 —— *1503*
  第四节 方言问题与现代语言运动 —— *1507*
  第五节 "五四"白话文运动的否定之否定 —— *1526*

附录二
亚洲想像的谱系 —— *1531*

  第一节 "新亚洲想像"的背景条件 —— *1531*
  第二节 亚洲的衍生性：帝国与国家、农耕与市场 —— *1539*
  第三节 亚洲概念与民族运动的两种形式 —— *1552*
  第四节 民主革命的逻辑与"大亚洲主义" —— *1565*
  第五节 多个历史世界中的亚洲与东亚文明圈 —— *1574*
  第六节 互动的历史世界中的亚洲 —— *1592*
  第七节 一个"世界历史"问题：亚洲、帝国、民族国家 —— *1603*

参考文献 —— *1609*

人名索引 —— *1666*

本册细目

◎ 下卷
　　第一部
　　公理与反公理 —— 831

第八章　宇宙秩序的重构与自然的公理 —— 833
　第一节　严复的三个世界 —— 833
　　1. 翻译与文化阅读 —— 833
　　2. "集体的能力"与以"虚"受物、
　　　 以"无"为用的"中央集权" —— 837
　　3. "名的世界"与"易的世界" —— 841
　**第二节　"易的世界"：天演概念与
　　　　　 民族—国家的现代性方案** —— 844
　　1. 天演概念与易学宇宙观 —— 844
　　1.1 关于社会达尔文主义 —— 844
　　1.2 赫胥黎的循环进化与斯宾塞的单向进化 —— 846
　　1.3 "天演"概念建构的易理逻辑 —— 851
　　2. 社会进程、伦理原则与国家问题 —— 857
　　2.1 赫胥黎进化范畴中的三重领域和三重规则 —— 857
　　2.2 斯宾塞的放任主义与"控制的集中化" —— 860
　　2.3 任天为治、保种进化与尚力问题 —— 863
　　2.4 群己权界、无为之治与中央集权 —— 873
　第三节　"群的世界"：实证的知识谱系与社会的建构 —— 882
　　1. "群"概念的分化特征与总体性 —— 882
　　2. 以"群学"为要归的分科之学 —— 889
　第四节　"名的世界"：归纳法与格物的程序 —— 897
　　1. "穆勒名学"中的归纳/演绎、实验/直觉 —— 897
　　2. "真"与"诚"的互换与格物的程序 —— 903
　　3. 对直觉主义的批判与朱陆之辨 —— 908

         4. "意验相符"与不可知论 —— 915
    第五节 现代性方案的"科学"构想 —— 920

第九章 道德实践的向度与公理的内在化 —— 924
    第一节 梁启超的调和论及其对现代性的否定与确认 —— 924
    第二节 "三代之制"与"诸科之学"(1896—1901) —— 929
         1. 公羊学与变法：康有为的影响 —— 929
         2. 三代之制、诸科之学与群的理想 —— 935
         3. 认知与修身：作为道德实践的科学方法 —— 951
    第三节 科学的领域与信仰的领域(1902—1917) —— 956
         1. 科学、宗教与知识论问题 —— 956
         2. 两种理性、功利主义与近代墨学研究 —— 970
         3. 进化概念、民族主义和权利理论 —— 979
    第四节 科学与以人为中心的世界(1918—1929) —— 995
         1. 文明危机与进化论的道德视野 —— 995
         2. 知行合一、纯粹经验与人的世界 —— 1000

第十章 无我之我与公理的解构 —— 1011
    第一节 章太炎的个体、自性及其对"公理"的批判 —— 1011
         1. 个体概念为什么是临时性的和没有内在深度的？ —— 1011
         2. 认同问题为什么被理解为一种道德的取向？ —— 1014
         3. 个人观念的反道德方式及其对确定价值的追寻 —— 1017
    第二节 临时性的个体观念及其对"公理"的解构
              ——反现代性的个体概念
                   为什么又以普遍性为归宿？ —— 1021
         1. 现代性的态度：把个体纳入群体进化的时间目的论之中 —— 1021
         2. 反现代性的态度：拒绝将个体与
              群体进化的历史目的论相联系 —— 1027
         3. 否定性的自由：个体观念的内涵与
              对"公理"世界观的批判 —— 1031
         4. 自然法则与人道原则 —— 1037

5. 无我的个体不能成为道德的起源 —— *1040*
6. 阿赖耶识、无我之我与重归普遍性 —— *1043*

第三节　民族—国家与章太炎政治思想中的个体观念
——在个体/国家的二元论式中
为什么省略了社会？ —— *1047*

1. 个体概念为什么是反国家的和无政府的？ —— *1047*
2. 在个体/国家二元对立的论述模式中，
   如何理解个体/民族的关系？ —— *1051*
3. 个体/国家的论述模式与晚清国家主义 —— *1057*
4. 在个体/国家的二元论述模式中，
   为什么省略了社会范畴？ —— *1061*
5. "群"之否定（1）：从个体角度批判代议制与平等问题 —— *1064*
6. "群"之否定（2）：对商的否定涉及由谁来分享国家权力 —— *1067*
7. "群"之否定（3）：学会、政党与国家权力扩张 —— *1069*
8. "群"之否定（4）：个人、民族主义及其
   对士绅—村社共同体的否定 —— *1070*
9. "个体为真，团体为幻"的多重政治内涵 —— *1075*

第四节　个体观念、建立宗教论与"齐物论"
世界观对人类中心主义的扬弃
——在无神的现代语境中，什么是道德的起源？ —— *1078*

1. 无神论与以重建道德为目的的宗教实用主义 —— *1078*
2. 依自不依他与佛教三性说 —— *1084*
3. 宗教本体论与个体的意义 —— *1090*
4. 齐物论的自在平等：体非形器、理绝名言、涤除名相 —— *1093*
5. 个体/本体的修辞方式与自然之公 —— *1100*

本册细目

【下卷 第一部】

公理与反公理

第八章

宇宙秩序的重构与自然的公理

> 小之极于跂行倒生,大之放乎日星天地;隐之则神思智识之所以圣狂,显之则政俗文章之所以沿革,言其要道,皆可一言蔽之,曰'天演'是已。
>
> ——严复

第一节　严复的三个世界

1. 翻译与文化阅读

对于晚清时代的士大夫而言,1894—1895年甲午战争的失败是一个象征性的事件。它意味着以洋务运动为标志的改革的失败,也意味着即使有所改良,传统的制度和知识谱系也不足以应对严峻的现实。在士大夫心理严重受挫的背景下,重构新的世界观和知识的系统,进而为制度的改革创造理论的前提,成为迫切的任务。严复在晚清思想中的特殊地位和贡献就在于:他以进化论和现代科学方法为背景建立了一个完整的新宇宙观,并在欧洲自由主义思想的支持下,提出了一套变革的方案,从而有力地回应了新一代知识分子的内心焦虑和时代的挑战。

但是,严复的思想活动的意义需要时间的过滤才能充分地展现出来。在他的同代人看来,严复的影响主要得自他的翻译才能,以及他对近代西方思想的深刻的了解。梁任公称"几道先生为清季输入欧化之第一人",[1]而吴汝纶初读《天演论》译稿之际,便惊叹"盖自中土翻译西书以来,无此宏制,匪直天演之学,在中国为初凿鸿蒙,亦缘自来译手,无此高文雄笔也。"[2]翻译在那个时代的思想生活中具有特殊的意义,严复的贡献就在于:通过翻译活动,他把近代欧洲的思想和观念编织进了汉语的广阔空间,从而在两种语言之间创造出了一种特殊的文化。尽管严译概念中的绝大部分最终都为日本转译的新名词所取代,商务印书馆在严译名著8种后附《中西译名表》共收词482条,其中被学术界沿用的仅56条,[3]但利用古典语言翻译外来词的做法显然给他的同时代人留下了极深的印象。

严复的翻译,特别是对斯宾塞、赫胥黎、穆勒和斯密的著作的翻译,几乎穷尽了中国古典的语汇,其中相当一部分如果不是由于这些西方典籍的翻译,已经近于死亡。这是一个创造性的过程:西方的思想激活了汉语的古老语汇,而汉语的丰富内含改造了西方的概念。天演、自繇、内籀、公理、群学、储能、效实,以及物竞天择、适者生存等等,在严复那里不是孤立的概念和翻译的用语,它们与传统的汉语世界建立了一种紧张而又内在的相关性。"新理踵出,名目纷繁,索之中文,渺不可得……一名之立,旬月踟蹰,我罪我知,是在明哲。"[4]这些典雅的文辞构筑出一个既熟悉又令人惊异的思想空间,我把它称之为"名的世界"。这个"名的世界"并不是概念的堆积,它们相互之间存在着内在的逻辑关系。对于晚清士大夫和年轻一代的学子来说,它们如同符咒一般重新组织了他们的生活和世

---

[1] 见严复孙严群为《天演论》所作的序,严译名著丛刊、赫胥黎著《天演论》,北京:商务印书馆,1981,(下同),页 iv。

[2] 吴汝纶:《桐城吴先生全书·尺牍》,卷一,页159,答严又陵。此后,他在给《天演论》所做的序文中亦称:"自吾国之译西书,未有能及严子也。"《吴汝纶序》,见严译名著丛刊,赫胥黎著《天演论》,页 vi。

[3] 见熊月之:《西学东渐与晚清社会》,上海:上海人民出版社,1994,页701。

[4] 严复:《"天演论"译例言》,严译《天演论》,页 xii。

界:从外在的自然到内在的道德,从物种的由来到人类的历史,习以为常的经验迅速地被吸收到一种新的逻辑之中,一种新的构造之中,一种新的运动之中。新的概念及其蕴含的内在逻辑的组织力是惊人的,变革的必要性几乎不再需要证明,因为它不过是这幅世界图景中的某个规定的局部而已。我们可以理解,置身这一世界观变化(或思想史的范式转换)的人所感到的内心震动该是多么强烈:"赫胥黎氏以人持天,以人治之日新,卫其种族之说,其义富,其辞危,使读者怵焉知变,于国论殆有助乎?是旨也,予又惑焉。"[5]

从外国学者的眼光来看,严复的意义似乎有所不同。如同托克维尔之于美国人,在西方学者的眼中,严复是一位来自东方的西方评论家,他们从中吃惊地照见了自己已经淡忘了的形象。"严复站在尚未经历近代化变化的中国文化的立场上,一下子就发现并抓住了这些欧洲著作中阐述的'集体的能力'这一主题。"[6]史华兹在仔细的比较分析之后得出的结论是:严复充分地发挥了关于能力的概念,并在使个人主义作为发挥能力的手段之后,把公心置于自由思想的中心位置。他显然觉得这在很大程度上是由于严复过于关注国家目标,以至产生了对自由主义的歪曲和误解。[7]不过,史华兹的更为重要的论断在于,这些误解和歪曲经常是包含在欧洲思想家的理论逻辑之中的,而这些欧洲思想家并不了解这一点。例如,能力问题曾经是文艺复兴时期的中心议题之一,但在这种能力已经获得胜利的情境中,对能力问题的关注似乎没有必要继续下去了。在史华兹的论题里,"公心"与国家目标的关系是不言而喻的,从而这一问题被置于个人自由/国家的关系之中加以讨论。但在我看来,严复显然把"公心"看作是一种较之国

---

[5] 同上,页 vii。
[6] 路易斯·哈茨的序文,见本杰明·史华兹:《寻求富强:严复与西方》,叶凤美译,江苏人民出版社,1989,(下同)页1—2。
[7] 史华兹一方面觉得在近代世界里,没有一个社会不具备国家力量而能幸存下来。但他仍然相信,凡在价值观念被认为是达到强盛的手段的地方,这些价值观念就很可能是靠不住的、无生命力的和被歪曲了的。他慨叹说,无限追求富强的浮士德式宗教与社会—政治价值观念(甚至是更加基本的人类价值观念)的实现,这两者的关系究竟如何,对我们来说,完全像对他们一样,仍然是一个谜。同上,页235。

家问题更为广泛的问题,它与个体自由的观念并不抵牾。[8]

在为本杰明·史华兹的杰出著作《寻求富强:严复与西方》所做的序文中,路易斯·哈茨发挥作者的观点说:"严复认为,除开西方作者们所说的诸多的'个人主义'或'放任主义'而外,'集体的能力'这一主题体现了欧洲走向近代化的运动,而这一主题所以尚未为西方评论家特别关注,显然是因为它常常是被通过其他观念加以表达的。但今天,西方已在不知不觉中进入一种新的境况,卷入了许多明显在经历'近代历史'的国家的事务中,这必将使处在新境况中的西方对自己思想史上的这些问题作一回顾。严复的看法,在极大程度上,很可能最终会成为我们的看法。"[9]严复的确不可能自始至终确切地阐释他的自由思想的观点,因为他所依赖的经验对象("西方")是如此地不确定、如此地不平衡、如此地充满了差异。但他还是通过那些特殊的概念构筑出了"西方"的完整形象。史华兹没有象当今的许多理论家那样斥责严复的"西方主义",相反,他从严复的观点中看到了深藏的、几乎已被忘却的欧洲历史的集体记忆:西方思想所表达的有组织的力本论精神仍是西方的特点和冲击力的关键所在。换言之,严复对自由的工具化理解恰恰揭示了西方社会在自由与极权的形式之间的徘徊:"工业主义手段和关心国家(或超国家的)力量之间从未隔着一道铁壁。如果自由主义或社会主义的价值观念是近代社会'合理化'的副产品,那么,它们必然与这种合理化的各个方面(政治的、军事的和经济的)有关。国家和军事力量的成长是与工业化的进展成正比的。"在这个意义上,"实现富强的手段就是天生带有等级制性

---

[8] 严复曾经用"公"的概念解释西方社会的民主制度,这在晚清知识界并不是特别特殊的情况。早在1844年,梁廷枏出版了中国人编写的第一部系统的美国通志。在述及美国政治制度时,他说:"彼自立国以来,凡一国之赏罚禁令,咸于民定其议,而后择人以守之。未有统领,先有国法,法也者,民心之公也。……"(梁廷枏:《合省国说》,卷二,页13)但是,为什么他们用"公"的观念来描述这种制度呢?"公"作为一种价值明显在他们观察西方民主制度之前即已确立。因此,他们对西方社会的观察为"公"的价值提供了新的内容。

[9] 史华兹:《寻求富强:严复与西方》,页1—2。

质的和权力主义的,这一点已经得到充分的证实。"[10]在冷战的氛围中,史华兹通过严复看到了"西方精神"中深藏着的国家主义和崇尚权力的内蕴,他试图重申自由的绝对的、自主的而非工具的价值地位,以克服"西方精神"中过度的力本论观念。也许我们可以推论说,史华兹对严复的观察建立在社会/国家、自由/干预、个人/组织等自由主义社会理论的基本范式之上。这些基本范式起源于16世纪至19世纪欧洲资产阶级与封建国家进行斗争的历史,并在斯宾塞的社会学、穆勒的政治论、斯密的经济学中得到了理论的表达。但是,这些基本范式能否作为近代中国社会变革的理论力量,则依赖于完全不同的历史条件。因此,严复的翻译和阐释活动经历着双重的范式转移:一方面是史华兹已经指出的中国思想的范式转移,另一方面则是"西方理论"自身的范式转移,后一方面在史华兹的视野中已经被解释成为严复对"西方理论"的歪曲与误解。[11]

2. "集体的能力"与以"虚"受物、以"无"为用的"中央集权"

在我看来,严复对"集体的能力"的关注没有任何难以理解之处,这与欧洲自由主义思想关于国家干预问题的讨论没有多大的相关性。与其

---

[10] 同上,页234—235。
[11] 胡志德(Theodore Huters)通过审视1895年以后严复早期写作中的紧张,重新检讨中国知识分子如何吸收西方思想的问题。他认为,一方面,就严复而言,这些写作通过勾勒新的、西方的思想与中国过去的陈腐思想的尖锐对比,表明了加速改革的迫切性。另一方面,也常常发现这些从西方进口的新的概念与中国思想的本土概念存在潜在的相似性。严复试图通过一种修辞方式解决这种最终的紧张,即通过过分强调中国与西方的话语差异来拒绝本土思想的有效性。他的这种动机的大部分来自他的这种感觉:在他之前的洋务思想家已经失去了推动变革的思想力量,这是因为他们急于宣称西方的新思想与中国的本土事物存在太多的联系。反讽的是,稍后的知识分子出于同样的前提经常把严复描述成与中国传统思想模式作了太多妥协的人物。Theodore Huters, "Appropriations: Another Look at Yan Fu and Western Ideas,"见《学人》第9辑,南京:江苏文艺出版社,1996,页259—356。

说斯宾塞、穆勒的思想中内含着的逻辑使他得出了力本论的和国家主义的结论，不如说自由资本主义的历史及其创造的全球关系迫使他得出这样的结论。[12] 即使如此，史华兹的结论也仍然值得思考：严复竟能够穿透"歪曲"和"误解"，直接地抓住那些连欧洲作者自己也不了解的内在的逻辑。这肯定不是他深入地研究这些思想和理论的结果，这有他的如此众多的"歪曲"和"误解"为证。救亡的急务对他的理解产生了极为重要的作用，但是，这一急务能够提供如此的洞察力也令人难以置信。严复对"西方"及其理论的解释具有连贯的逻辑和体系性，这迫使我们不得不回到哈茨提及但却未能深述的"尚未经历近代化变化的中国文化的立场"。实现富强与等级制和权力主义的关系是在现代性的逻辑中建立起来的，但是，这种"尚未经历近代化变化的中国文化的立场"难道是和这种等级制和权力主义完全一致的吗？严复的确没有把自由、平等的价值当做自由主义所理解的价值来看待，但是，那些支配他理解"西方"的思想方式，例如"公心"的观念，是否隐含了某些与等级制和权力主义相对立的价值呢？这是严复的"群的世界"（亦即社会）的关键问题之一。

严复在为老子作评点的时候，曾经就中央集权问题作过有趣的说

---

[12] Herbert Spencer 的 *The Study of Sociology*（即严译《群学肄言》）一书结论部分谈到英相 Mr. Gladstone（1809—1898）对宗教和科学的看法，严复特别加了一节按语，其中涉及对干涉主义的看法。他说："葛莱斯敦最信宗教，意以宗教为地维天柱，非此则人道将废，而世不知为何如世也。故于百年来教力之衰，常抱无穷之戚，……自斯宾塞指其与格物为反对，葛颇不自安，复数番致书自解。略谓吾之前言，非与格物为难也，特以谓宗旨所存，末流多过。譬如自由之说兴，而穷凶之孽，或由此作。即持干涉之义者，而民直（即俗所谓权利与他书所谓民权）或以见侵。设仆云然，未必遂为自由之反对，抑亦非尚法者之叛徒也。至于天演本宗，仆固未喻，何必为局外之毁乎？与执事各守封疆可耳，无取为之角距也。"《群学肄言》一书全书仅两处按语，此为一处。原文中并无葛氏的这段辩解性的文字。从这段引文看，似乎暗示干涉主义可能会侵害民权，但这种关系也并不是必然的关系。见万有文库本《群学肄言》，商务印书馆，1931，（下同）页 355—356。有关 Gladstone 的段落，见 Spencer, *The Study of Sociology*（Ann Arbor: The University of Michigan Press, 1961），p. 358。

明。他说:"近人颇尚中央集权之政策,读《老子》知惟以'虚'受物,以'无'为用者,乃能中央集权也。"[13]这当然也是他的"公心"的表现,我们能否将这样的"中央集权"看作是国家主义呢?他在"黄、老之道"与君主之"儒术"之间构成对立,并把这种对立与民主制和君主制的对立关联起来,明显地体现了一种放任主义的倾向。这种倾向与他对国家危亡的关注并无丝毫矛盾之处。[14]当严复在中西对比的关系中阐释近代西方思想的特质的时候,"中国"总是一个负面的形象和价值,然而,如果深入地去观察,我又觉得这些"负面的"形象和价值仍然渗入了他对"正面的西方"的理解之中。这使我感到:严复揭示出的那些欧洲思想家自己未曾觉察的前提,如力本论和国家主义,并不能完整地体现他本人的思想。在严复构筑的世界观里,存在着某种与这些前提直接冲突的价值和逻辑。很显然,这些价值和逻辑与自由主义的价值并没有什么关系,尽管他确乎在老子和中国传统的典籍中发现了一种独特的"自由"理念。[15]

严复晚年曾经感叹他这一辈的学人"虽皆各具新识,然皆游于旧法之中";[16]在给熊纯如的信中,他还谈及对庄子终生喜好,说自己的思想"往往不能出其范围"。他评论新知识分子的特点说:

> 晚近中国士大夫,其于旧学,除以为门面语外,本无心得,本国伦理政治之根源盛大处,彼亦无有真知,故其对于新说也,不为无理偏执之顽固,则为逢迎变化之随波。何则?以其中本无所主故也,……

---

[13] 《"老子"评语》,《严复集》第4册,页1079—1080。
[14] 严复说:"夫黄、老之道,民主之国之所用也,故能长而不宰,无为而无不为;君主之国,未有能用黄、老者也。汉之黄、老,貌袭而取之耳。君主之利器,其惟儒术乎! 而申韩有救败之用。"这里提出申、韩有救败之用是颇有意思的,这显然是说一定程度的集权和法制是一种工具性的东西,而不是目的。同上,页1079。
[15] 在为《老子》第18章所做的评点中,严复说:"故今日之治,莫贵乎崇尚自由。自由,则物各得其所自致,而天择之用存其最宜,太平之盛可不期而自至。"同上,1082。
[16] 《严几道晚年思想》(即"严几道与熊纯如手札"),台北:崇文书店,1974,页113。

比辈人数虽重,大都富于消极之道德,乏于积极之勇气,……[17]

晚年严复似乎是"背离西方退回到传统",但史华兹非常有力地论证说,他的晚年思想与他早年对斯宾塞、穆勒和甄克思的理解是一脉相承的,从而"背离西方"之说未必确切。[18]更重要的是,严复早年对传统的抨击并不意味着他在传统之外,相反,"本国伦理政治之根源盛大处"恰好是他解释欧洲思想家的著作的基本背景。这个背景对于当时的士大夫而言并无任何新奇之处,但就像西方的读者已经忘却了斯宾塞、穆勒著作中的深藏的逻辑一样,他们看到的是他对西方的理解,却看不见这种理解中深藏的逻辑和结论。然而,我不仅深信这种深藏的逻辑的存在,而且认为离开这种逻辑便无法揭示严复思想的更为基本的方面。

更为重要的是,严复对个人自由与公心和国家的关系的解释并不仅仅源自老庄思想或易学宇宙观,而且深刻地植根于近代中国的历史形势。我在下文中将详细论述的问题之一就是:在晚清中国的语境中,"群"或"社会"的范畴是和创造民族—国家的历史任务直接相关的。换句话说,近代中国的变革涉及的不仅是现代国家的创造,而且是现代社会的创造,而这两者的关系是互相依赖的。西方社会理论和经济理论中的那种社会/国家二元论起源于资产阶级占据市民社会并与贵族国家相抗衡的历史,而在晚清中国,社会范畴则适应着创造现代国家的历史需要。在这一语境中,近代欧洲历史中的那种社会/国家的二元论无法描述晚清中国的历史条件。严复对斯宾塞、斯密和穆勒的某些改造必须被置于这一历史情境的差异中才能得到理解。

---

[17] 《严几道晚年思想》(即"严几道与熊纯如手札"),(同前)页58—60。严复说,庄子"其言曰:名,公器也,不可以多取;仁义,先王之遽庐也,止可以一宿而不可以久处。庄生在古,则言仁义,使生今日,则当言平等自由博爱民诸学说矣。庄生言儒者以诗书发冢,而罗兰亦云,自由自由,几多罪恶假汝而行。甚至爱国二字,其于今世,最为神圣矣。然英儒约翰孙有言,爱国二字,有时为穷凶极恶之铁铰……"

[18] 本杰明·史华兹:《寻求富强:严复与西方》,页209—210。

3. "名的世界"与"易的世界"

　　因此,建立一种新的视野来看待严复便不可避免了。这种视野既不同于梁启超、吴汝纶的传统眼光,也不同于史华兹、哈茨的自由主义。与其说它是"尚未经历近代化变化的中国文化的立场",不如说是正在经历近代化变化的中国文化的立场。严复在为《天演论》和《穆勒名学》所做的序文和按语中,曾用《易》理阐西学,人们多半以古代佛经翻译的"格义"说为解,似乎这仅仅是一个技术或工具的问题。但学术史家钱基博却不这样看,在出版于1936年的著作《经学通志》中,他把严复作为晚清经学的代表人物之一,赫然列之于"易学家"之列,而严复的易学代表作就是《天演论》。[19] 这位江南世家出身、观点略显保守的学者的看法看似古怪,但却反映了哈茨所谓"尚未经历近代化变化的中国文化的立场"和清代学术传统的一般观点,也在一定程度上合乎严复本人的自我理解。[20] 我当然不会像钱基博那样把《天演论》看作是易学著作,但是,"易学世界观"是否贯注于严复对近代西方思想的理解,并构成了某种体系化的逻辑,以及这种逻辑与他明确解释的价值之间的关系如何,是值得深入研究的。

　　如果说自繇、平等、天演、群学等等概念在社会运动中具有非凡的"组织力",并构筑了新的世界图景和运动方向,那么,在严复自己的思想和翻译实践中,还存在着另外一种"组织力",它把归纳方法、个人主义、重商主义、集体主义和民族思想等相互冲突的思想因素联结成为一种有序的结构。这种"组织力"是严复思想体系的"世界观"特性的标志,它植根于那个时代仍然存活的文化方式之中,并为严复游走于两种语言之间的方式提供了有力的根据。正是在严复所依赖的文化的视野中,近代欧洲的自由思

---

[19] 钱基博:《经学通志》,中华书局,1936,页38。
[20] 严复在《译"天演论"自序》中说:"近二百年,欧洲学术之盛,远迈古初,其所得以为名理、公例者,在在见极,不可复摇。顾吾古人之所得,往往先之,此非傅会扬己之言也,吾将试举其灼然不诬者,以质天下。"他所举的例子即是《易》。《天演论》,页 ix。

想背后隐藏的那种力本论和国家主义才如此鲜明地凸现出来。"名的世界"与"易学的宇宙论"是合二而一的。我们需要通过前者理解世界的整体关系,我们需要通过后者了解"名的世界"建构的基本规则。

严复的翻译活动及其创造的"名的世界"与"易的世界"的双重结构,提出了一些观察近代中国思想的理论方式问题。晚清中国思想普遍地接受了一种康德主义的观点,即我们之所以能认识这个世界并掌握它的真理,仅仅因为心灵为其知性规定了一整套范畴,并通过这些范畴把在经验中所给予的东西组织起来。事物的确定性质及其关系,起源于思维加之于世界的概念构架。这些概念构架赋予确定无形式的东西以确定的形式。然而,在翻译的实践中,范畴的无时间性和无变化的观点明显地受到了挑战,因为康德所确定的那些先验范畴仅仅是通过翻译活动才被植入另一个语言(文化)系统之中的。更重要的是,解释特定时代的范畴不能与解释这一时代的思想框架相混同。为了说明思想框架,就必须回溯整个的历史,即展示认知与自我认识两方面的生成历史。范畴的生产与思想框架的联系是历史地生成的,它们无法分开,但在分析过程中却不应混同。

严复通过他的翻译活动创造的不仅是一个新的宇宙观,而且是一个用各种新的命名组成的世界图景。近代科学思想输入的重要一环是名学的复兴,从墨子名学的再发现,到穆勒逻辑学的译介,都表明新的世界图景的创造依赖于新的概念体系。严复批评中国语言过于含混,认为"语言之纷至于如此,则欲用之以为致知穷理之事,毫厘不可苟之功,遂至难矣。……治科学者,往往弃置利俗之名,别立新称,以求言思不离于轨辙,盖其事诚有所不得已也。"[21]他还指出中国虽有训诂的传统,却没有对概念进行界说的方式。因此,他力图在汉语的世界中创造出一种既能在汉语中找到渊源,又不致混同于一般语言的名词体系。可以说,通过《天演论》、《群学肄言》、《法意》、《穆勒名学》、《原富》等著作的翻译,以及他主持的"名词研究会",严复创造了一个独特的"名的世界",个人、种族、国家、自然、社会的各个方面都需要在这个"名的世界"中加以仔细地界

---

[21]《穆勒名学》部甲,北京:商务印书馆,1981,页35。(下同)《严复集》第4册,页1031。

定。"名的世界"不仅是中国人重新理解和控制自己的世界的方式,而且也是现代社会体制得以形成和建立的基本前提。只有在这个意义上,我们才能理解,严复的论敌——如章太炎——竭力地用唯识学和"齐物论"世界观对抗"名的世界"的真正含义:章太炎的"齐物的世界"与严复的"名的世界"是两种完全不同的世界构想。"名的世界"是一个力图通过知识的合理化而抵达的合理化的世界体制,"名"的关系的界定主要建立在事物的功能关系之中;而"齐物的世界"是对"名"的彻底摒弃,因而它实际上完全否定了事物之间的功能性的关系。通过功能性关系的界定,"名的世界"实施了对世界的各种关系的控制,并把它们置于一种等级结构之中;而放弃对世界的功能关系的界定则意味着对一切等级结构的否定,从而也是对一切制度性的实践的否定。非常明显,在严复那里,"名的世界"具有广泛的包容性。"故名学之所统治者不独诸科学已也,即至日用常行之事,何一为名学之所不关乎?"这里所说是名学,但用之于他的"名的世界"也完全是恰当的。[22]

值得提出的是,对于严复来说,"名的世界"是一个科学的世界,"易的世界"也同样是一个科学的世界,而"群的世界"则是在科学方法和科学知识谱系中呈现其内在的结构的。这三个相互关联又相互区别的世界包含了严复对于整个世界的理解,从而构筑了一个完整的世界观。

本章试图在这样的视野中研究严复"以认知为中心建立起来的含政治、道德与自然为一体的公理观"。我从三个方面展示这个"公理观"的内涵和逻辑:1."易的世界":天演概念与民族—国家的现代性方案;2."群的世界":实证的知识谱系与总体性问题;3."名的世界":归纳法与格物程序;从时间顺序来看,严复的翻译实践是从赫胥黎的《天演论》始,中间是斯宾塞的《群学肄言》等,而后才是《穆勒名学》。所有这三个方面的问题及其相关关系,不仅在严复写于1895年的几篇重要论文中即已奠定,而且在严译《天演论》中也已得到了初步的表达。

---

[22]《穆勒名学》,部首·引论,页8。

第二节 "易的世界":天演概念与民族—国家的现代性方案

1. 天演概念与易学宇宙观

1.1 关于社会达尔文主义

天演或进化问题作为一种近代科学思想的重大发现构成了严复思想的中心问题,但正是这一问题把他与社会达尔文主义联系起来。我把严复关于自然和社会的看法归结为一种以公理为核心的宇宙论和世界观。严复的"群"和"群学"概念把社会理解为一种道德实在,而他的归纳法的程序及其与天理的关系也预设了宇宙的道德性质。严复的"科学"不仅是一种形而上学体系,而且是以"群学"为中心建立起来的、以"群"的等级关系为基础的结构—功能系统。这样一种特殊的公理观与社会达尔文主义在原理上无疑是对立的,但为什么严复又对斯宾塞主义如此感兴趣呢?

史华兹著作中最为精彩的篇章也许就是他有关严复与斯宾塞的关系以及严译《天演论》的讨论。严复作为一位社会达尔文主义者的形象也正是在严复与斯宾塞、赫胥黎的错综复杂的关系中建立起来的。史华兹正确地指出,严复的所有观点都与斯宾塞体系的一些组成部分相关联,[23]但他的整个论证的中心并不是从体系上来看待严复与斯宾塞的关系,而是

---

[23] 史华兹举出如下方面:一元论的准泛神论的自然主义;把宇宙想像成"取之不尽"的复杂多样的力和能力的"仓库";斯宾塞所揭示的达尔文的机械进化论;对社会机体作生物学的类比;对自由主义观的特殊揭示;所有这些都带有斯宾塞的灵感。《寻求富强:严复与西方》,页63—64。

研究严复对国家富强的关注及其与斯宾塞学说中的那种自由主义论题的关系。"严复从斯宾塞的解放个人'才能'的观点中找到了人类自由的概念。民众的德、智、体能力在一个由自由制度及无拘束的经济领域内的生存竞争所构成的环境中茁壮成长。同时,所有这些被解放了的能力组织起来、融合到一起了,他们'合志'为社会机体即民族—国家的富强服务,而民族—国家也必须进行社会机体一级的生存竞争。"[24] 换句话说,严复的强烈的民族主义和社会达尔文主义倾向使得他无法真正理解斯宾塞的那种"放任的个人主义"以及自由主义对个人价值的尊重,歪曲了斯宾塞最深奥的主观感觉的价值观念。[25] 从这样的基本判断出发,史华兹认为严译《天演论》的基本倾向是和赫胥黎的《进化论与伦理学》完全相反或对立的。这种对立可以被理解为一种曲解了的斯宾塞主义与赫胥黎的伦理中心主义的冲突,也可以被理解为社会达尔文主义与抨击社会达尔文主义的伦理观的冲突。[26]

　　史华兹的论述是极为复杂而有力的,他所根据的不仅是严复的文章和按语,而且还有赫胥黎对斯宾塞把生物学的类比运用于复杂的人类社会的批判为证。因此,如果我们希望检验他的论断,就不仅需要研究严复的具体观点,而且还需要重新解释赫胥黎和斯宾塞的观点,并在三者之间建立起一种比较关系。在进入这个分析过程之前,我还是愿意指出:史华兹显然忽略了一个基本的方面,即斯宾塞和赫胥黎关注的主要是一个社会内部的生存斗争和伦理,他们处理的问题与马克思所处理的资本主义社会中的阶级关系十分接近,虽然在方式上极为不同。个人/国家的关系在他们那里首先涉及在什么基础上建立社会共同体的同一性。然而,严复面对的则是如何在殖民主义的世界氛围中确定生存权利的方式。在面临外来侵略的历史情境中,自由主义所假定的那种国家/社会的二元论几乎是无效的,因为只有形成自主的民族—国家才能保护"社会",同时只

---

[24] 同上,页67。
[25] 同上,页69。
[26] 同上,页93。

第八章　宇宙秩序的重构与自然的公理　　845

有形成"社会"的同一性,才能为国家的富强创造条件。在赫胥黎的著作中,他曾把殖民地与种植园相比拟,实际上也就把土著居民归结为"人为世界"之外的宇宙进程。我们不难注意到他的洋溢着道德激情的演讲在涉及作为"园艺世界"的殖民地时的那种平静的语调。[27]这种语调与严复渴求富强的急切情绪的确形成了尖锐的对照。对于努力摆脱"土著"困境、把自己提升为"园艺世界"的严复来说,最为重要的当然不是"园艺世界"的内部规则,而是如何才能形成"园艺世界",从而获得进入"社会进程"的权利。无论是进化论,还是社会有机体理论,都曾被严复用于在与外部世界的权力关系中界定国家与社会的同一性,这一点史华兹的判断并不错。如果民族主义概念能够被恰当地用于那些为摆脱被奴役地位而致力于民族同一性的创造和主权国家的建立的知识分子的话,严复就是一位民族主义者。但史华兹的错误在于:这一意义上的民族主义不仅与社会达尔文主义没有什么必然的联系,而且也与自由主义理论中的社会/国家关系没有多大关系。

1.2 赫胥黎的循环进化与斯宾塞的单向进化

从严复与斯宾塞、赫胥黎的思想关系来看,我们所面对的是三个复杂的体系性的思想,任何个别观点上的差别都可能掩盖了某些结构上的关系,而结构上的类似也可能隐含了具体观点的对立。例如,赫胥黎的确反对斯宾塞把适合于宇宙进程的原理运用于社会进程,但他也充分地注意到忘却人类作为一种动物这一基本事实的危险。因此,他一方面受到那

---

[27] 赫胥黎在他的著作中对于以进化论为理由而进行的弱肉强食感到愤慨,他也谴责了"种族主义",但仔细地阅读能够帮助我们理解,他针对的主要是一个社会共同体内部的生存竞争。例如他说:"使我感到惊讶的是,有这么一些人,他们习惯于图谋主动或被动地灭绝人们当中的弱者、不幸者和多余者,他们为自己的这种行为辩护,自称这是由宇宙过程所批准的,是保证种族进步的唯一途径;假如他们坚持下去的话,必然会把医学列入妖术中,而且把医生看作是不适于生存的人的恶意的保护者;在他们撮合婚姻时,而马繁殖原则产生了主要影响;因此,他们的整个一生都是在培育一种抑制自然感情和同情心的高贵技艺。"赫胥黎:《进化论与伦理学》,《进化论与伦理学》翻译组译,科学出版社,1971,(下同)页25—26。

些经济学家的攻击,他们用适者生存的生物学原理论证经济竞争的野蛮体系的正当性,而另一方面,他又遭到那些道德家的批判,他们认为接受进化论将摧毁道德的基础。[28]在这个意义上,我们不仅要解释严复与赫胥黎和斯宾塞在观点上的差别,而且还需要建立起一种理解的框架,从而使我们能够从结构上理解他们之间的关系。

赫胥黎曾经明确地说,他的《进化论与伦理学》一书就是要"澄清那种看来对许多人已证明是障碍的东西,这就是指那种表面上的反论:伦理本性虽然是宇宙本性的产物,但它必然是与产生它的宇宙本性相对抗的。"[29]但他立刻补充说:"如果没有从被宇宙过程操纵的我们祖先那里遗传下来的天性,我们将束手无策;一个否定这种天性的社会,必然要从外部遭到毁灭。如果这种天性过多,我们将更是束手无策;一个被这种天性统治的社会,必然要从内部遭到毁灭。"[30]赫胥黎这里所指的正是宇宙进程中的生存竞争的本能,他称之为"自我肯定"(self-assertion)。赫胥黎的演讲具有一种希腊悲剧式的调子和视野:在希腊悲剧中,除了事物本质的那种深不可测的非正义性之外,还有什么共同的主题呢?除了其所表现出来的由本人亲手造成的,或他人的致命罪恶活动所造成的无辜者的毁灭之外,还有什么使人更深刻地感觉到是真实的呢?[31]为了反驳斯宾塞的那种伦理自然主义,赫胥黎在伦理的裁判席上为宇宙定罪,但如果我们更深入地理解他的思想,他的希腊悲剧式的态度,那么,问题显然就变得复杂起来。

尽管赫胥黎有达尔文的"斗犬"之称,但他的进化概念不仅不是生物

---

[28] *The Essence of T. H. Huxley*, edited by Cyril Bibby (London: Macmillan and Company Limited, 1967), p. 156.
[29] 赫胥黎:《进化论与伦理学》,页 iii。
[30] 同上,页 iv。
[31] 赫胥黎举例说,俄狄浦斯的心地是纯洁的;是事变的自然程序——宇宙过程——驱使他误杀其父而成了他母亲的丈夫,使他的人民遭难,并使他自己急速毁灭。在这里宇宙过程像似被判定为有罪的。但是,这种对宇宙过程的宣判实际上是以承认宇宙过程与社会过程的不可避免的关系为前提的。在这个意义上,如何解释所谓宇宙过程与社会过程的对立就成了一个问题。参见同上书,页 41。

第八章 宇宙秩序的重构与自然的公理

学和人种学的概念,而且具有某种古老的循环论的特征。这一点显然是被许多人忘却了。在《进化论与伦理学》一书中,进化论指的是宇宙总体的变迁过程或者自然状况的不稳定性,在知识上至少可以回溯到公元前六世纪的恒河河谷和爱琴海亚洲沿岸的发源地。赫胥黎把希腊爱奥尼亚和印度早期哲学家思想中的关于现象世界的变化多端、无始无终的理解,以及宇宙过程与人类正义的解释,看作是进化理论的先导。因此,整个的文明史和哲学学派都与进化的问题关联起来,他们从各自的理论出发为宇宙过程辩解、定罪,并不断从对大宇宙的研究转向小宇宙的研究,发展出各不相同的伦理学。因此,实体、梵、阿德门、轮回、涅槃、羯磨等古老概念都可以看作是对宇宙进化的解释。

古代思想的一个极为重要的特征就是有关变异与轮回的观念,如果用这些思想来解释进化的概念,那么,一个最为明显的结论便是彻底改造那种直线进化的理念。事实上,赫胥黎的进化概念本身具有深刻的循环论的特征,它和章太炎所说的"俱分进化论"更为接近:宇宙过程的进化表示一种前进的发展,即从一种比较单一的情况逐渐地演化到一种比较复杂的情况,但其含义已经被扩展到包括倒退蜕变的现象,即从一种比较复杂的情况进展到一种比较单一的情况的现象。[32]"进化论并不鼓励对千年盛世的预测。倘若我们的地球业已经历了亿万年的上升道路,那么,在某一时间将要达到顶点,于是下降的道路将要开始。最大胆的想像也不敢认为人的能力和智慧将能阻止大年的前进。"[33]换句话说,进化过程仅仅表示所有的事物都显示出"变异的趋向"。然而,这种进化概念不仅排除了创世说或其他超自然干涉的存在,而且也排除了偶然性的概念。进化不是对于宇宙过程的解释,而仅仅是对该过程的方法和结果的综述。无论是从无到有、从简至繁,还是从有到无、从繁至简,宇宙的变化都完全

---

[32] 他举例说,古生物学为我们提供了确实的理由来设想,倘若这些下等的本地植物的祖先系统上的每一环节被保存下来,并能为我们所见到,那么,整个系统就会表现为一系列复杂性逐渐减小的趋同类型,一直到比我们已发现过生物遗骸的任何时代还要遥远的地球史上的某一时期,它们会消融在动物和植物的界限还不分明的那些低等类群之中。同上,页4。

[33] 同上,页59—60。

受到秩序的支配,这种秩序在无限的时间和无限的空间里产生不断的变化,而由知识产生的信念则在一种永恒的秩序中找到它的目标:所有的事物都在努力完成它们进化的预定过程。[34]因此,赫胥黎在否定单线进化概念的同时,并没有否定宇宙过程受控于秩序和目的的判断,而仅仅是把超自然的干涉严格地排除在其以后的进程之外。

赫胥黎的这种循环论的进化概念与斯宾塞的关键概念"进化"构成了尖锐的对比,后者的进化概念是一种由简至繁、不断分化与整合的过程,因此,它绝不是循环论的。斯宾塞在《第一原理》(*First Principle*)、《综合哲学》(*Synthetic Philosophy*)以及《社会学原理》(*Principles of Sociology*)等书中阐述的进化概念具有广泛的体系性,它主要涉及了无机进化(如天文学问题,地球的起源等)、有机进化(由各种等级的生物群、植物、动物所表现的物理现象、更为特殊的精神现象)以及超有机进化(亦即社会现象)等三个方面的内容。[35]但最为重要和引人注意的是他对超有机进化的描述。帕森斯(Talcott Parsons)说:"斯宾塞关于社会的思想包含了三个主要的和基本的实证主义理论观念:第一,社会作为一个自我调节的体系的观念,第二,功能分化的观念,第三,进化的观念,所有这三个信念在今天仍然保持着像他当年写作时一样的重要性。"[36]正是由于斯宾塞的进化概念是和社会作为一个自我调节的系统的观念、功能分化的观念密切相关,因此,他用这一概念表示日益上升的分化(即功能的特殊化)和整合(即结构上分化出来的部分的相互依赖和功能协作)过程。他相信这样理解的进化可以在宇宙的所有领域,包括无生命的自然中观察到,但我们无需推敲这个宇宙论的问题,因为这一概念与物理学或天文

---

[34] 赫胥黎谈论康德的星云假说时说,"很可能像康德所说的那样,预先注定要演化成为一个新世界的每一团宇宙岩浆,不过是其已消失的前身同样预先注定的结局。"同上,页5—6。

[35] Spencer, *Synthetic Philosophy*, vol. I (New York: D. Appleton and Company, 1890), pp. 3-7.

[36] Talcott Parsons, "Introduction," in Herbert Spencer, *The Study of Sociology* (Ann Arbor: The University of Michigan Press, 1961), pp. v-vi.

学的相关性或不相关性并不能预定它是否能够运用于人类历史。就生物学而言,今天没有人挑战这一观点,即分化和整合程度较高的有机体是通过一个复杂的、延伸了无数代的过程而从较为简单的有机体发展而来的。

但是,在斯宾塞看来,人类社会及其制度由简至繁的进化趋势甚至较之有机体的进化更为明显,个体发生的社会类似物是组织单位根据先前存在的模式进行复制的过程,如公司新机构的开张,军队建立新的团队等等。除了这种复制之外,我们可以看到许多从简单到复杂的转化过程,当社会结构的新的类型产生的时候,它们与种系发生非常类似,它们的结构较之它们从中产生的结构更为复杂(分化和整合的程度更高)。这可以从工业和军事组织方面观察到。有机体进化也是从简单到复杂,但后者并不取代前者。人类社会集聚的进化过程的更为引人注目的特点却是相反的:复杂的结构不仅是从简单结构中发展而来,而且后者还要通过吸收、扑灭的方式取代前者。例如,国家不仅从部落发展而来,而且还取代它们,以至不再有部落作为独立的政治实体。[37]斯宾塞大量讨论政治、经济机构和总体社会结构的进化过程,在这方面由简至繁的过程似乎准确无误。但是,如果我们回过头来观察宗教、家族、家庭以及道德、宗教、艺术等文化变迁,他的描述的弱点便暴露无遗。例如中央国家的形成是和家族网络的衰败联系在一起的,语言方面的语法简化也可以看作一例。也许斯宾塞可以争辩说:家族的简化是和别的社会网络的复杂化直接相关的,因此,它并不证明总体社会结构的简化。他把维多利亚英国的家庭模式看作是人类婚姻的最终形式,并勾勒出从乱交、一夫多妻或一妻多夫制到一夫一妻制的连续关系。但正如人类学家已经证明的,这些婚姻形式不仅在不同的历史时期都存在,而且它们也伴随着相应的复杂的政治形式。[38]

---

[37] See Stanislav Andreski, "An Introductory Essay," Herbert Spencer: *Structure, Function and Evolution* (London: Thomas Nelson and Sons Ltd., 1971), pp. 8-10.

[38] Ibid, pp. 11-13.

1.3 "天演"概念建构的易理逻辑

那么,严复是如何处理赫胥黎和斯宾塞在进化问题上的歧异观点的呢?在《译"天演论"自序》中,严复用《易传》、《老子》和宋明理学的语言发展了一种独特的解释,并用一种特殊的逻辑弥合了赫胥黎和斯宾塞在进化问题上的分歧。史华兹主要从斯宾塞对于天地万物的想像与中国宇宙论的思想模式的相似性方面对此作出解释,但几乎没有涉及严复的看法与赫胥黎的关系。他指出,在斯宾塞的含糊的、泛神论的、自然主义的、内在论的一元论中,各种现实现象都"脱胎"于唯心论的"绝对实在",并通过空间、物质、时间、运动、力这些饶有趣味的范畴发生联系。[39] 而所有这一切都特别地适合于用中国古代的典雅文辞加以译述。然而,在《进化论与伦理学》一书中,赫胥黎已经为严复在古代思想与进化论之间找到了桥梁。除了斯多葛学派的本性或自然(nature)概念之外,还有希腊的逻各斯、中国的道、印度的梵和阿德门,这些最终永恒实体不仅是宇宙的源泉,而且是道德的起源。[40] 在赫胥黎所解释的斯多葛学派的 nature 概念所具有的本性和自然的双重含义启示下,严复用"天演"概念这一具有自然与伦理双重意味的词来译述 evolution 概念便是非常自然的。我认为这一切强烈地暗示了严复关于中国古代思想的永恒价值的观点,并直接地导致了他把赫胥黎和斯宾塞的相互冲突的进化概念一同纳入他的"易学世界"之中。在《译"天演论"自序》中,他一反那种反对用中学比附西学的姿态,由衷赞美说:"今夫六艺之于中国也,所谓日月经天,江河行地者尔。……近二百年,欧洲学术之盛,远迈古初,其所得以为名理、公例者,在在见极,不可复摇。顾吾古人之所得,往往先之,此非傅会扬己之言也,……"[41]

严复对自己的文化如此自信,显然是受到了赫胥黎和斯宾塞的影响。

---

[39] 史华兹:《寻求富强:严复与西方》,页47。
[40] 赫胥黎:《进化论与伦理学》,页52—54。
[41] 严译《天演论》,页 viii—ix。

他用一种独特的逻辑重新解释了赫胥黎和斯宾塞的进化理论,而对他们之间在进化问题上的分歧完全不予理会。这并不是因为他不了解赫胥黎和斯宾塞之间的矛盾,而是因为他的易学宇宙论和解释逻辑完全能够消解这种矛盾。《周易》依据卦爻象的变化推算人的命运,其中不仅含有某种逻辑推演和理智分析的因素,而且也用阴阳变易的法则解释宇宙和人类生活中的一切问题。在讨论严复对穆勒逻辑学的理解时,我会详尽地分析他的"归纳逻辑"与理学的"格物程序"之间的关系。值得注意的是,宋明道学体系赖以出发的思想资料和理论思维形式,是通过易学而形成和发展起来的。理学中的"格物程序"所以能从具体的物理而推出性理,并最终抵达天理,是和它接受了易学宇宙论那种把天道与人事相关联的论述方式无法分开的。"那种把宋明道学视为'人学'或'仁学',进而将中国哲学的特点简单地归结为伦理型的哲学,是由于没有看到或者忽视易学在其哲学体系中的地位而产生的一种片面见解。"[42]易学世界中的那些重要范畴如太极、乾坤、阴阳、道器、理事、理气、形而上和形而下、象数、言意和神化等等,在整个中国思想中具有极深的影响。环绕着"一阴一阳之谓道"的变化法则,易学思想在历史中不断地得到阐释,取象说、取义说、象数学派、义理学派都通过易学的范畴构筑了各自对于世界的整体解释。严复在晚清民初时代被学术史家视为"易学家",恰好在于他用赫胥黎、斯宾塞和穆勒等人的理论重新诠释易理,从而在新的知识条件和社会状况下,发展了易学的宇宙论。

　　正是在易学宇宙论的框架中,严复把进化的概念解释为天演的范畴,并将归纳(内籀)和推理(外籀)的科学方法与周易的象数之学关联起来。严复用阴阳变易的逻辑把各种传统范畴和现代概念纳入天演的过程之中,以一种特殊方式重新诠释了穆勒、赫胥黎和斯宾塞的学说。在天演的范畴中,这些学说的差异性消失了,而代之以一种内在的同一性和相关性。严复的推论过程包含了一些明确的步骤,第一步是把易理中的隐显关系与穆勒关于归纳与演绎的逻辑学关联起来:

---

[42] 朱伯崑:《易学哲学史》上册,北京大学出版社,1986,页5。

> 仲尼之于六艺也,《易》、《春秋》最严。司马迁曰:"《易》本隐而之显,《春秋》推见至隐。"此天下至精之言也。始吾以谓本隐之显者,观《象》《系辞》以定吉凶而已;推见至隐者,诛意褒贬而已。及观西人名学,则见其于格物致知之事,有内籀之术焉,有外籀之术焉。内籀云者,察其曲而知其全者也,执其微以会其通者也;外籀云者,据公理以断众事者也,设定数以逆未然者也。乃推卷起曰:有是哉!是固吾《易》、《春秋》之学也。迁所谓本隐之显者,外籀也;所谓推见至隐者,内籀也,其言若诏之矣。二者即物穷理之最要途术也,而后人不知广而用之者,未尝事其事,则亦未尝咨其术而已矣。[43]

在这里重要的不仅是把归纳和演绎逻辑与"本隐而之显"、"推见至隐"在方法论上关联起来,而且更为重要的是把归纳和演绎的逻辑理解为阴阳、隐显、有无的变易过程。如果隐显、阴阳和有无是宇宙变易的法则,那么作为科学方法的归纳与演绎就是这种变易法则在知识上的表现。因此,归纳和演绎的逻辑必然是以一种特殊的宇宙论为前提的。

通过科学方法与变易的宇宙法则的关联,科学世界观作为一种掌握和控制变易过程的认识方式,也就与易学宇宙论直接地建立起了联系。这就是第二步。"夫西学之最为切实而执其例可以御蕃变者,名、数、质、力四者之学是已。而吾《易》则名、数以为经,质、力以为纬,而合而名之曰《易》。大宇之内,质、力相推,非质无以见力,非力无以呈质。凡力皆乾也,凡质皆坤也。奈端(牛顿)动之例三,其一曰,静者不自动,动者不自止,动路必直,速率必均。此所谓旷古之虑,自其例出,而后天学明,人事利者也。而《易》则曰:乾其静也专,其动也直。"[44]名数炙力不仅是科学的专门学科,而且成为宇宙的基本构成力量,易学宇宙论的内在结构重构了它们之间的关系。因此,人们能够用这些专门的知识及其相关关系把握和推论宇宙变易的方式和途径。力、质等物理学概念在宇宙变易的

---

[43] 严译《天演论》,页 viii—ix。
[44] 同上,页 ix。

过程中就是乾坤、动静、隐显的代名词。归纳和演绎逻辑所以能够适用于名数炙力等各个知识领域,不过是因为它们都是宇宙阴阳变易的呈现方式,因而具有宇宙论意义上的同一性。

易学宇宙论的阴阳、动静、乾坤、隐显的范畴,以及在这一框架内解释的内籀/外籀、质/力等相关概念,体现了关于宇宙的循环论的理解。从这方面看,严复的易学世界观与赫胥黎的带有循环论特色的"宇宙进程"是完全一致的。但另一方面,易学宇宙论的运用范围是和斯宾塞的进化论相似的,它们都把有关变易过程的描述贯彻到宇宙、世界和人类社会生活等一切领域之中。在这方面,易学宇宙论与赫胥黎有关宇宙进程和社会进程相互对立的观点相互矛盾,而与斯宾塞的进化概念更为接近。严复对斯宾塞的兴趣在一定程度上在于他把进化概念用于宇宙、世界和人类的所有领域,而斯宾塞由简至繁的进化概念的最为引人注目的应用正是在社会进程之中。这里的困难是:易学宇宙论与斯宾塞的由简至繁的进化概念相互冲突,而与赫胥黎的循环论的宇宙进程更为接近;与此同时,易学宇宙论的那种贯通天、地、人的结构与赫胥黎拒绝将自然规则运用于伦理领域的思想相互冲突,而与斯宾塞的综合哲学原理更为相似。

因此,如何克服这两个方面的矛盾就成为形成"天演"概念的第三步骤,其途径是以易学中的爻变观念或变易观念化解进化与循环之间的冲突。[45] 严复说:

---

[45] 易学中的爻变和变卦是与占筮相关的。一卦卦辞的内容是有限的,只观卦辞,不足以应付所占之事,还要观爻辞。但一卦之爻辞有六条,其内容各不相同,有的其吉凶占语又相矛盾,所以只能选其中的一爻作为推断的主要依据。此爻即可变之爻,即本卦中的九、六之数或老阴、老阳之象。爻变即一和——两画互变后,形成另一卦即之卦。这样,又多了一卦的卦辞和爻辞,作为判断所占之事的复杂情况了。此即变卦说的由来。变卦说虽出于占筮时对《周易》中卦爻辞的取舍,但提出一个重要观点:所占之事的吉凶,取决于可变之爻,爻变则成为《周易》筮法中的中心观念。此即后来《系辞》中所说"爻者言乎变者也"、"刚柔相推而生变化"。参见朱伯崑:《易学哲学史》上册,页22。

> 后二百年,有斯宾塞尔者,以天演自然言化,著书造论,贯天地人而一理之,此亦晚近之绝作也。其为天演界说曰:翕以合质,辟以出力,始简易而终杂糅。而《易》则曰:"坤其静也翕,其动也辟"。至于全力不增减之说,则有自强不息为之先,凡动必复之说,则有消息之义居其始,而《易》不可见,乾坤或几乎息之旨,尤与热力平均、天地乃毁之言相发明也。此岂可悉谓之偶合也耶?[46]

严复首先肯定斯宾塞的"贯天地人而一理之"的逻辑,而后再对由简至繁的进化过程加以重新界说。他把"始简易而终杂糅"的进化观放在易学的"翕""辟"概念之中,最终再一次将宇宙理解为动静相续的过程,而能量守恒定律为这一循环过程提供了新的本体论的依据。[47]这与其说是对斯宾塞的进化概念的肯定,不如说是改造。只有理解了上述过程,我们才能理解"天演"概念的实质内含:

> 凡兹运行之理,乃化机所以不息之精,苟能静观,随在可察:小之极于跤行倒生,大之放乎日星天地;隐之则神思智识之所以圣狂,显之则政俗文章之所以沿革,言其要道,皆可一言蔽之,曰"天演"是已。[48]

天演概念的建立经历了一个较之一般想像更为复杂的推理过程,这一概念不仅不能一般地还原为进化概念,而且在许多方面是和进化概念相冲突的。它以易学逻辑为框架,以动静相续的循环论为特征,以天地人

---

[46] 严译《天演论》,页 ix。
[47] 这一点与赫胥黎的看法是完全一致的。他曾以植物的生长为例,指出其从种子到植物再到种子的过程适合于所有生命的进化。"我们只要看一看世界的其他方面,循环进化从各个方面都表现出来。诸如表现在水之流入大海复归于水源;天体中的月盈月亏,位置的来回转移;人生年岁的无情增加;王朝和国家的相继崛起、兴盛和没落——这是文明史上最突出的主题。"《进化论与伦理学》,页34。
[48] 严译《天演论》,页5。

的统合结构为内含,以归纳和演绎逻辑为知识形式,以现代物理学的质力观念为科学根据。值得注意的是,"所谓质力杂糅,相剂为变者,亦天演最要之义。"但在循环进化过程中,也存在着最终的不可消失的事物,即"力"。"前者言辞以散力矣,虽然,力不可以尽散,散尽则物死,而天演不可见矣。是故方其演也,必有内涵之力,以与其质相剂,力既定质,而质亦范力,质日异而力亦从而不同焉。"[49]质的差异提供了"力"的运作的不同形态和规则,但"力"的永恒存在则是"天演"的根据。严复在自己的传统中重新诠释"天演"概念,这使他与斯宾塞主义保持了距离。值得注意的是,进化概念的流行远在达尔文发表他的《物种起源》(1895)之前,但这本书的初版本中根本没有使用过这一概念。"在达尔文自己的著作中,'自然选择'并不必然含有'适者生存'的引申意义。达尔文只对探索实际发生的生物变异的普遍性解释感兴趣,并无兴趣宣示进化过程总是'向前的'和'向上的'。"对于斯宾塞具有更为直接影响倒是拉马克。[50]严复对天演概念的诠释包含了对于达尔文学说的更为贴切的理解,也融入了他在特定历史形势中的发挥和引申。事实上,清代易学研究包含着许多自然科学的因素,例如焦循的《学算记》和《易学三书》由数学形成"易"学,并由易学形成一套世界观。他的易学以数理或抽象的量变(旁通、相错、时行)通释一切,是一种否定"质"的变迁、仅从数量关系看待事物演变的形式主义的均衡论和演绎法。与此相比,严复的天演概念中却包含了更为实质性的力和质的关系,"适者生存"的斗争也因此才能在这个天演世界观中扮演重要的角色。均衡与和谐是最终的,但这种均衡与和谐却需要反均衡的、反和谐的人类活动才能抵达。如果我们真的可以把《天演论》放在清代易学的序列中观察的话,那么,这一著作的出现意味着易的世界内部包含着一种反抗的力量,它有可能在特定时刻打破对立统一的均衡世界。曾有学者认为焦循的易学、特别是其中的"易通"的观念反应了嘉庆初期中西交通中的商业观念和商品交换的关系,这种看

---

[49] 严译《天演论》,页7—8。
[50] 李欧梵:《知识源考:中国人的"现代"观》,《天涯》1996年3期,页101。

法略显机械却不无道理,因为抽象的数量关系未必不是在现实的利益关系的激发之下才获得表达的。如果说19世纪生物进化的观念是在那一时代经济学的竞争观念的刺激下产生的,那么,天演范畴则是在殖民主义时代对世界现实作出的概括,它与严复翻译工作中的经济学、政治学和社会学存在着内在的呼应关系。"天演"概念在严复思想中居于中心地位,因此,如果不能理解这一概念的复杂结构也就不可能理解他的伦理观念和政治思想。

2. 社会进程、伦理原则与国家问题

2.1 赫胥黎进化范畴中的三重领域和三重规则

天演概念是一个总体的宇宙观念,它的主要内含不仅在自然方面,而且更在社会和伦理方面,所谓"推之农商工兵语言文学之间,皆可以天演明其消息所以然之故"。[51]我们仍然需要在严复、赫胥黎和斯宾塞的三重关系中理解这一点。

赫胥黎的进化概念所具有的循环论特征并不仅仅渊源于古代思想,而且也来自他对宇宙进程和社会进程之间的冲突的理解。宇宙进程产生了一些短暂的生命形式,并分化出与这一进程相对立的世界。然而,包括史华兹在内的大多数的论者都注意到赫胥黎反对混同宇宙进程与社会进程的观点,却没有注意赫胥黎不是在一种二元结构中阐述这一问题,而是在三重关系中解释进化过程。《进化论与伦理学》一书的基本结构就是在进化的范畴中区分出三重领域、界定三种规则,并研究这三重领域和三种规则的关系。这三个领域就是自然的领域、人为的领域和社会组织的领域,而与之相适应的三种规则就是自然选择的规则、科学的规则和伦理的规则。宇宙过程受到自然力的支配,但人类却试图按照自己的意图、力量创造一个人为的世界,赫胥黎把这一过程称为"园艺过程",他曾用开

---

[51] 严译《天演论》,页8。

拓殖民地与这一过程作类比[52]。在"园艺过程"中起作用的人的肉体、智力和道德观念是宇宙过程的产物,是自然界的一部分;但这一过程本身与"通过自然状态起作用的同一宇宙能力,是互相对抗的,而且在人工的和自然的东西之间到处都表现出同样的对抗性。"[53]不仅是自然状态同园地的人为状态相敌对,而且用以创立和维持园地人为状态的园艺过程原理同宇宙过程原理也是对立的。后者的特点是紧张而不停的生存斗争,前者的特点是排除引起斗争的条件来消灭那种斗争。但是,第三个领域即"社会进化"的领域是一种性质上根本不同的过程,它既不同于在自然状态中引起物种进化的过程,也不同于在人为状态中产生变种进化的过程。通常所谓的社会中的生存斗争,乃是一种不是为了取得生存资料,而是为了取得享受资料的斗争。正是在这样一种社会关系中,人必须学习"自我约束"和断绝欲念,这就是人作为一种"政治动物"的特质。上述三个领域的界定本身是一个宇宙进程的分化过程,它最终还将还原到宇宙进程之中。"摆在人类面前的是一种用以维持和改进一个有组织的政体的人为之国的不断的斗争,以与自然之国相对抗。人在这种社会中并通过这种社会可以发展出一种有价值的文化,这种文化能够维持和不断改进自身,直到我们地球的进化开始其下降的过程,于是宇宙过程将恢复其统治;而自然之国将再一次在我们星球表面上取得优势。"[54]

赫胥黎的三分法引申出的一些重要结论,能够为我们理解严复思想的一些相关方面提供可能性。首先是对科学与政治的关系的理解。赫胥黎的"园艺世界"是人与宇宙过程相对抗的产物,宇宙过程遵循物竞天择、适者生存的原则,而科学技术的目的却是消除"不适"的条件,以促进公民的天赋能力在与公益一致的情况下达到自由发展的目的。伦理学家

---

[52] 赫胥黎形容说,英国殖民者在塔斯马尼亚登陆后,发现自己处于"自然状态"中,而后他们着手消灭这种状态,于是引进英国的动物、植物和人,从而在旧的自然状态范围内,开创了一个新的植物区系和动物区系,以及一种新的人群。赫胥黎:《进化论与伦理学》,页11—12。
[53] 同上,页8—9。
[54] 同上,页31。

和政治学家的任务应该是用其他科学工作中所采用的同样的观察、实验和推论的方法,去确定最有助于达到此项目的的行动方针。园艺世界是人为了获取生存资料而创造的,在"园艺"意义上的"社会"不可避免地仍是生存斗争的一种不完备的工具,因而其基本原则仍然是宇宙进程中的天赋的"自我肯定"倾向。赫胥黎相信科学的发展在不远的将来将在实践(伦理)领域内造成一次伟大的革命。但是,这却不等于说,科学原则能够成为真正的伦理原则。这是因为园艺过程仍然是一种生存斗争的过程,如果行政长官在单纯是科学原则的指导下思考问题,他就会像园丁一样采用有系统地消除或排除过剩者的办法来对付这种极其严重的困难。病人、老人、残疾人和过剩的婴儿就会像园丁根除有缺陷的、多余的植物那样被淘汰掉。正是在这个意义上,赫胥黎坚定地批判了斯宾塞等人的那种将宇宙进化的原理试用于社会和政治问题的做法。[55]

然而另一方面,赫胥黎坚持伦理过程与自然过程的对立,以及科学原则与伦理原则的对立,在政治上却有可能导致一种国家/社会至上论。假定"园艺过程"依赖于提高效率的工艺及其管理,从而为"科学管理"的正当性提供了合法性;那么,在社会进程与宇宙进程的对抗中,对抗的主体也是"有组织的政体的人为之国"而不是个人,它同样要求对个人的"自我肯定"本能的约束。赫胥黎描述的伦理过程指的是社会结合的逐渐强化的过程。这种伦理过程进展到能保障社会中每个成员都获得生存资料的程度,事实上就结束了。如果说园艺过程中行政权威的建立是为了有组织地征服自然以获取生存资料,从而遵循"自我肯定"的规则,那么,社会中的生存斗争却是为了获得"享受资料"。这个社会过程应该遵循的是"自我约束"(即亚当·斯密所称的良心)的伦理原则,它用道德的方式要求人的行为符合国家的法律和社会的规则,从而把自然人的反社会倾向约束在社会福利所要求的限度之内。换句话说,个人作为"政治动物"

---

[55] 赫胥黎说:"我仍然不得不承认这种把进化原理应用到人类社会来的严格的科学方法,是很难用于实际的政治领域的;这并不是由于大多数人缺乏愿望,而是由于有一个原因,那就是不能指望单凭人类自己会有足够的智力来选择最适的生存者。"同上,页24。

必须服从于"有组织的政体的人为之国"的基本规则。[56]因此,赫胥黎设想,"让财富和权力掌握在那些赋有最大的能力、勤勉、智力、顽强意志且不是缺乏同情心的人性的人们手里,那是很理想的。只要争取享受资料的斗争有助于把这样的人们置于拥有财富和权势的地位,那就是一个有助于造福社会的过程。……这个过程,和在自然状态中使生物适应于当时条件的那种过程,并无真正相似之处;和园艺家的人为选择,也没有任何相似之处。"[57]这就是赫胥黎的伦理原则在政治上的表达。

2.2 斯宾塞的放任主义与"控制的集中化"

斯宾塞的《社会学原理》(*The Principles of Sociology*)论证了三个主要观点:第一,社会能够按照日益分化和整合的概念加以分类;第二,存在着一种整体社会结构类型以及部分结构类型如工业、政治和牧师等的必要的起源关系;第三,能够在长时段中辨别出趋向于复杂化的总趋势。[58]这三个方面的内容都是和进化这一更为基本的概念联系在一起的。斯宾塞的伦理学植根于生物学和社会学,它们都是进化过程及其目标的表达。个人和集体实践的价值都必须根据它们是否有助于这个目标而得到估价。这个观点预设了一个未加证明的前提,即人类行进的总趋势一定是善;斯宾塞没有提出任何观点反对休谟的论题,就从实然跨越到应然,[59]从而论证了上述三个方面的伦理正当性。如果把斯宾塞的放任主义放在这个框架中理解,那么,斯宾塞实际上是在暗示,自由放任主义是合乎进化法则的社会模式,而进化过程自身已经设定了善的目标。因此,抑制这一过程,如赫胥黎那样的"自我约束"机制,反而违反了进化的过程及其最终

---

[56] 同上,页31。
[57] 同上,页29—30。
[58] Spencer, *Principles of Sociology* (Hamden, Connecticut: Archon Books, 1969), p. xix.
[59] 安德列斯基说,斯宾塞的进化伦理提供了某些判断善恶的指导,而语言哲学家关于人们怎样谈论伦理的讨论却不能。无论斯宾塞对与错,他总是能够运用他的巨大的理论力量来处理重要的问题,提出这样一些我们可能不同意、但却不能忽略的观念。Herbert Spencer: *Structure, Function and Evolution*, p. 32.

的目的。在这个意义上,赫胥黎的"自我约束"的伦理过程有可能导致个人对群体(国家和社会)的臣服,因为"自我约束"的含义是共同体的优先性;而斯宾塞则否认宇宙进程与社会进程的对立,因而宇宙进程的进化法则(适者生存)是一种预设了最终的善的法则。

放任主义观点和理论逻辑中蕴含的集权倾向构成了斯宾塞社会学的内在悖论。我认为,这一悖论直接地起源于19世纪社会学奠基其上的双重知识根源,即古典经济学和生物学的观念。19世纪中期的生物学从经济学中获得启发,这表现在经济竞争概念与自然选择(适者生存)概念的相关性之中。从经济与社会秩序的关系来看,斯宾塞的放任主义反对那种认为通过人的行为目标就能够简单地控制人的社会行为。[60]他明确地说,他支持那些一直在降格的自由企业的、反中央集权的、资产阶级(也即独立的中小商人、农庄主、手艺人)的理想和利益。从放任主义的经济学观点来看,社会伦理遵循的不是赫胥黎的那种"自我约束"的规则,而是自由竞争的规则。事实上,斯宾塞非常强调生物学从政治经济学那里得到了许多东西,但也认为在达尔文之后,已经不可能按照那些经济学家的狭窄方式理解社会。因此,政治体系必须被看作是经济体系的一部分,而不仅是从外部作用于经济体系的东西。反过来,在这个体系背后,存在着习俗和传统的巨大网络,这个网络虽然不能被清晰地分析,但它们的重要性却是能够认识的。这个总体构成了一个演化的系统,而这个演化系统又是有机生命的更为一般的进化的延伸。这就是将两者联结在一起的总的观念。[61]

---

[60] 帕森斯(Talcott Parsons)断言:"基本上,斯宾塞所做的——在他的《社会学原理》中表现得尤为充分——是把经济学家的原则运用到作为整体的社会之中。这一时期的放任主义(laissez-faire)取向——这是一个他不愿意用到他自己身上的概念——在这样一种语境中肯定是有效的,在其中,它反对这种幼稚的信念,即认为通过决定人的行为目标就能够简单地控制人的社会行为。在这种联系中,他有一个非常清楚的公式,它不仅是关于计划可能失败的方式的公式,而且是关于……有计划的行为的未曾预期的后果的重要性的公式。" Parsons, "Introduction," in Herbert Spencer, *The Study of Sociology* (Ann Arbor: The University of Michigan Press, 1961), p. vi.

[61] Ibid., pp. vii-viii.

但是，正如T. H.赫胥黎和L.沃德（Lester Ward）在当时即已注意到的，斯宾塞关于社会的有机论观点与他的极端的放任主义在各个方面（如它的经济学、教育政策和公共健康）都不协调，[62]因为有机类比表明了控制的集中化的不可避免性（如果不是可欲性的话），以及部分（即个人）屈从于能够被中央器官照管的总体的利益。我已经说过，斯宾塞的进化理论有一个没有明言的前提，即进化过程的总趋势是导向善，那么，按照这一逻辑，有机体的集中化趋势就必须得到正面的评价。经典的自由主义者们正是据此认为，斯宾塞的社会理论将把他引向拥护权威主义的集体主义（authoritarian collectivism）的某些形式，因为有机论把这种神经系统的较大的集中形式，亦即部分对整体的更大程度的臣服，看作是较高阶段的展示。斯宾塞著作的编辑者斯坦尼斯拉夫·安德列斯基甚至断言，"他的系统比马克思的阶级斗争理论更能为社会主义（如它所实际施行的而不是祈求的）提供逻辑的正当性；从中人们能够推导出阻止统治者手中的权力过度集聚的首要需求，从而力图用小的私人财产作为抗拒傲慢的官僚体系的堡垒。"[63]换句话说，赫胥黎的"伦理进程"通过"自我约束"的原则强调个体对整体的义务，从而带有某种共同体至上主义的倾向；而斯宾塞的有机体观念也导致了同样的结论。但他们有关伦理实现的预设却是截然相反的：前者把伦理原则建立在社会作为一种道德实在的前提之上，而后者则把伦理原则建立在宇宙进程的总趋势本身的合目的的特征之上；前者要求对抗宇宙进程及其自然选择的原理，而后者则否定人为秩序的必要性，强调自然选择乃是贯穿自然、社会和伦理领域的普遍原则。

---

[62] 在这类问题上，斯宾塞的观点是非常激进的。"斯宾塞立场中最为极端的部分，或许是他对所有国家资助的教育的根本拒绝。从最批判的观点看，他认为这瓦解了个人责任的原则。对于个人来讲有什么决定比结婚和生孩子更重要的决定呢？作出这一决定的个人必须完全对它的后果负责，因而在他遇到困难时，没有任何公共权威能够帮助他摆脱困境。如果这就是斯宾塞关于教育的观点，那么，很清楚，英国和美国的福利国家形式多年来一定已使坟墓中的斯宾塞辗转反侧。"*Ibid.*, p. ix.

[63] Herbert Spencer: *Structure, Function and Evolution*, ed. Stanislav Andreski, p. 28.

2.3 任天为治、保种进化与尚力问题

严复对赫胥黎和斯宾塞的差异是非常清楚的。在《译"天演论"自序》中,他明确地说:"赫胥黎氏此书之旨,本以救斯宾塞任天为治之末流,其中所论,与吾古人有甚合者,且于自强保种之事,反复三致意焉。"[64]这句话涉及了两个基本问题:第一,是遵循斯宾塞的"任天为治",还是根据赫胥黎的理论以人的道德主体性对抗宇宙进程及其适者生存的伦理?第二,"自强保种"的含义是什么?

严复的社会概念、伦理原则和政治观都建立在"天演"这一更为基本的范畴之上,他对斯宾塞和赫胥黎的取舍也都必须与他的"天演"范畴联系起来才能得到解释。值得注意的是,严复用荀子的"群"概念表达人类社会与自然界的差异(人之异于禽兽),从而肯定了社会的道德实质;但他并没有追随赫胥黎把自然过程与伦理过程对立起来的看法,而是赞同斯宾塞的看法,用"天演"的法则"举天、地、人、形气、心性、动植之事而一贯之"。[65]无机界、有机界、精神、社会、道德之本原、政教之条贯、保种进化之公例,以至农、工、商、兵、文学、语言、女权、民主、宗教、国家、种族,都必须纳入"天演"的范畴中加以理解。[66]"天演"概念作为一种宇宙运行的常理具有普遍伦理法则、历史哲学和价值源泉的多重含义,它是万物殊异和变迁之中的终极不变性,也即《政治讲义》中所谓"道"。[67]

正是在这里,似乎出现了一种道德主义和自然主义的"矛盾",亦即是遵循自我约束的道德以与宇宙进程相抗衡,还是"任天为治",遵从自然的法则?一方面,承认"天演"是普遍的常理,那么就必定会追随斯宾塞的"任天为治"、并把自然选择理解为宇宙进程和人类生活的道德基

---

[64] 严译《天演论》,页 x。
[65] 同上,页4—5。
[66] 同上。
[67] 《天演论》中关于"天演"的下述描述与老子对"道"的描述是颇为相似的:"故知不变一言,绝非天运。而悠久成物之理,转在变动不居之中","虽然,天运变矣,而有不变者行乎其中。不变惟何?是名天演"。同上,页2。

第八章 宇宙秩序的重构与自然的公理 863

础。另一方面,强调人类社会具有区别于自然界的先天的"群性"或"人道",那么就必定会追随赫胥黎的"自我约束"原则、并把社会进程与宇宙进程的关系理解为对抗的关系。从社会伦理的角度看,这一问题的核心是:是遵循物竞天择、适者生存的原则,还是遵循自我约束的原则?如果这的确构成了一种"矛盾"的话,那么,这一"矛盾"是内在于"天演"概念之中的。

从最为明显的方面看,严复是肯定自然选择的规则的。他用体用关系来解释现象界的运动规则与不变之道的关系,即以"天演"为体,以"物竞天择"为用:

> 以天演为体,而其用有二:曰物竞,曰天择。此万物莫不然,而于有生之类为尤著。物竞者,物争自存也,以一物以与物物争,或存或亡,而其效则归于天择。天择者,物争焉而独存。……天择者择于自然,虽择而莫之择,犹物竞之无所争,而实天下之至争也。斯宾塞尔曰:"天择者,存其最宜者也。"[68]

物竞与天择在根本上是一致的,物竞是天择的途径,它遵循自然选择的基本法则。在天人关系上,严复反对赫胥黎"以物竞为乱源,而人治终穷于过庶"的看法,[69]把斯宾塞的放任主义看作是黄老之学,并认为推动人类行为的基本动力是生存的欲望和需求。因此,在这个意义上,"任天为治"并不是无所作为,而是确认生存欲望的正当性,并鼓励人为此而奋斗。在这里,斯宾塞的"任天为治"和黄老的顺性自然都和对人的生存本能(即赫胥黎所谓"自我肯定"的倾向,严复译为"自营")的肯定联系起来。如果说"进化"一词表述的是一种客观的必然规律,那么"天演"概念还是一种价值观念和行动准则。实际上,在严复那里,"天演"之"体"与"物竞天择"之"用"都含有某种指导意义,"必然"与"必须"在这两组概

---

[68] 同上,页2—3。
[69] 同上,页35。

念中异常含混地结合在一起,而无论是严复本人还是中国的读者,都忽略其作为一门科学的价值(必然),而强调在当时的形势下人们应该遵循的准则(必须)。自然进程通过自然界内部的各种事物的"自我肯定"的倾向而运作,因此,在"物竞"与"天择"这两个概念中,严复从重视人的意志和力量的角度特别注意"物竞"的原则,因为"天"的意志将以"物"的斗争而实现,但在确定哪一种斗争合乎天意方面,"天择"又具有决定性的意义,这就是前引所谓"天择者,存其最宜者也"的真正含义。

史华兹正确地指出,严复从西方思想中看到了一种力本论的观念,并把它用于社会进程,特别是民族的兴衰。他认为《原强》中严复所谓对民德、民智、民力的概念来自斯宾塞"著名的体力、智力、道德的三结合体。"[70]但已有论者指出,除了"力"的概念之外,德、智概念只不过是《大学》中"诚正修齐"的概括而已。[71]严复用质、力相推的概念解释宇宙的形成,认为民族(国种)的形成一如动物和植物的生长,都是宇宙运动中的"力"的结果。从内部来看,"国种之始,无尊卑、上下、君子小人之分,亦无通力合作之事。其演弥浅,其质点弥纯,至于深演之秋,官物大备,则事莫不同,而互相为用焉。"[72]换言之,社会的形成是初民社会分化与整合的结果,它也是由力质相推而来。作为一种法则,物竞天择、适者生存的有效性建立在宇宙运行的永恒的"力"的运动之中。

但严复的"尚力"观点能否等同于社会达尔文主义仍需要进一步检讨。我们需要追问的是:既然严复同时确定"群"(社会)是一种不同于自然界的道德实在,那么,他的尚力论和物竞天择的主张究竟是在什么意义上运用的呢?严复在《原强》中曾经区分了两种不同的"群"概念,它们对于理解"物竞天择、适者生存"的社会含义是极为重要的。

---

[70] 史华兹:《寻求富强:严复与西方》,页54。

[71] 李强:《严复与中国近代思想的转型——兼评史华兹"寻求富强:严复与西方"》,《中国书评》(香港),1996年2月总第九期,页105—106。李强在查阅了大量斯宾塞的著作之后并未发现史华兹这一论断的出处。他断言,"这一说法更多地来自对传统儒家思想的领悟,而与斯宾塞关系似乎不大。"

[72] 严译《天演论》,页7。

第八章　宇宙秩序的重构与自然的公理

第一种涉及人类为获取自己的生存而摆脱自然控制的过程,这一过程中的"群"和"种"是一种生物学概念。在介绍达尔文的《物种起源》时,严复描述物竞天择的状态说:

> "物竞"者,物争自存也;"天择"者,存其宜种也,意谓民物于世,樊然并生,同食天地自然之利矣,然与接为构,民民物物,各争有以自存,其始也,种与种争,群与群争,弱者常为强肉,愚者常为智役。及其有以自存而遗种也,则必强忍魁桀,趫捷巧慧,而与其一时之天时地利人事最其相宜者也。此其为争也,不必爪牙用而杀伐行也。习于安者,使之为劳,狃于山者,使之居泽,以是以与其习于劳,狃于泽者争,将不数传而其种尽矣。物竞之事,如是而已。……民人者,固动物之类也。[73]

在物竞天择、适者生存的自然过程中,"群"和"种"几乎等同于动物种类的关系,任何一种动物,包括人类,都必须遵循适者生存的原则。

第二种"群"概念则是指伦理之"群",亦即社会及其内部关系,尤其是一种道德本性。在《"群学肄言"自序》中,严复反对日本用"社会"译society,而喜好用传统概念的"群"来译,史华兹的解释是,严复认为"'群'字更接近西方的 society 作为一个社会集团而不是作为一个社会结构的概念。"[74]但这一解释显然是错的,这不仅因为严复的"群"概念中并不缺乏社会结构的内涵,而且还因为这一概念是在荀子思想、斯宾塞社会学和赫胥黎的"伦理过程"的多重关系中得到阐释的。它既标志着一种社会群体或社会结构,同时又表示这个群体或结构赖以形成的道德本质。[75]我们可以肯定的是,"物竞天择、适者生存"的法则和严复的尚力论主要是在第一个层面使用的,而不是在社会伦理领域运用的。

---

[73] 严复:《原强修订稿》,《严复集》第1册,页16。
[74] 史华兹:《寻求富强:严复与西方》,页88。
[75] 参见严复:《原强》,《严复集》第1册,页6。

严复区分上述两种"群"的方式非常接近于赫胥黎的三个领域的划分，即在自然过程中，人遵循适者生存、物竞天择的自然法则，用于获取生存资料的各种技巧、力量和意志为创造"适"的环境得到肯定；而在社会共同体内部，人必须遵循人伦法则。换言之，"物竞天择、适者生存"不适用于赫胥黎所涉及的"社会过程"（亦即社会内部的物质分配过程），而仅仅是"园艺过程"的自然法则。同时，也正如赫胥黎说的那样，社会进程本身虽然与宇宙进程相对抗，但它不仅是宇宙进程达到一定阶段的产物，而且最终也将回到宇宙进程之中。那是以人类的消亡为标志的。因此，尽管存在着社会伦理与宇宙伦理的冲突，但实际上，社会过程本身也经常包含了自然进程的因素。例如，由于繁殖而产生的争夺生存资料的斗争。

然而，假定物竞天择、适者生存的原则仅仅适用于获取生存资料的"园艺过程"，那么，严复把它适用于"保种进化"不是社会达尔文主义又是什么？对此问题需要作仔细的辨析。

首先，进化的法则所以成为一个道德命令是"进化保种"或"合群进化"的自然结果，它不是鼓励社会内部的弱肉强食，而是为族群的生存而与"自然"作斗争。我认为，严复在这里受到了赫胥黎的"园艺过程"的描述的影响。赫氏曾以开拓殖民地与园艺过程作比较，在这个比喻中，不仅殖民地的自然环境被看作"宇宙进程"的一部分，而且殖民地的"土著"也被看作"宇宙进程"的一部分。当殖民者按照"自我肯定"的生存需求消灭和克服环境中的"不适"因素时，殖民地居民正是这些因素中的主要内容。因此，殖民地居民不在"园艺过程"的内部，从而不可能进入赫胥黎所谓"社会过程"。"社会过程"所应遵循的"自我约束"原则完全不适用于他们。赫胥黎的上述观点如实地反映了帝国主义殖民活动的思想基础。正是在"合群保种"的意义上，严复完全站在斯宾塞一边，批评赫胥黎要求放弃"自我肯定"的自然本性的社会伦理，因为理性的知识通过排除自然本性而最终毁灭了人的生存能力。对于日益陷入它者的"园艺进程"而面临灭顶之灾的殖民地人民而言，"设弃此自然之机，而易之以学问理解，使知然后为之，则日用常行，已极纷纭繁赜，虽有圣者，不能一日行也。"[76] 尚力、尚同,并从各自争存的原始斗争,转向"保种进化",为"国种"和"国群"的形成和保存而奋斗,这就是"物竞天择,适者生存"的主要含义。这种含义中不仅包含了"群体"的重要性的观点,而且还包含了通过这种斗争形成"群"的愿望,而"群"作为社会结构体系是完全迥异于自然世界的(异于禽兽的)人道世界,从而也必须遵循"人道"的原则。赫胥黎的"园艺过程"以及殖民地的比喻涉及的并不是国家与国家之间的关系,而是某一人类群体与自然界(包括"土著")的关系。严复从一个被殖民社会的立场提出"自强保种",从而也从另一方向把自己的奋斗看作是一个"园艺过程"。

其次,如果上述观点成立的话,那么,它同时也意味着严复接受了斯宾塞的文明阶段的概念,并承认在不同的文明阶段存在着不同的社会原则。文明阶段概念并不是斯宾塞的独创,更早的作者如弗格森(Adam Ferguson)、孔多塞(Condorcet)已经对它们作出了详尽的合理分析。斯宾塞对社会形态学的贡献主要是引入了社会复杂性作为一个统一的半数量化的分类基础,而其他作者的谱系未能展示这种内在的统一性。文明阶段论一方面建立在社会进化的观念之上,另一方面也以形态学的方式提供了社会发展的目标和模式。对于严复来说,文明阶段概念为解决救亡与伦理的冲突提供了适当的途径。[77] 严复于1904年翻译出版了甄克思(E. Jenks, 1861—1936)的《社会通诠》(*A History of Politics*),该书即是以文明阶段论为基本框架,把社会进化区分为蛮

---

[76] 严复说:"斯宾塞、赫胥黎二家言治之殊,可以见矣。斯宾塞之言治也,大旨存于任天,而人事为之辅,犹黄老之明自然,而不忘在宥是已。赫胥黎……独于此书,非之如此,盖为持前说而过者设也。……物莫不慈其子姓,此种之所以传也。今设去其自然爱子之情,则虽深谕切戒,以保世存宗之重,吾知人之类其灭久矣。此其尤大彰明较著者也。由是而推之,凡人生保身保种,合群进化之事,凡所当为,皆有其自然者为之阴驱而潜率,其事弥重,其情弥殷。"严译《天演论》,页16。

[77] 夏曾佑在《社会通诠·序》中说:"言变法者,其所志在救危亡,而沮变法者,其所责在无君父。夫救危亡与无君父不同物也,而言者辄混……自生人之朔以迄于今,进化之阶,历无量位。一一位中,当其际者,各以其所由为天理人情之极而畔之,则人道于是终。"严译《社会通诠》,商务印书馆,1981,页 vi。

夷社会(图腾社会)、宗法社会和国家社会(军国社会)三个阶段。甄克思把"兵事之演进"视为国家社会的起源,"此人道之可为太息流涕者也,而无如其为不可掩之事实。问今日巍然立国,其始有不自战胜而存者乎?"[78]严复根据甄克思的阶段论,也在中国的历史范畴中区分了唐虞以前的蛮夷社会、唐虞至周的宗法社会、秦至清代的由宗法社会向国家社会过渡的时期,而这个过渡时期占据主导地位的显然是宗法社会的倾向。因此,中国社会被界定为"宗法之社会而渐入于军国者"。[79]严复强调中国社会的宗法性质,显然包含了双重的动机:一方面,如果不能通过自身的奋斗而获得主权国家的地位,也就不可能实现他的"群治"的理想,因此,他把中国向现代国家的转变视为关键问题;另一方面,他认为宗法社会的特征之一是重视"种"界而忽略国界,而在近代世界的历史形势下,他认为国家主义或军国主义要比"民族主义"更为重要。换句话说,严复试图回避"内部的民族主义"问题,亦即满汉冲突的问题,并用"外部的民族主义",即在近代民族国家体系中的主权地位问题,取而代之。正是后一点引起了章太炎、汪精卫等致力于排满革命的革命党人的强烈反感。[80]值得提出的是,甄克思的著作有着明显的社会达尔文主义倾向,却以极为尖锐和明确的方式揭示了现代国家取乱侮亡、兼弱攻昧的残酷历史。现代主权国家的政治制度、宗教风俗、经济体制等等,都是一种历史进化的产物。假定民主政治、个人权利和私人化的宗教

---

[78] 严译《社会通诠》,页65。
[79] 同上,页15—16。
[80] 汪精卫在《民族的国民》一文中分析了欧洲民族主义的历史,并归纳出民族同化的四个公例。他针对严复说:"夫几道明哲之士也,其所译'社会通诠'有云:'宗法社会,始以屠族为厉禁,若今日之社会,则以广土众民为鹄,而种界则视为无足致严。'此其言当诚也。然几道案语言外之意,则有至可诧者。观其言曰:'中国社会,宗法而兼军国者也,故其言治也,亦以种不以国。(中略)是以今日党派虽有新旧之殊,至于民族主义则不谋而合,今日言合群,明日言排外,甚或言排满。(中略)虽然,民族主义将遂足以强吾种乎?愚有以决其必不能矣。'几道此言,遂若民族主义为不必重,而满为不必排者。此可云信公例矣,而未可云能审我民族公例上之位置也。……"《民报》第一期。

第八章 宇宙秩序的重构与自然的公理

和经济制度代表了某种价值的话,那么,这种价值不是起源于"善"的动机,而是起源于"恶"的历史。

第三,严复对于"天"的理解包含了道德的预设,从而他的"任天为治"并不能一般地理解为人作为动物的自私本能。在为《天演论·卷下·论十六·群治》所作的按语中,他针对赫胥黎的"自营"(自我肯定)概念说:"大抵东西古人之说,皆以功利为与道义相反,若薰莸之必不可同器。而今人则谓生学之理,舍自营无以为存。但民智既开之后,则知非明道,则无以计功,非正谊,则无以谋利,功利何足病?问所以致之之道何如耳。"[81] 严复重新界定了"功利"概念,即只有"明道"、"正谊"的"功利"才成其为功利。他接着用刘禹锡、柳宗元的天论与理学的天道观相对比,指出他们之间的分歧也正是赫胥黎与斯宾塞的分歧:

> 前篇皆以尚力为天行,尚德为人治。争且乱则天胜,安且治则人胜。此其说与唐刘、柳诸家天论之言合,而与宋以来儒者,以理属天,以欲属人者,致相反矣。大抵中外古今,言理者不出二家,一出于教,一出于学。教则以公理属天,私欲属人;学则以尚力为天行,尚德为人治。言学者期于征实,故其言天不能舍形气;言教者期于维世,故其言理不能外化神。……[82]

严复的格物致知论已经包含了从对自然之物的研究而获得最终的天理的逻辑,这一逻辑在这里再一次表现为对自然本性中内含的"合理的"逻辑的肯定,亦即对最终的公理的肯定。在这个意义上,"物竞天择,适者生存"的规则在运用过程中也仍然需要进行重新界定,即在什么意义上,一种行为才是"物竞",什么事物才是"适者"?

在我看来,把严复的"尚力"论和天演观念等同于社会达尔文主义不过是用一种道德的批判遮盖了现代社会起源的真相。在解释现代国家产

---

[81] 严译《天演论》,页92。
[82] 同上,页92。

生的现代政治理论中,同一性的获得、合法性的实现以及社会整合都是作为一般系统问题列出的。但正如哈贝马斯所说,这些概念的系统理论的再阐释,遮盖了对政治统治而言本是构成性的联结要素。[83]在社会进化的过程中,不同形式的同一性得到了发展,例如宗法社会、帝国、城市国家、民族国家等等。所有这些都表达着不同的政治秩序与不同生活形式(性格、气质、民族精神)的结合。现代化理论把国家结构与民族结构作为两个不同的、但又相互依存的过程来处理是正确的,但这一理论主要从社会发展的合理化过程(其中一些激进的方面则用阶级冲突来加以解释)来解释现代国家的合法性,却不去研究一种政治价值获得承认的国家冲突和种族冲突的根源。严复对"尚力"问题的讨论不是在一个民族国家内部的关系中、而是在殖民主义的世界政治体系中解释上述问题。他所涉及的也不是一般的国家与国家的关系,而是讨论中国在世界殖民主义体系中的处境。史华兹几乎没有区分严复在民族冲突中对"国家"的看法与他在国家内部关系中对国家的看法,却从自由主义的社会/国家二元论出发把这两个方面共同归结为"国家主义"。例如他一再地说,严复歪曲了斯宾塞最深奥的主观感觉的价值观念,"斯宾塞的美国解释者,如把他的思想解释为经济个人主义和反中央极权下的经济统制的哲学家的萨姆迪·尤斯曼,他对斯宾塞心中意图的推测,比中国的这个念念不忘以国家力量为目的的不在位政治家的推测要准确得多。"[84]但是,在晚清王朝岌岌可危的条件下,严复所涉及的问题与"中央极权"又有什么相关性呢?

现代国家合法性的建立包含国内和国际两个方面。欧洲资产阶级国家可以被理解为一种经济系统分化的结果,这个经济系统通过市场调节生产过程——这是一种非中心化的、非政治的手段。欧洲社会的政治经济结构是和资产阶级占据市民社会并与封建国家相抗衡的历史直接相关

---

[83] Jürgen Habermas, *Communication and the Evolution of Society*, trans. Thomas McCarthy (Boston: Beacon Press, 1976), p. 180.
[84] 史华兹:《寻求富强:严复与西方》,页69—70。

的,这也是自由放任主义产生的历史前提。另一方面,现代国家是作为一个国家系统出现的,按照沃勒斯坦的说法,这个国家系统产生于"欧洲世界经济"(即欧洲国家统治的世界市场)之中,因此,国家的合法性问题不能仅仅在国家与社会的二元论中解释,而必须和世界资本主义的政治、经济和军事关系联系起来才能得到真正的理解。[85]用严复自己的话说:"(主权国家)外对于邻敌,为独立之民群,此全体之自由也;内对于法律,为平等之民庶,此政令之自由也。"[86]在19世纪的中国社会变革中,晚清王朝的合法性的丧失不仅是一个国内事件(如满汉冲突),而且是一个国际事件,因为它无法应付新的世界挑战。在这个意义上,创造新的社会同一性并建立相应的政治统治,就不可能仅仅是在内部的关系中确立国家的合法性,而且必须在与外部世界的主权关系中界定自己的合法性。在近代国家的形成过程中,民族(种)作为一种集体同一性是一种意识结构,它不仅使得大众的社会动员成为可能,而且为建立相应于外部主权国家的政治结构以及国际间的关系准则提供可能性。在1897年发表的有关德国占据胶州半岛的文章中,严复反复提及"开化之民,开化之国,必其有权而不以侮人,有力而不以夺人",并呼吁在人与人之间、国与国之间建立平等的公理和公法,并以此为根据形成判断是非曲折的公论。[87]这表明严复的"公心"、"公理"、"公德"观念远远超出了国家的观念,它们又怎能被理解为社会达尔文主义呢?[88]

---

[85]　Habermas, *Communication and the Evolution of Society*, pp. 189-190.
[86]　严复:《宪法大义》,《严复集》第2册,页241。
[87]　严复:《驳英"太晤士报"论德据胶澳事》,《严复集》第1册,页55。在《拟上皇帝书》中,他又说:"盖今日各国之势,与古之战国异。古之战国务兼并,而今之各国谨平权。……使中国一旦自强,与各国有以比较量力,则彼阴消其侮夺觊觎之心,而所求于我者,不过通商之利而已,不必利我之土地人民也。"《严复集》第1册,页62。
[88]　严复也一贯反对极端的排外主义。在《与外交报主人书》中,他区分了两种不同的"排外":"夫自道咸以降,所使国威陵迟,驯致今日之世局者,何一非自侮自伐之所为乎,是故当此之时,徒倡排外之言,求免物竞之烈,无益也。与其言排外,诚莫若相勖于文明。果文明乎,虽不言排外,必有以自全于物竞之际;而意主排外,求文明之术,傅以行之,将排外不能,而终为文明之大梗。"《严复集》第3册,页558。

2.4 群己权界、无为之治与中央集权

严复既被看一位自由主义者,也被理解为一位保守主义者。史华兹所作的关于严复的自由平等理念与国家富强的关系的解释,可以说沟通了严复的上述两种形象。这是他在比较了斯宾塞《社会学研究》(*The Study of Sociology*)中有关抨击立法干预进化过程的观点与《群学肄言》中的译文后得出的结论。[89] 这里的问题仍然是个人的自由与国家的关系。但是,在讨论严复对穆勒的《群己权界论》和亚当·斯密的《原富》的翻译问题时,史华兹的解释遵循了经典自由主义的一般看法,不仅明显地曲解了严复的观点,而且也没有重新反思重商主义与市场社会形成的复杂关系。例如,他完全没有考虑卡尔·博兰尼(Karl Polanyi)在《巨变:当代政治、经济的起源》(*The Great Transformation: The political and Economic Origins of Our Time*, Beacon Press, 1944)中对英国市场社会形成的分析,即全国性市场的出现并非地区性或远程贸易逐渐扩张的结果,而是由于国家有计划的重商主义政策。[90] 史华兹引证埃利·赫克谢尔(Eli Heckscher)的《重商主义》(*Mercantilism*)一书,强调重商主义要求把一切经济活动从属于国家政权的利益,因而是斯密的死敌;而严复恰恰将斯密的经济自由主义歪曲为重商主义。[91] 但事实上,严复对重商主义的批评在《原富》

---

[89] 史华兹说:《社会学研究》中有斯宾塞猛烈抨击立法干预进化过程的一段很有代表性的话:"劣等的政治阴谋家以为通过立法机关的适当设计和应有的明智的工作,就会产生有益国家的作用而无任何有害的反作用。他期待愚者变成聪明人,劣者逐渐养成高尚的品行。"经过严复的意译,这段话就变成了:"故谓国群盛衰,尽由法制。恃吾法制,弱民可使为强国,贫民可使为富国,愚民可使为智国,此何异梦食求饱者乎!"(《群学肄言》,《严译名著丛刊》第4册,页4。)见《寻求富强:严复与西方》,页89。

[90] 根据波拉尼的分析,全国性市场的造成只是某些建国策略的副产品;在这些策略中,经济发展被视为国力的基础。可是即使是全国性市场的出现,仍不足以促成市场社会的充分发展。市场社会的充分发展,有赖于其他方面的变革:土地、货币和劳动力的商品化。参见《巨变:当代政治、经济的起源》一书第十三章及被译者用作该书导论的 Fred Block and Margaret R. Somers 的文章。见黄树民、石佳音、廖立文译本,页 255—270, 13;台北:远流出版事业股份有限公司,1989。

[91] 史华兹:《寻求富强:严复与西方》,页 105—121。

(部丁)"按语"中随处可见,史华兹对重商主义及其与经济自由主义的关系的分析也需要重新检讨。又例如,他将功利主义的穆勒解释成为把自由理解为目的的思想家,而认为严复以富强为目的的自由观是对穆勒的歪曲。[92]然而,严复的自由观在某些方面较之穆勒更为激进,因为在他所心仪的老子本体论中,自由不过是自然的状态而已,而"公"的观念并不是与自由观念相互冲突的观念,它不过是自由的另一种表达。

严复不仅是穆勒的《论自由》(严译《群己权界论》)和亚当·斯密的《国富论》(严译《原富》)的翻译者,而且是近代中国阐释自由观念的第一人。在《论世变之亟》中,他把自由与不自由看作是中国和西方文明的主要差异。

> 夫自由一言,真中国历古圣贤之所深畏,而从未尝立以为教者也。彼西人之言曰:唯天生民,各具赋畀,得自由者乃为全受。故人人各得自由,国国各得自由,第务令毋相侵损而已。侵人自由者,斯为逆天理,贼人道。……故侵人自由,虽国君不能,而其刑禁章条,要皆为此设耳。中国理道与西法自由最相似者,曰恕,曰絜矩。然……中国恕与絜矩,专以待人及物而言。而西人自由,则于及物之中,而实寓所以存我者也。[93]

自由在这样的诠释中并没有被简化为富强的工具,而是一种"天理"和"人道"。但是,在此时的严复眼里,"自由"并不是一种先天的本质,它仅仅是西方文明的"天理"和"人道",虽然他竭力主张这是中国文明最为缺乏而必须学习的。然而有趣的是,在《"群己权界论"译凡例》中,他根据穆勒和斯宾塞的理论,以及卢梭的"民生而自繇"的理念,把自由理解为

---

[92] 关于以上两点,李强在《严复与中国近代思想的转型——兼评史华兹"寻求富强:严复与西方"》一文中有较为深入的分析。我认为他对这一问题的陈述是有力的。《中国书评》(香港),1996年2月总第9期,页109—115。

[93] 严复:《论世变之亟》,《严复集》第1册,页2—3。

一种绝对的本质,所谓"夫人而自繇,固不必须以为恶,即欲为善,亦须自繇",但由于考虑到自繇与社会和他人的关系,严复反而转向了他在《论世变之亟》中力图加以区分的中国的恕和絜矩之道与西方自繇的同一性:"自入群而后,我自繇者人亦自繇,使无限制约束,便入强权世界,而相冲突。故曰人得自繇,而必以他人之自繇为界,此则《大学》絜矩之道,君子所恃以平天下者矣。"[94]这样,自由作为一种伦理规范而被确立了。

严复对自繇的理解仍然需要在他的"天演"范畴中加以解释,而天演范畴与斯宾塞的"进化"观的差别也同样存在于他对自由的看法之中。首先,他从"民德演进"的角度阐释自繇观念,其根据是斯宾塞在《伦理学原理中的公正》(*Justice in Principle*)中阐释的自由与责任的关系。在这个意义上,史华兹断言严复将穆勒纳入斯宾塞的思想框架中理解并不是没有理由的,但这绝不意味着严复的自由观具有斯宾塞式的社会达尔文主义色彩。严复说,斯宾塞"言人道所以必得自由者,盖不自由则善恶功罪,皆非己出,而仅有幸不幸可言,而民德无由演进。故惟与以自由,而天择为用,斯郅治有必成之一日。"[95]他强调的是自由与个人责任的问题。但这个责任主要指的是个人对自己的行为和命运的责任。例如斯宾塞反对一切国家资助的公共教育及其机构设置,因为这严重损害了个人责任的原则,有什么事比结婚和生育更应该是个人选择的结果呢?在这个意义上,公共教育会妨碍个人对自己的行为负责。因此,这里所谓的"善恶功罪"或个人责任与国家问题无关,相反,它仅仅是个人自由的前提之一。

事实上,严复把自由置于"天演"的过程中加以解释,在区分自然进程与社会进程的方式上,多少具有赫胥黎的色彩,而不是斯宾塞的方式。例如他说,现实世界中并无作为真实的、完全的自由之物,因而只有上帝才能享有自由;而自然进程中的动植物没有自己的意志,"不由

---

[94] 严复:《"群己权界论"译凡例》,《严复集》第1册,页132。
[95] 同上,页133。

自主,则无自由,而皆束缚。"唯有"人道"即社会是"介于天物之间,有自繇亦有束缚。治化天演,程度愈高,其所得以自繇自主之事愈众。由此可知自繇之乐,惟自治力大者为能享之。"[96]斯宾塞试图从进化原理中推导出伦理规范,但他没有克服休谟关于没有价值前提便无法从实然中推出应然的困难。严复也同样试图用"天演"范畴解释一切,但他显然意识到仅仅陈述进化的事实无法推导出伦理的规则,因而不引人注目地引入了赫胥黎式的天人对立的观念,进而把本体论的自繇与社会责任关联起来。在《"老子"评语》中,他在"往而不害,安、平、太。"句上批注曰:"安,自由也;平,平等也;太,合群也",[97]也是要在自由平等的价值与社会伦理关系之间建立起联系。自由、平等和合群是在演化的关系中形成的,它们不能被看作是相互孤立或对立的价值,这是因为这些方面都是演化的结果。1906年前后,他在给夏曾佑的信中论及国家与政制,用一种特殊的方式把老子式的"无知观"扩展到国家与政府的范畴,从而把演化的观念与政治理论联系起来。"国群者,有机之生物也,其天演之所历,与动植同。使其天演程度稍高,则有不可离之现象,政府是已。政府之成,有成于内因者,有范于外缘者。内因,宗教为之纲;外缘,邻敌为之器。……或曰:政制者,人功也,非天设也,故不可纯以天演论。是不然,盖世事往往虽为人功,而不得不归诸天运者,民智之开,必有所属,而一王法度,出于因应者为多。饮食男女万事根源方皆以此为由所设施者,出于不自知久矣,此其所以必为天演之一物也。"[98]

严复关于老子思想中的自由观念的解释进一步说明了严复与斯宾塞的分离。值得注意的是,严复是把老子看作是"言治之书"的,他对老子的诠释也经常涉及政治制度问题。在《"老子"评语》中,他用老子思想内涵的本体论自由与穆勒和斯宾塞的自由观相互发明,但难以克

---

[96] 同上,页133。
[97] 严复:《"老子"评语》,《严复集》第4册,页1090。
[98] 严复:《致夏曾佑·三》,《严复合集》5,台北:财团法人辜公亮文教基金会,1998,页86—87。

服它们在"天演"问题上的分歧,特别是斯宾塞的由简至繁的进化单线论与老子的那种返朴归真思想的对立。"老子哲学与近世哲学异道所在,不可不留意也。今夫质之趋文,纯之入杂,由乾坤而驯至于未济,亦自然之势也。老氏还淳返朴之义,独驱江河之水而使之在山,必不逮矣。"[99]在这一问题上严复并没有简单地追随斯宾塞,相反,他认为无论是"物质而强之以文",还是"物文而返之使质",都"违自然,拂道纪",而"今日之治,莫贵乎崇尚自由。自由,则物各得其所自致,而天择之用存其最宜,太平之盛世可不期而自至。"这也是他注释"以无为用"的"玄"字时提出"惟以'虚'受物,以'无'为用者,乃能中央集权"的根据。[100]"夫黄、老之道,民主之国之所用也,故能长而不宰,无为而无不为;君主之国,未有能用黄、老者也。汉之黄、老,貌袭而取之耳。君主之利器,其惟儒术乎!"[101]

"公"或"公心"的问题的确构成了严复著作中的核心问题,但这一问题同样必须从他对"天演"概念的诠释中加以解释,而不能仅仅在个人自由与国家的关系中理解。严复的自由观不仅渊源于穆勒,而且植根于《周易》、老子和庄子思想。易学宇宙论的那种周而复始的循环论在一定程度上消解了斯宾塞的由简至繁的进化目的论,而老庄思想中的自由观念与"公"的观念不仅不是冲突的,而且就是同一件事。《庄子·应帝王》:"汝游心于淡,合气于漠,顺物自然而无容私焉,而天下治矣。"郭象注曰:"任性自生,公也;心欲益之,私也;容私果不足以生生,而顺公乃全也。"[102]公在这里就是自由的状态。这种自由观较之穆勒要激进得多,因为自由已经不是一种价值,而是一种本然的状态。

在晚近的研究中,严复的《"民约"评议》被诠释为中国新保守主义的

---

[99] 严复:《"老子"评语》,《严复集》第4册,页1082。
[100] 同上,页1082,1080。
[101] 这是批在"明白四达,能无为乎?生之蓄之,生而不有,为而不恃,长而不宰,是谓玄德"数句之上的。《"老子"评语》,《严复集》第4册,页1079。
[102] 郭庆藩:《庄子集释》,第1册,中华书局,1985,页294—295。

第八章 宇宙秩序的重构与自然的公理 877

理论起源，[103]似乎是从反面印证了史华兹的观点。但他们都未能指出严复的思想转变与他的"天演"概念的关系，也未能指出这种"天演"概念中内含的自然主义与伦理主义的二元对立。在我看来，《"民约"评议》与严复早期在《论世变之亟》、《原强》等文章中所解释的社会观念在逻辑上并没有根本冲突。严复的易学世界观始终未能真正克服斯宾塞的自然主义与赫胥黎的伦理主义的二元对立，这使他不可能彻底地成为一位政治上的放任主义者。他晚年政治观点的变化是和他的易学世界观中包含的那种赫胥黎式的伦理主义直接相关的。我在讨论赫胥黎的园艺过程和伦理过程时已经指出，他的道德激情及其对物竞天择、适者生存的"自我肯定"倾向的抨击，使他相信社会过程应该遵循的是"自我约束"（即亚当·斯密所称的良心）的伦理原则，这种原则用道德的方式要求人的行为符合国家的法律和社会的规则，从而把自然人的反社会倾向约束在社会福利所要求的限度之内。赫胥黎从他的道德考虑得出的结论是国家权力应该掌握在那些既有能力、又有同情心的人手中。这种观点不仅支配了严复对卢梭的评价，而且也影响了他在袁世凯称帝过程中的政治态度。

近代欧洲政治思想中的社会契约论渊源于霍布斯的《利维坦》（Leviathan）和洛克的《政府论》，前者把社会契约和君主的产生归结为早期社会争夺生存资源的弱肉强食的斗争，从而具有性恶论的特点；而洛克的政治论则基于性善论的观点，他把契约的制定看作是克服后天的社会等级的形成的方式。卢梭的民约论继承了洛克的天赋人权观念，并要求法律和制度的建立必须以自然权利为前提。严复正确地指出，卢梭的《民约论》虽然表面上沿用了霍布斯的概念，但更多地却是师承洛克的观念。

《"民约"评议》从两个不同的方向展开对自然权利理论的批判。第一个方面是从方法论的角度出发的，他认为洛克的宪制论（Constitut-

---

[103] 萧功秦：《当代中国新保守主义的思想渊源》，《二十一世纪》（香港），1997年4月号，总第40期，页126—135。

ionism)和卢梭的"自然之境",都是一种虚拟的前提,无法用实证的方式加以检讨。"卢梭之说,其所以误人者,以其动于感情,悬意虚造,而不详诸人群历史之事实。"[104]严复强调自由平等与法律的关系,并主张社会制度的设置不应该根据某种抽象的假定,形成"华胥、乌托邦之政论,"而必须"见诸事实","用内籀外籀之术"得出公例。[105]第二个方面则从赫胥黎有关人生而不平等的预设出发,也是更为根本的方面。他对卢梭的三个原则——即民生而自由,天赋权利相同和以社会契约为社会基础——的批判,都是从这一基本假定开始的。严复引证赫胥黎的观点,指出从医学的观点看,婴孩不仅具有先天差异,而且也无社会平等,而在社会生活中,无论是个体之间,还是族群之间,都存在着生存斗争。[106]因此,自由平等必须依赖法律施行,而并不是起源于人的内在本质。严复说:

> 夫言自由而日趋于放恣,言平等而在在反于事实之发生,此真无益,而智者之所不事也。自不佞言,今之所急者,非自由也,而在人人减损自由,而以利国善群为职志。至于平等,本法律而言之,诚为平国要素,而见于出占投票之时。然须知国有疑问,以多数定其从违,要亦出于法之不得已。福利与否,必视公民之程度为何如。往往一众之专横,其危险压制,更甚于独夫,而亦未必遂为专者之利。[107]

严复不承认自由平等是一种自然存在,而是一种政治和法律的存在。因此,他的自由平等观念的核心是一种消极的平等和自由,它是以承认先天的不平等和自由为前提的。严复对社会的理解建立在赫胥黎的伦理过程之上,因而是道德主义的,他特别强调自然资源和社会资源的有限性和需

---

[104] 严复:《"民约"评议》,《严复集》第2册,页340。
[105] 同上,页337。
[106] 同上,页336—337。
[107] 同上,页337。

求的无限扩张的矛盾，主张用契约方式建立"社会一切权利"，[108]从而远离了斯宾塞的自由放任主义。但是，严复并不认为伦理规则是一种纯粹主体的创制，他要求在实证的基础上加以制定。在实践上，他拥护中小私人产业的合法性，反对社会主义的平等，则是和斯宾塞的观点极为相近的。

史华兹特别强调斯宾塞的自由放任主义，并把严复对国家和秩序的关注与这种自由放任主义相对立。他追随了赫胥黎、沃德等人关于斯宾塞的自由放任主义与其有机系统具有内在矛盾的看法，认为斯宾塞学说中内含了导致集权和专制的可能性。但他显然没有注意到斯宾塞学说中所包含的体系概念也可能发展成为一种各种力量的平衡的观念。"这个体系是在各种力量的平衡的基础上运作的。就后一点而言，他非常明确地一再要求关注平衡的重要性，如同在利己主义和利他主义取向之间的平衡一样，并坚持认为偏于一极是有害的。"[109]斯宾塞的立场中未能区分个人主义的伦理学的和社会学的意义，从而忽略了伦理愿望的自由和个人责任对于社会中的规范秩序的体制化的依赖程度。[110]而这一点直到杜克海姆（Durkheim）的《劳动分工》（*Division of Labour*）才得到清晰的

---

[108] 同上，页339。

[109] see Spencer, *The Study of Sociology*, pp. vi-vii. 这是帕森斯为该书所写的导言中的话，他接着还说："他在很大程度上不同于那些经济学家，例如他断然承认传统的信念和事件的积极意义，以及过快地、不分青红皂白地变革传统的危险性。从什么构成理性的计划行为这一历久常新视野看，他始终一贯地坚持各种力量的总体平衡是必须认真考虑的。他认为，最为普遍的谬误是，把某些因素孤立出来加以控制，并期待预期后果的发生。"

[110] 帕森斯批评说："这里的关键不是政治态度，而是潜藏在背后的社会学思考。用斯宾塞自己的术语说，这首先忽略了在社会人口能力的最大发展中的正面的社会利益。它忽略了这一事实，即在一个工业化的社会中，家庭在它自己的领域内拥有足够的责任，较之于私人企业所能提供的，不断提高的生产力能够被有限优先用于不仅更为有效的、而且也更为普遍化的教育。更重要的是，确实，公共教育对于机会平等的暗示。""在所有这些思考背后，是社会停泊于共同价值以及它们在个人人格方面的内在化，这两个方面斯宾塞都未及考虑。一旦这样作了，在一定程度上，斯宾塞当做个人责任的非理性的放弃的大部分就可以被看作是同一价值的运用中的自然延伸，这个价值赋予了维多利亚个人主义在更为分化也更为复杂的社会条件下的意义。"Ibid., pp. ix-x.

分析。这个秩序涉及杜克海姆称之为"有机的一致性"(organic solidarity)的"契约"体系,它的因素不能从个人契约团体的需要中获得,而是依赖于共同的价值和体制化的规范,这些价值和规范必须在分析中作出区别性的处理。[111]

严复对社会伦理问题的思考明显地具有把个人的自由平等与秩序相关联的倾向,这种秩序也可以被理解为杜克海姆称之为"有机一致性"的契约体系,严复称之为"群"。通过"群"的概念,严复要求的是一种平衡的机制和平衡的伦理。"任情而至于过,其始必为其违情。饥而食,食而饱,饱而犹食;……至违久而成习。习之既成,日以益痼,斯生害矣。故子之所言,乃任习,非任情也。使其始也,如其情而止,则乌能过乎?学问之事,所以范情,使勿至于成习以害生也。斯宾塞任天之说,模略如此。"[112]在这里,斯宾塞的"任天为治"被转变成为一种通过功能分化而达致平衡的中庸之道。"群"的概念不仅把社会理解为一种有机的道德实在,而且也试图把个人责任的考虑放置在"群"的共同价值之中加以考虑。在他关于"群"和"群学"的讨论中,政治制度、经济制度和文化价值的确立都必须以科学的方法加以实证的研究,从而构筑出一个以一个复杂的知识分类学为前提的社会分工系统。换言之,一个社会平衡系统的建立需要确切地知道各种平衡的临界点在哪里,从而在"自我肯定"与"自我约束"之间建立起一种平衡关系。"公"的观念正是这种平衡的表达。

---

[111] Ibid., pp. viii-ix.
[112] 严译《天演论》,页16。严复这种试图在情与理之间建立平衡的努力也是和斯宾塞相反的。斯宾塞不再被接受的部分之一是社会学与心理学的边界。这里的关键是斯宾塞认为"感情的"因素总是与"理智的"因素相对立的观点。这就是说,他把人的动机的情感的或感情方面的因素主要看作是对理智的正确合理运作的干扰。这基本上说明他不理解这一点,即认知和情感因素必须整合在一起进而形成理性选择的基础,虽然他对感情在行为动机中的重要性也有一些模糊的看法。然而,考虑到各个方面的问题,斯宾塞以来,获得了最大进步的领域之一一直是"社会心理学",它把社会结构与个人人格联系起来。在这方面严复的观点反而与那种系统平衡的观点更为一致。

第三节 "群的世界":实证的知识谱系与社会的建构

1. "群"概念的分化特征与总体性

严复心目中的科学不仅是一种形而上学体系,而且是一种以社会学为中心或指归的知识谱系,这和斯宾塞思想明显有关。斯宾塞坚定相信所有科学的统一性:不仅因为在科学研究的各个领域都同样地遵循基本的逻辑方法,而且也因为所有存在领域的主要过程是基本一致的,这在他的《综合哲学体系》(System of Synthetic Philosophy)中已经作了连续地论证。

但社会学与分科之学的关系问题不能仅仅在斯宾塞的理论中寻求解释,而需要首先回到严复的总体性的思想方式中加以解释。我所说的总体性是指在社会生活、知识领域和自然秩序之间建立普遍性联系的认知方式。如果说穆勒对不可知论的兴趣引导他在现象世界与本体世界之间划分出明确的界线的话,严复则不然,他相信自然的公理与社会的公理之间的关系不仅是相关的,而且是直接贯通的。科学是一种形而上学体系,因而科学问题就不仅是科学问题,而且是普遍的社会问题,是遍及德、智、体、政、教、艺等各个领域的问题。科学与形而上学之间的联系意味着:只有从局部问题转向总体性问题,才能理解局部问题的含义;与此相应,某一种公理的发现将会在各个局部引起革命性的变化,亦即总体性的变化。

总体性观念是和某种程度的体系概念和功能分化概念相关的,在这方面斯宾塞显然是一个重要的源泉。帕森斯曾经从他的"作为自我调节体系的社会"概念出发,断言"自我调节的体系与功能分化这两个观念的结合使得斯宾塞非常接近于社会学和相关学科中的现代'功能'理论的立场。"[113]一方面,体系是在各种力量的平衡基础上运作的,因而斯宾塞一向坚持各种力量的总体平衡,并认为把某些因素孤立出来加以控制并期待预期后果的发生是一种普遍的谬误;另一方面,"斯宾塞思想的第二个主要焦点也与经济学和生物学有关,即功能分化的概念。这在很大程度上涉及他使用的有机体的类比……这清楚地意味着分化的因素是相互依赖的,而优势也是从中自然生长出来的。在这方面,较之在一个经济学的框架中,斯宾塞更清楚地说明这些持续地存在于我们时代的重大问题之一,即如何才能在一个系统中保存个人的自由——不用说加强——这个系统不断地趋向于提高相互的依赖性?"[114]

"总体性"并不是一种权宜性的策略考虑,而是一种思想方法。在甲午战败后的历史情境中,这种总体性的思想是全面改革的意识形态基础,因而我们总能在这种思想方法的总体性中看到作为一个总体的社会或国家的内在结构。"总体性"思想方法的特点是拒绝在自然、社会和人生的各种关系中作出完全不可通约的划分,并坚持对任何事物的认识必须与对总体问题的理解关联起来。这种认识方式无法用归纳法加以说明。如果说穆勒承认不可思议的本体,并把这一本体从认知的活动中分离出去的话,那么,对于严复来说,"常道"是遍在的,它虽然不能还原为具体的知识性论断,但在各个局部的关系中,我们能够体会这种常道的存在。对于严复来说,相互依存的功能关系首先是从否定的方面表现出来。在《原强》及其修订稿中,严复在论述了"群学"问题之后,率先提出甲午战败不能理解为一次战争的失败,而应理解为整个中国的衰败;不是一个方面的失败,而是民力、民智、民德的全面的衰败。古代中国"耕凿蚕织,城郭邑居,于是有礼乐刑政之治,有庠序学校之教。通功易事,四民肇分",因而即使落败于匈奴,也仍然能"以法胜"。[115]然而,在西洋与中国的对比中,优劣关系是总体性的。在严复看来,某个社会分支的发展,如"官

---

[113] Parsons, "Introduction," in Spencer, *Study of Sociology* (Ann Arbor: The University of Michigan Press, 1961), p. vii.
[114] Ibid. , p. vii.
[115] 严复:《原强修订稿》,《严复集》第1册,页22。

第八章　宇宙秩序的重构与自然的公理

工兵商法制",依赖于相关的学术发展,而学术发展依赖于有效的方法论,而有效的方法论依赖于"自由"、"民主"。[116]没有总体性的思想方式,便不存在从某一具体问题导向其他问题的逻辑,因而也不存在从一局部性失败推导出总体性变革的方案。

严复的总体性思想集中体现于他的"群"和"群学"的概念。"群"概念是在达尔文学说的激发之下产生的,但它的内涵却与物竞天择、适者生存的概念相互冲突。我已经指出过,《原强》一文对达尔文的物竞天择、适者生存的解释也涉及了"群"和"种"的概念,但那里的"群"和"种"概念与严复的"群"或"群学"中的"群"概念没有任何关系,它不仅是一种描述性的概念,而且也主要是在人与自然界的关系中界定的"群"和"种"概念,因而据此把严复的进化观归结为一种社会达尔文主义的观念,是没有说服力的。[117]严复的"群"概念既是一种指称先天的人的类本性的形而上学概念,又是一种从自然范畴中分化出来的社会组织的概念。在严复所叙述的达尔文的"群"概念与他的"群"概念之间存在着不能忽视的界限,就如同《天演论》的"天"概念与他所翻译的斯宾塞《群学肄言》中"天"概念的差别一样。[118]

但是,"群"概念并不仅仅是一种形而上学概念,也不仅仅具有伦理学的含义。严复引用荀子的"群"概念解释斯宾塞的"社会"范畴,但没有详尽地讨论这一概念的内涵。通观他在若干文章和按语中的叙述,严复

---

[116] 严复:《原强修订稿》,《严复集》第1册,页23。

[117] 史华兹从这一段话中得出的结论是:"严复在对达尔文主义的主要原理的初步解说中,用语就已经是社会达尔文主义的了……在这里,达尔文的生物进化作为一门科学的价值并未使严复产生多大的兴趣,尽管这门科学有宝贵的价值。很明显,严复强调的是竞争(一种确定无疑的活力)的价值观,强调的是在竞争形势下,潜在能力的充分发挥。因此,'爪牙用而杀伐行'的形象描绘非但并未使他沮丧,反而使他兴奋。"《寻求富强:严复与西方》,页41。

[118] 严复:《群学肄言》按语:"中国所谓天字,乃名学所谓歧义之名,最病思理,而起争端。以神理言之上帝,以形下言之苍昊,至于无所为作而有因果之气,虽有因果而不可得言之适偶,西文各有异字,而中国常语,皆谓之天。如此书天意天字,则第一义也,天演天字,则第三义,皆绝不相谋,必不可混者也。"《严复集》第4册,页921—922。

所描述的"群性"和他强调的"公心"之间具有内在的相关性,从语源上看,也都与荀子的概念有关。《荀子·正名》中的一段话解释了他的思想的核心:"以仁心说,以学心听,以公心辨。""公心"是"辨"的标准,而"辨"又是"人之所以为人者"的要素,一如"群"是"人之贵于禽兽"的本性一样。荀子言"辨"而通于"分",所谓"人道莫不有辨,辨莫大于分"(《荀子·非相篇》)。"分"涉及的是"礼"的秩序和社会政治中的名分。"合群明分"的含义在于必须拨乱反正,使人人得其名分,从而建立一种理想的社会政治秩序。因此,"群"概念不仅是形而上学概念,而且是一种社会政治秩序的表达。在"群"概念的意义结构中,(明)"分"、(反)"正"和"公心"的关系是极为重要的。

严复在解释斯宾塞的《群学肄言》时,一方面从荀子的"民生有群"概念出发确认了社会的道德本质("群也者,人道所不能外也。"),另一方面特别地强调"群"概念是一种有序的等级化的结构—功能系统:"凡民之相生相养,易事通功,推以至于兵刑礼乐之事,皆自能群之性以生"。[119]因此,"群"概念的主要特征是它内含的分化概念和等级性,我们不仅可以把它解释为有关社会、国家和个人之间的分/合关系,而且也有充分的证据说明严复的"群"概念包含了社会分工的意义。在上引这段话中,已经包含了建立在有机关系之上的结构—功能关系,而在《原强》中,生物学与社会的类比关系非常明确地建立在结构功能关系之上:"所谓群者,固积人而成者也。不精于其分,则末由见于其全。且一群一国之成之立也,其间体用功能,实无异于生物之一体,大小虽殊,而官治相准。"[120]严复用"分"/"全"、"体用功能"来描述"群"的内在构造,显然是把社会看作是一个类似于生物体的结构—功能系统,尽管他并没有使用这样的词汇。严复的"群"概念虽然包含了分化的关系,但这种分化关系必须建立在一种总体的理解方式之上才能得到正确的理解。所谓"一群一国之成立",意味着"群"的形成与国家的建立之间具有内在的对应关系,从而

---

[119] 严复:《原强》,《严复集》第1册,页6。
[120] 同上书,页7。

"群"与"国"的关系不能在西方社会理论的社会/国家二元论中获得恰当的解释。

"群"概念中包含的分化内含表现在两个方面,首先是个人与国家之间的分化。在讨论作为公民的个人与国家的关系时,严复认为中国古典文献中缺少个人的概念并不能说明"中国言治之偏于国家"。他举出《史记》中的"小己"概念,认为这一概念就是"个人"概念。值得注意的是,在理解"小己"概念及其与国家的关系时,严复特别地强调"分"的概念,亦即"小己"与国家的分化或分位关系,以及这一分化或分位所遵循的基本规则(秩序)。但是,这一"小己"概念是相对于总体而言的,"小己"与"总体"的关系在世界的各个层面都有所体现,而并不仅仅是在国家与个人之间。严复说:"所谓小己,即个人也。大抵万物莫不有总有分,总曰'拓都',译言'全体';分曰'么匿',译言'单位'。笔,拓都也,毫,么匿也。饭,拓都也;粒,么匿也。国,拓都也,民,么匿也。社会之变相无穷,而一一基于小己之品质。是故群学谨于其分,所谓名之必可言也。"[121] 群、群学与分的相关性就是这样建立起来的。

其次,作为一种有序的等级化的结构—功能体系,"群"概念内含的分化和分位不仅存在于国家与个人之间,而且表现为一种社会分工体系。值得注意的是,这种社会分工体系是与国家作为一个最高管理者的职能无法分开的。严复说:"群有数等,社会者,有法之群也。社会,商工政学莫不有之,而最重之义,极于成国。"[122]在这里"社会"的范畴与商、工、学、政的分工直接相关,而国家也是从"社会"的等级和秩序关系中产生出来。

在晚清时代,"群"概念的流行与中国面对的迫切的、全面性的改

---

[121] 严复:《"群学肄言"译余赘语》,《严复集》第1册,页126。
[122] 同上,页125—126。他还从文字学的角度论证中国概念与西学概念的吻合:"西学社会之界说曰:民聚而有所部勒(东学称组织)祈向者,曰社会。而字书曰:邑,人聚之称也。从口,有区域也,从卪,有法度也。西学国之界说曰:有土地之区域,而其民任战守者曰国。而字书曰:国,古文或,从一,地也,从口,以戈守之。观此可知中西字义之冥合矣。"同上,页126。

886　　　　　　　　　　　　　　　　　　　　　　　　现代中国思想的兴起

革任务相关:重新提供中国社会的文化、道德和政治认同的基础;对原有的国家权力进行有效变革和制衡并恢复其行政能力;实现社会动员,使整个社会通过一系列社会机制的建立而运转;以上述条件为基础,有效发展国家的经济、军事和科技能力,建立现代民族国家,并以主权独立为前提发展国际关系。"群"概念的含义及其转化是在这一复杂的历史过程中展示出来的,它们的各种歧异的用法一方面有其字源学的基础,另一方面则表明了它的体系性的意义结构。用"群"概念来翻译society(社会)这一西方概念显然包含了严复关于一个"社会"应然的秩序的理解:它需要一定程度的分化,使得社会的各个部分处于一种"正确的"秩序之中,从而实现"公"的理想。因此,总体性的含义不是浑然无分,恰恰相反,它是要建立一种以"分"为特征的完整的等级化的结构—功能体系。"个人"的自主性就是建立在这种以"分"为特征的社会组织关系之中的。

但是,严复思想方式的主要前提之一,是社会的变革以知识的变革为前提。因此,"群"概念指涉的是"社会"的范畴,但对这一范畴的理解却首先需要还原到知识的领域之中。古典社会学家把社会理解为一种道德实在,这为"群"概念与"society"概念的互译创造了条件。但是,"群"概念并不仅仅意味着一种道德本性,而且还意味着以"群"这一最高目标为中心而展开的分层的、等级性的秩序。在严复的著作中,社会的结构与知识的谱系具有明确的同构关系,因而"群"的等级性的秩序首先呈现为以"分科"为特征的等级性的知识谱系。

严复以天、地、人的结构建立一种自然知识、社会知识和道德知识的谱系,在这个谱系中居于最高地位的是"玄学"或"炼心制事"之学,居于底层的是算学、化学、电学、植物学,处于中间层次的是农学、兵学、航海、机械、医药、矿务。换言之,各种知识不仅以"玄学"为最高目的,而且按照"玄学"的规划被组织在一种等级性的知识秩序之中。不过,他在这里所用的"玄学"概念已经是和"群学"概念直接相关的概念了。严复指出,西方社会从底层的生活和生产方式,到上层的国家制度,"其为事也,一一皆本诸学术;其为学术也,一一皆本于即物实测,层累阶级,以造于至精至大之涂,故蔑一事焉可坐论而不足起行者也。"[123]这是说西方社会的功能运作以科学为根据,并按照实证的方法进行社会分层,最终构成了一个总体。在1898年发表的《西学门径功用》中,严复以科学知识为模型,建构了一种知识秩序。他把"学问之事"分为"专门之用"与"公家之用",算、测、化、电、植物诸学是专门的学问,"其用……虽大而未大也,公家之用最大。公家之用者,举以炼心制事是也。故为学之道,第一步则须为玄学。……人不事玄学,则无由审必然之理,而拟于无所可拟。"[124]严复这里所谓"玄学"包括两种知识,一种是数学和微积分,这是一种能够对事物的"必然之理"进行总体把握的知识,而不是一般的形而上学,另一种则是包括政治、刑名、理财、史学等科目在内的"群学",这些知识能够对社会问题进行总体把握。

"玄学"与"群学"概念的互换在这里显然是为了强调知识与人心的问题,亦即作为道德实在的社会与人的本性具有内在的连续性。从"群学"方面说,"玄学"概念加强了"群学"的形而上学特征;从"玄学"方面说,"群学"概念又在一定程度上消解这一概念的抽象性。在严复的使用中,"群学"概念越来越具有中心的地位,这表明他真正关心的不是一般的天人关系,而是社会内部的组织和伦理关系。严复说:"夫惟人心最贵,故有志之士,所以治之者不可不详。而人道始于一身,次于一家,终于一国。故最要莫急于奉生,教育子孙次之。而人生有群,又必知所以保国善群之事,学而至此,殆庶几矣。"[125]我曾经谈及日本思想家西周在孔德影响之下形成的知识谱系,以及他对"统一观"问题的论述,严复的论式与之非常接近。但西周的"统一观"主要是一种形而上学或哲学,而严复用社会学以及数学统摄各种学科,却包含了更强的知识论倾向。也正由于此,在严复的知识谱系中,始终占据核心地位的不是一般的形而上学,而是"群学"。

---

[123] 严复:《原强修订稿》,《严复集》第1册,页22—23。
[124] 严复:《西学门径功用》,《严复集》第1册,页94。
[125] 同上,页95。

2. 以"群学"为要归的分科之学

严复对社会学的关注在知识上直接渊源于斯宾塞,但他的动机却和19世纪下半叶在欧洲发展起来的社会学不一样。根据沃勒斯坦等人的研究,社会学在欧洲的出现,主要是因为"当时的一些社会改革协会所从事的工作在大学里得到了制度化,经历了一次转变。迄今为止,这些协会的首要任务就是去处理由于城市工人阶级人口的激增而引起的不满和骚乱。通过把他们的工作移进大学校园里,社会改革者在很大程度上放弃了他们针对立法而进行的积极的、直接的游说活动。不过,社会学还是一直都保持着对普通人以及现代性的后果的关注。或多或少这也可能是为了彻底割断社会学与社会改革组织之间的渊源关系,社会学家开始培养一种实证主义信仰,这种信仰与他们所秉持的现时取向结合在一起,便把他们也带到了注重研究普遍规律的学科阵营里。"[126] 严复的动机似乎完全不同,作为一位直接支持国家的制度改革、特别是教育制度改革的官员,他关心的是如何在各种知识与社会的道德目标和政治统治之间建立一种整体的和有序的关系。

"西学",特别是自然科学的传入是"寻求富强"的基本条件,但是,任何局部的变化和发展都无法推动国家和社会的进步。在《原强》及其修订稿中,严复强调指出,民族的强盛和社会的建立,都必须以民力、民智、民德三项条件为前提,缺一不可。"是故西人之言教化政法也,以有生之物各保其生为第一大法,保种次之。……至于发政施令之间,要其所归,皆以其民之力、智、德三者为准的。"[127] 通过一种特殊的、具有整合功能的知识的运作,把各种知识的运行纳入先定的轨道,建立等级化的知识谱系,并以此为原则改革教育制度,正是社会学变得如此具有迫切性的历史

---

[126] 《开放社会科学——重建社会科学报告书》,Immanuel Wallerstein,等著,刘锋译,香港:牛津大学出版社,1996,页16—17。

[127] 严复:《原强修订稿》,《严复集》第1册,页18—19。

原因。[128]

严复对社会学和其他社会科学的兴趣不能仅仅看作是一种知识的兴趣,还应该被理解为对于一种知识制度的兴趣。西方社会科学的形成大致是在1850至1945年期间。在这一历史时期,人们界定了一系列的学科,这些学科共同构成了一个可以"社会科学"名之的知识领域。实现这一点的步骤是,首先要在主要大学里设立一些首席讲座职位,然后再建立一些系来开设有关的课程,学生在完成作业后可以取得该学科的学位。训练的制度化伴随着研究的制度化——创办各学科的专业期刊,按学科建立各种学会(先是全国性的,然后是国际性的),建立按照学科分类的图书收藏制度。[129]然而,对于严复来说,社会学的重要性不仅在于它作为一个特殊的社会科学学科的意义,而且在于它作为一种能够安排各种知识的秩序、从而安排社会的秩序的功能。在他看来,国家的政令所以不能有效地组织和动员社会,主要的原因在于政令的施行总是具体单一的,缺少总体的考虑,"不明群学之理。"[130]他在《译"群学肄言"自序》中说:

> 群学者何?用科学之律令,察民群之变端,以明既往测方来也。肄言何?发专科之旨趣,究功用之所施,而示之以所以治之之方也。故肄言科而有之。今夫士之为学,岂徒以弋利禄、钓声誉而已,固将于正德、利用、厚生三者之业有一合焉。群学者,将以明治乱盛衰之由,而于三者之事操其本耳。[131]

在严复的时代,社会学具有世界观的特征,它尚未退化为一种专门的

---

[128] 斯宾塞理论最初被介绍到中国是在1890年。那一年基督教传教士编辑、出版教科书的机构(1877年成立于上海)益智书会(School and Textbook Series Committee)出版和审定教科书98种,其中就有颜永京翻译的斯宾塞著作《教育学》的一部分,题为《肄业要览》。这是第一部斯宾塞著作的中文译本,内容涉及的正是教育。
[129] 沃勒斯坦等:《开放社会科学》,页26。
[130] 严复:《原强》,《严复集》第1册,页6。
[131] 严复:《译"群学肄言"自序》,《严复集》第1册,页123。

学科。因此,社会学的传入虽然与实证主义的关系极为密切,但在晚清时期,社会学却被理解为一种知识的知识或科学的科学。它与1920年代以后日渐发展起来的那个称之为"社会学"的学科有着重要的区别。作为一种"科学的科学",晚清时期的社会学提供的是分科的依据和方法,而不是通过田野调查的方法形成的结构—功能主义的社会研究,但这两者在知识上的承续关系则是不可否认的。"群学"的目的一方面是通过具体的知识领域从不同方面理解社会,另一方面,则是以一种总体的视野建立各种知识领域(从而各个社会领域)的内在相关性。

"群学"的核心是"宗天演之术,以大阐人伦治化之事",但从知识论的角度看,却是用方法论的原则将各种知识组织成为一个有机的、连续性的谱系。严复阐释斯宾塞的社会学说:

> 又用近今格致之理术,以发挥修齐治平之事,精深微眇,繁富奥殚。其论一事,持一说,必根据理极,引其端于至真之原,究其极于不遁之效。于五洲殊种,由狉榛蛮夷,以至著号开明之国,挥斥旁推,什九罄尽。而于一国盛衰强弱之故,民德醇漓合散之由,则尤三致意焉。……其宗旨尽于第一书,名曰《第一义谛》,通天地人禽兽昆虫草木以为言,以求其会通之理,始于一气,演成万物。继乃论生学、心学之理,而要其归于群学焉。[132]

严复的"群学"概念具有体系性的特点,这在他对斯宾塞的阐述中清楚地表现出来。如果说斯宾塞的社会学有着广泛的包容性,那么,严复的"群学"概念的范围远远超出了社会学的范畴,他把各种知识置于社会学的指导之下,这是因为社会学是直接服务于国家及其政策的学问。严复要求在知识上严格分科,不是一般地为了发展科学技术,而是因为具体知识领域的发展乃是"群学"发展的前提。严复说:

---

[132] 严复:《原强修订稿》,《严复集》第1册,页16—17。

是故欲为群学，必先有事于诸学焉。不为数学、名学，则吾心不足以察不遁之理，必然之数也；不为力学、质学，则不足以审因果之相生，功效之互待也。名数力质四者之学已治矣，然吾心之用，犹仅察于寡而或荧于纷，仅察于近而或迷于远也，故必广之以天地二学焉。……虽然，于群学犹未也。盖群者人之积也，而人者官品之魁也。欲明生生之机，则必治生学；欲知感应之妙，则必治心学，夫而后乃可以及群学也。且一群之成，其体用功能，无异生物之一体，小大虽异，官治相准。知吾身之所生，则知群之所以立矣；知寿命之所以弥永，则知国脉之所以灵长矣。一身之内，形神相资；一群之中，力德相备。身贵自由，国贵自主。生之与群，相似如此。此其故无他，二者皆有官之品而已矣。故学问之事，以群学为要归。唯群学明而后知治乱盛衰之故，而能有修齐治平之功。呜呼！此真大人之学矣！[133]

严复的"群学"虽然强调实证的方法，但这一知识体系并不是建立在原子论的基础之上的，而是建立在生物学的有机体概念之上的。他注重分科之学的必要性，但这种分科之学的前提是知识体系本身的有机性。对于他来说，世界的最小物质不是原子，而是细胞，是具有内在生命并与周围世界分享同一生命总体的存在。如果说社会或"群"的各个分支具有功能上相互依赖的关系，那么，这种关系也构成了各个知识分支的关系，所谓"功效相待也"。因此，名、数、炙、力、生理、心理诸学以至社会学之间也存在着一种功能性的依赖关系。换言之，严复的知识谱系也具有一种结构功能系统的特征。

如果说"群学"概念规定了社会的道德性质，那么，在"群学"统率下的各种知识领域都具有最终的道德含义。生物学的有机体概念为严复的知识体系提供了知识发展的目的和指向，并建立了自然知识、社会知识、道德知识之间的连续关系。在前面的引文中，严复曾把"群学"定义为

---

[133] 同上，页17—18。

"以科学之律令,察民群之变端",似乎要求把自然科学的方法直接用于社会研究,但是,如果我们整体地理解严复关于分科的思想,那么,他要求的并不是直接用一种科学方法统摄整个的社会领域,而是要求在各个分支学科(如名数质力等科)贯彻科学的方法。严复在《政治讲义》中说:"是故取古人谈治之书,以科学正法眼藏观之,大抵可称为术,不足称学。诸公应知学术二者之异。学者,即物而穷理,即前所谓知物者也。术者,设事而知方,即前所谓问宜如何也。然不知术之不良,皆由学之不明之故;而学之既明之后,将术之良者自呈。此一切科学所以大裨人事也,今吾所讲者,乃政治之学,非为政之术,故其涂径,与古人言治不可混同。"[134]由于学科之间具有内在的连续关系,而具体的科学研究中内含了道德的指向,因此,它们的进步和发展能够最终有益于社会的总体进步和秩序。在这个意义上,严复的社会观与其说是实证主义的,不如说是形而上学的。

严复把分科的设想与"群"的目标相关联,明显地赋予了科学知识以道德的性质。在晚清变革的语境中,这一思想方式是和改革知识制度的考虑完全一致的。[135]鸦片战争促成了洋务运动的发生和"新教育"运动的兴起,从1862年(同治元年)开始,清朝政府先后设立了京师同文馆、上海广方言馆、广东同文馆等外国语学校,福建船政学堂、上海机器学堂等工业技术学堂、天津水师学堂、江南水师学堂、天津武备学堂等军事学堂。这些新式学堂以西学为样板,分别以分科的形式设立了各种自然科学、技术、管理和语言课程。严复本人就是从福建船政学堂毕业,而后多年就职于天津水师学堂。但是,新式学堂仅仅是一种技术性的学堂,从教育的制度看,科举制度仍然是一种支配性的知识制

---

[134] 严复:《政治讲义》,《严复集》第5册,页1248。
[135] 严复对科举的抨击与对道学的批判是密切相关的,因为道学不仅把人束缚于书本知识,而且完全缺少基本的分科知识。"夫学术之归,视乎科举;科举之制,董以八股;八股之义,出于集注;集注之作,实惟宋儒;宋儒之名,美以道学。""支那积二千年之政教风俗,以陶铸此辈人材!为术密矣,为时久矣。"《道学外传》,《国闻报》,1898年6月5日,光绪二十四年四月十七日。

度。两种教育体制并存的格局用体制化的方式说明了"中体"与"西用"的关系。在有些新学堂内部,知识的分科也仍然统摄于儒家的义理之学。例如,严复曾经就读的福建船政学堂除了开设外文及专业技术课程之外,还要讲读《圣谕广训》、《孝经》,并兼习策论,"以明义理而正趋向"。光绪元年(1875)二月,礼部奏请开"艺学科","凡精工制造、通知算学、熟悉舆图者,均准与考。"[136] 光绪二十四年(1898)一月,严修奏请设"经济专科",其中包括政治、外交、算学、法律、机器制造、工程设计等专门知识。[137] 但是,这仅仅是新添内容,八股和诗赋小楷仍是正宗。在严复看来,教育制度及其知识体制也正是社会的构造方式,新的知识制度的建立寓含着新的社会体制的结构。用"群学"来统摄诸学的目的正在于此。《救亡决论》以变科举、废八股为变革要旨,并以斯宾塞的《劝学篇》为根据,指出"西洋今日,业无论兵、农、工、商,治无论家、国、天下,蔑一事焉不资于学。"[138]

严复的既分化又统一的知识谱系只有置于有机论的框架中才能理解。[139] 在严复的论述中,的确存在着某种矛盾:一方面他反复说明中学与西学在目的上的一致性,如谓"中国以学为明善复初,而西人以学为修身事帝,意本同也";[140] 另一方面又认为"中西学之为异也,如其种人之面目然,不可强谓似也。故中学有中学之体用,西学有西学之体用,分之则两立,合之则两亡";[141] 一方面他反复论证各种知识之间具有内在的连续性,"艺政二者乃并出于科学,若左右手";[142] 另一方面又认为知识的分化和分科适应着社会分工的需要,在学与政之间应该建立起以分化

---

[136] 舒新城编:《中国近代教育史资料》上册,北京人民教育出版社,1961,页30。
[137] 同上,页34。
[138] 严复:《救亡决论》,《严复集》第1册,页48。
[139] 严复说:"一国之政教学术,其如具官之物体欤,有其元首脊腹而后有其六府四支,有其质干根荄而后有其枝叶实华。"《与"外交报"主人书》,《严复集》第3册,页559—560。
[140] 严复:《救亡决论》,《严复集》第1册,页49。
[141] 严复:《与"外交报"主人书》,《严复集》第3册,页559。
[142] 同上,页559。

为特征的功能性的互动关系。[143]正是在一种有机论的关系中,"群学"及其对各种知识的统摄关系有效地论证了社会制度设计中的分化与统一关系。严复相信通过规定学术与国家活动之间的既分化又相互促进的关系,能够促进民权、民主和自由的价值的最后实现。在这个意义上,以"群学"为要归的科学谱系表达的正是一种合理分化的现代性的社会体制,各种学术之间的等级关系提供了这个社会分工体制的等级性的构造。各种知识之间的关系表达的是社会分工过程中的社会关系。因此,"科学"是一种以知识形式表达出来的社会分化形式,这种分化形式经由科学谱系的合理安排而获得了客观的、必然的、功能性的品质。

"群学"与逻辑学一道为知识的分科提供了根据。[144]无论从名学的角度讨论分科,还是从功能的角度制定分科的知识谱系,都意味着知识自身的内在规律。严复以"群学"统摄分科之学,并把这一知识谱系理解为社会的构造和理论的设计。这表明在他的心目中,社会和国家是一个结构—功能系统,而知识的功能就是从各个具体的领域研究这个系统的具体分支的运作方式。沃勒斯坦等人曾经论证说,决大多数以研究普遍规律为宗旨的社会科学,首先都要强调它们与历史学之间的区分。从方法论的角度看,这类社会科学的目标是要得出被假定制约着人类行为的一般法则,因而偏爱通过系统方法而获取的证据(例如调查数据)以及受控的观察,而不大喜欢普通文献及其他残剩资料。它们力图把握各种必须

---

[143] 他认为传统教育的特点就是治学与治事无法区分,从而影响了知识的进步和政治的发展。"土蛮之国,其事极简,而其人之治生也,则至繁,不分工也。国愈开化,则分工愈密,学问政治,至大之工,奈何其不分哉!"他要求真正地建立起各种适应社会分工的专门之学,而同时,从事专门之学的人又不是特定社会领域的活动家,从而在学术与政治之间形成一种有效的分化关系,这种分化关系同时有助于政治和学术秩序的建立。参见:《论治学治事宜分二途》,《严复集》第1册,页88—90。

[144] 严复论名学与分科的关系说:"名学者,详审于原、委之际,证、符之间,则范之公例大法焉而已矣。使是二者之相属,诚有不容疑、不可倍之公例大法行于其中,则凡一切分科之学,析理之书,与斯人之一言一行,与是例是法不可不合;不合则失诚而为妄,而委与符皆违事实矣。""名者言语文字也。言语文字,思之器也;以之穷理,以之喻人,莫能外焉。于是乎有界说之用,亦于是乎有分类之学。"《穆勒名学》部首·引论,页9、10。

第八章 宇宙秩序的重构与自然的公理

当做个案来加以研究的现象(而非个别事实),强调有必要将人类现实分割成不同的部类以便分析。这类社会科学认为,采取严格的科学方法不仅是可能的,而且也是应该的(例如,可以从理论出发提出假设,然后再通过严格的、如有可能甚至是定量的程序来对其进行验证)。[145]严复"群学"的指归是大体相似的,因为在"群学"的统摄下,分类的原则和逻辑的原则适合于从自然科学到社会科学的各个领域,从而使之与一般所谓人文学科区别开来。例如他在翻译法国巴黎法典学堂讲师齐察理的著作时,特别提及齐察理的"群学"纲要中列入了法学、国计学、政治学、宗教学和言语学,却没有历史学。"所不举历史为科者,盖历史不自成科。一是群学,乃(及)一是格物之学皆有历史。历史者,所以记录事实,随所见于时界而历数之,于以资推籀因果揭立公例者之所讲求也,非专门之学也。"[146]

然而,从另一方面看,严复的知识谱系是建立在有机体理论之上的,而有机体自身的生长和发展却是一个历史事件。因此,他虽然否定历史作为一门独立学科的地位,但却强调历史的普遍性和本原地位。从历史的角度论述普遍公例的存在,正是有机论的知识谱系的重要标志:"有科学即有历史,亦有历史即有科学,此西国政治所以成专科。问中国古有此乎?曰有之。如老子,如史迁,其最著者。而《论》、《孟》、《学》、《庸》,亦圣人见其会通,立为公例,无疑义也。顾中国古书之短,在德行、政治杂而不分。而西国至十九世纪,政治一门已由各种群学分出,故其理易明,其学易治。"[147]

在严复的知识论和社会理论中,演化概念或历史概念是至关重要的。这不仅因为这一概念及其内含的"物竞天择、适者生存"的范畴已经被组织到民族主义话语之中,而且还因为他要处理的是社会分工、社会类型与社会变化的关系。严复在这方面受到斯宾塞的影响,但他从未像某些美国社会学家(如 L. Ward 及其论著 *The Fallacy of the Stationary*)那样,把斯宾塞学说仅仅看作是一种社会的静态分析(a static analysis of society)。

---

[145] 沃勒斯坦等:《开放社会科学》,页27。
[146] 严复:《"国计学甲部"(残稿)按语》,《严复集》第4册,页847。
[147] 严复:《政治讲义》,《严复集》第5册,页1244—1245。

通过他的政论和按语,一方面,严复提供了一种社会和知识的结构—功能分析的框架,特别是以知识门类和行业分工为核心形成的分类体系,这种分类体系为某种类型的"社会"建构提供了依据;另一方面,他把社会理解为一个本质上不断变化的过程,一个进化过程中的变异和秩序的复杂后果。也许正是由于后一方面,严复经常被看作是一位把生物过程与社会过程混同为一的社会达尔文主义者,或者至少是直线进化的历史观的权威解释者。然而,"群"和"群学"概念的形而上学性质清楚地表明这种观点不过是对他的简化而已。斯宾塞学说与赫胥黎的进化概念是联结他的知识论与他的历史观的桥梁。严复的知识谱系与他所描述的"社会"范畴一样都具有分化与整合的双重特征,而这种分化与整合只有通过一个更为基本的概念才能被充分理解,这个概念就是"天演"。

第四节 "名的世界":归纳法与格物的程序

1. "穆勒名学"中的归纳/演绎、实验/直觉

在探讨了他的易的世界和群的世界之后,让我从严复关于逻辑学问题的观点入手,进入对他的"名的世界"的研究。逻辑学的任务之一是对概念进行定义、界定、分类和推演概念之间的关系,而在晚清的氛围中,逻辑学是一切现代科学的方法论基础。

严复心目中的科学既是一种形而上学体系,也是一种以归纳法追究事物的因果关系和最终真理的方式。"执果穷因,是惟科学",[148]他强调的是用实证的方式追究"真"的问题。然而,以实证为指归的归纳法在严

---
[148] 严复:《译"群学肄言"自序》,《严复集》第1册,页123。

复那里以什么方式与形而上学体系并行不悖呢？[149]利奥塔曾经指出,科学知识一方面需要哲学知识对其进行合法化论证,另一方面科学的方法论诉求最终却否定了任何非实证的知识,这就是导致所谓"合法化解体"的内在悖论。严复的"科学"观念中明显包含了实证的方法与形而上学体系这两个方面,他不仅把科学看作是西方强盛的原因,而且也看作是中国问题的核心。史华兹曾经大胆断言,严复翻译的《穆勒名学》这部解释归纳与演绎方法的著作是其综合思想体系的基本原理。[150]那么,这两者之间是否构成了一种自我解构的关系呢？我在这里首先分析严复对归纳法的理解,而后再回过头来解释他的作为形而上学体系的科学。

严复论及归纳法的地方很多,他认为整个现代科学,包括他所崇仰的斯宾塞学说、亚当·斯密的经济学以及政治学都是建立在实证的和归纳的基础之上的。在他的心目中,逻辑学是一切学说的基础,从而也预设了一切事物中普遍存在着某种规律性。严复认为一切公例也都来自归纳法,所谓"公例无往不由内籀,不必形数公例而独不然也。"[151]"盖天生人,与以灵性,本无与俱来预具之知能。欲有所知,其最初必由内籀。……但内籀必资事实,而事实必由阅历。"[152]因此,各种科学——包括自然科学和各种社会科学——都必须建立在经验归纳的基础之上。[153]在后来被编者标题为《论今日教育应以物理科学为当务之急》的讲演中,严复特别强调"物理科学"在各种学科中的基础地位,他在一个小注中说,"但言物理,则兼化学、

---

[149] 史华兹正确地指出:"严复认为科学必然是指斯宾塞的整个形而上学体系。穆勒也许已讲清楚了科学的逻辑方法,但他没有动摇严复关于斯宾塞的综合哲学是通过最严格的归纳逻辑原则得来的这一信念。"他甚至还提及严复在1895年的论文中已经将斯宾塞主义与中国玄学的主流即一元论的泛神论相提并论。《寻求富强:严复与西方》,页191。

[150] 同上,页177。

[151] 《穆勒名学》部乙按语,《严复集》第4册,页1050。

[152] 严复:《政治讲义》,《严复集》第5册,页1243—1244。该文于1906年(光绪三十二年)由商务印书馆出版。

[153] 严复谈及政治性和法律时说:"大抵治权之施,见诸事实,故明者著论,必以历史之所发现者为之本基。其间抽取公例,必用内籀归纳之术,而后可存。若夫向壁虚造,用前有假如之术,(西人名学谓之 a' prior)立为原则,而演绎之,及其终事,往往生害。"《"民约"评议》,《严复集》第2册,页337。

动植、天文、地质、生理、心理而言",显然认为这些学科都可以用归纳法为原理。他批评中国传统教育"外籀甚多,内籀绝少,而因事前既无观察之术,事后于古人所垂成例,又无印证之勤,故其公例多疏,而外籀亦多漏。"[154]

最能证明严复对归纳法的重视的例证,是他于1900年至1902年间翻译了穆勒(John Stuart Mill,1806—1873)的巨著《演绎与归纳的逻辑体系》(A System of Logic, Ratiocinative and Inductive, 1843)的前半部,并以《穆勒名学》为题于1905年出版。这是严复翻译生涯中最为艰巨的工程。此后他又于1908年翻译了耶芳斯(W. S. Jevons, 1835—1882)的《名学浅说》(Primer of Logic, 1876),于次年出版。严复自述后者是为了弥补未能译出穆勒著作的后半部之憾。[155]

穆勒的《演绎和归纳的逻辑体系》(以下简称《逻辑体系》)是一部激进的、经验主义的著作,它既遭到传统主义者的攻击,也遭到来自孔德和实证主义者的抨击,因为它背离了逻辑学的主要传统。事实上,我一直有些奇怪:为什么严复没有像他的日本先驱西周那样选择孔德的著作,而是把斯宾塞和穆勒放在他的思考的中心位置呢?[156]斯宾塞的综合哲学明显的是要重写孔德的实证哲学,但孔德作为哲学家的能力似乎更为强大,而斯宾塞在经验社会学方面似乎更为"科学"。在某种意义上,斯宾塞的《社会学原理》似乎是从孟德斯鸠的《法意》和亚当·斯密的

---

[154] 严复:《论今日教育应以物理科学为当务之急》,《严复集》第2册,页283,281。

[155] 严复说:"不佞于庚子、辛丑、壬寅间,曾译穆勒《名学》半部,经金粟斋刻于金陵。思欲赓续其后半,乃人事卒卒,又老来精茶短,惮用脑力,而穆勒书精深博大,非澄心渺虑,无以将事,所以尚未逮也。……因取耶芳斯《浅说》,排日译示讲解,经两月成书。……"《"名学浅说"序》,《严复集》第2册,页265。

[156] 我们完全有证据相信严复对孔德是有相当了解的。例如他在早期的译作《国计学甲部》(残稿)的按语中就说,"群学西曰梭休洛支。其称始于法哲学家恭德。彼谓凡学之言人伦者,虽时主偏端,然无可分之理,宜取一切,统于名词,谓曰群学。即如计学,亦恭德所指为不能独立成专科者也。虽然,此自理解言之,固如此耳。独分功之事,每降愈繁,学问之涂,定不如此。假使理言日富,即计学岂无可分?如钱币、如赋税,此在他日皆可别成一学者也。盖学士用心,当以专论而密,虽明知其物之统于一郛,而考论之时,自以分画为便故也。"尽管"科学"概念源自孔德的分科谱系,但严复仍然觉得孔德在分科问题上不够精密。《国计学甲部》(残稿)按语,《严复集》第4册,页847—848。

《原富》发展而来,而主要地不是从孔德的乌托邦那里汲取养分。这一点与严复在经济学和法学方面的选择完全吻合。孔德发展了社会体系的各个部分相互依赖的概念,斯宾塞则在几个方面发展了孔德的思想,斯坦尼斯拉夫·安德列斯基(Stanislav Andreski)把它概括为三个方面:"第一,赋予这一概念以经验的血肉,第二,在此基础上发展出更为专门的原则,第三,把重点从纯粹的知识因素转向社会结构。"[157]严复对知识论的兴趣很大程度上源自对知识与社会的关系,特别是从知识体系的关系中理解社会的构造方式。在这方面斯宾塞显然能够提供更多的东西。

那么,严复又是怎样在穆勒与孔德的关系中作出选择的呢?我们不妨对此作出一些猜测性的分析。在某种意义上,孔德的体系似乎是更适合严复的需求的:他既注重归纳逻辑,又提供了完整的知识分类学,他的知识进步的三段论也合乎进化论的原则。[158]穆勒与孔德一样,认为"外部对象的一切特征,都以我们对这些对象的感觉为基础,而且可以把它们规定为'对象引起感觉的能力'。"[159]但是,孔德认为一定要通过解剖学和生理学才能发现心灵的规律,他的科学方法完全排除了心理学,也把政治经济学看作是形而上的而不予考虑;穆勒的经验主义受到他父亲的联想心理学的深刻影响,他并不像孔德那样认为现象具有客观实在性,而把外部世界看成是一种"心理学的现象",外部世界和自我及其存在是两个心理事实。换句话说,事物本身没有什么自身的规律,事物的因果性联系不过是纯粹的心理的结果。因此,穆勒的归纳逻辑中隐含更深的是休谟的不可知论。那么,把科学理解为"黜伪而崇真"的严复,为什么却对穆勒更感兴趣呢?为什么在如此强调

---

[157] Stanislav Andreski, "Introductory Essay: Sociology, Biology and Philosophy in Herbert Spencer," in Spencer, *Structure, Function and Evolution*, ed. Stanislav Andreski (London: Thomas Nelson and Sons LTD,1971).

[158] 事实上,穆勒的这部著作也得到了孔德的高度评价。他说:《演绎和归纳的逻辑学体系》是对"实证的方法中特有的精深和作用"给以评价的"珍贵的著述",称赞他对于归纳逻辑学的理论叙述"深远而巧妙"。Auguste Comte, *Discours sur L' esprit Positif*, Paris, 1844,转引自欧力同:《孔德及其实证主义》,上海社会科学院出版社,1987,页165。

[159] 穆勒:《三段论逻辑和归纳逻辑的体系》,转引自欧力同:《孔德及其实证主义》,同上,页166。

物理科学的元科学地位的同时,严复不是倾向于孔德的"社会物理学",而更热衷于更具主观论色彩和不可知论的穆勒呢?这是需要回答的第一个问题。我的一个相关回答是:穆勒的主观论色彩与不可知论在某些方面是和斯宾塞非常相似的,虽然他们各自工作的领域完全不同。

与这一问题直接相关的问题是,严复是在什么意义上讨论归纳逻辑的?这里首先需要澄清的误解是:穆勒的逻辑学体系并不像许多人认为的那样,"把演绎逻辑和归纳逻辑对立起来,并排斥演绎逻辑。"[160]实际上,对于穆勒来说,对立并不在演绎和归纳二者之间,而是在演绎和实验之间。[161]穆勒在感觉论的基础上强调"实验"是一切知识的来源,他发展培根逻辑学,重新建立了一套全归纳式的逻辑。契合法、差异法、同异法、剩余法和共变法等归纳五法的确具有实证主义的特点,但是,这不等于说归纳逻辑和演绎逻辑是截然对立的。[162]穆勒承认在复杂的推理过程中我们似乎用三段论的形式进行推论,但那种看上去像是三段论的推理其实只是可以还原为一些"标记"的归纳。所谓"标记的标记",指的是对先前的归纳的标记。我们的记忆没有好到能够将大量细节加以有序整理,以至不用一般命题就能够进行推理的程度。因此,在推论过程中,我们就要借助于"标记的标记"(先前的归纳),并将本来是归纳性的和实验性的科学门类变成纯粹的推理的科学。在这个意义上,演绎并不是与归纳相对立的推理方式,而是它的极端形式。[163]

---

[160]　《"穆勒名学"出版说明》,严译名著丛刊《穆勒名学》,商务印书馆,1981,页v。
[161]　"夫外籀不与内籀对也,实为内籀之一术。"《穆勒名学》部乙,页229—230。
[162]　穆勒说:"如果一项科学是实验性的,那就是说那些呈现出各种特殊面貌的新情况迫切需要一套新的观察和实验方式,即一种新型的归纳。如果一项科学是演绎性的,那就是说,其结论来自以归纳为基础而引出一种新型情况的步骤,并且审定这些新情况具有那种不能被直接观察到的标记的标记。" *A System of Logic: Ratiocinative and Inductive, Beinga Connected View of the Principles of Evidence and the Methods of Scientific Investigation*, in *Collected Works of John Stuart Mill*, volume vii (University of Toronto Press & Routledge & Kegan Paul, 1974), pp. 219-220. 参见威廉·托马斯:《穆勒》,李河译,中国社会科学出版社,1992,页74—75。
[163]　威廉·托马斯:《穆勒》,页74。

穆勒对演绎性科学如数学的解释与其说是否定演绎逻辑,不如说是对呼威理(William Whewell,1794—1886)的直觉主义的批判。因此,我们需要在归纳逻辑与直觉主义的对立、而不是归纳逻辑与演绎逻辑的对立之中理解穆勒的逻辑学理论。例如,像数学这样完全演绎性的、丝毫不需要经验和实验的科学在什么意义上是"真"的呢?呼威理以及直觉主义者声称,因为我们不能想像几何公理是假的,所以它们才是真的。穆勒反驳说,它们是从我们的经验中归纳总结出来的,我们之所以无法想像它们是假的仅仅是因为联想习惯的力量。直觉主义者说,几何公理不是对这一特例或那一特例为真,而是普遍必然地为真。穆勒的回答是,他的论敌错误地把一种习得的能力当成了直觉:联想律表明了人们是怎样会假定确切的真理就是必然的真理。[164] 穆勒把归纳定义为"为发现并证实一般命题的活动",他并不把一般命题中蕴含的因果关系当做自然力量,而视其为人们对预测的陈述。换言之,"原因"不过是一直不变的先行事件,"结果"则是那种一直不变的后继事件。科学的任务就是从只意识到自然之有序性的弱归纳走向记录着一贯规律的强归纳。[165]

穆勒对数学和几何学的看法通常被看作是《逻辑体系》一书的薄弱环节,但联系他反对直觉主义的观点却非常可以理解。他对意志和个体特性的观点同样如此。直觉主义者宣称我们对自己的意志的了解是独立于经验的,是被构造的先验知识,而穆勒则认为,意志只是与其他原因相同的一个自然原因。[166] 正像威廉·托马斯所说的那样,穆勒的这种观点

---

[164] 参见同上,页75。穆勒认为,说必然真理存在于数学之中这也是纯属幻觉。"所有数都必须是关于某物的数目,不存在作为抽象物的数目。数字10肯定意味着10个物体或10种声音或脉搏的10次跳动"(John Stuart Mill, *A System of Logic Ratiocinative and Inductive*, in *Collected Works of John Stuart Mill*, vol. vii, p.254.)穆勒的结论是,那些所谓"精确科学"的高度精确性不是它们准确描述了实在对象(因为自然界中不存在直线,并且数目也不是实在对象),而是因为它们给出了精确的推理。

[165] 穆勒问道:"最少又最简单的假定是什么?如果有的话,它是否来自自然的整个存在秩序?" *Ibid.*, p.317. 参见:威廉·托马斯:《穆勒》,页76—77。

[166] 穆勒说:"我们的意志引发了我们的身体活动,就像寒冷造成了冰,或者火花引爆了火药,仅此而已。作为我们心灵的一种状态,意志就是一个先行事件,随意志而动的肢

本来是针对"原始拜物主义",早期人类以这种观点把有关活力的观念扩大到围绕他们的没有意识的事物上。但是,穆勒决心证明直觉主义是错误的,因此他极力避免对个体特性作任何一种考虑,他的联想主义思想背景倾向于这样的信念:环境就是一切,个体没有意义。穆勒把心灵视为一个被动的储存器,这种观点暗示的意思是我们对自然规律的认识来自"对经验的一次一次概括"。[167]它着重于那些与心灵发生联系的事实,而忽视探索事实的心灵。而直觉主义者却认为我们只能从一种理论开始研究,如果不借助理论,我们就看不出那些规律是规律。[168]因此,我们可以说,穆勒的逻辑学是主观论的,但却是反意志主义的。

在对穆勒的逻辑学作了简要的说明之后,我们可以回答上述三个问题了,即严复是在什么意义上追究"真",或者,他的归纳主义倾向与主观论的关系如何?严复是在什么意义上讨论归纳逻辑,或者他是把归纳与演绎相对立,还是把实验与演绎相对立?严复对待直觉主义的态度如何?对我而言,上述问题不是逻辑学的问题,而是思想史的问题,即严复对归纳法的讨论和介绍体现了怎样的文化含义?

2. "真"与"诚"的互换与格物的程序

我们首先讨论严复对"真"的看法及其求证过程。首先需要指出的是《穆勒名学》对"真"(truth)概念的翻译。穆勒原著导论第三节标题为"Or is logic the art and science of the pursuit of truth?"(逻辑是追求真的技艺和科学吗?),[169]严复译为"论名学乃求诚之学术"。[170]在译文中他不

体活动就是其结果。我想,这种先后顺序不是一个关于直接意识的论题……" *Collected Works of John Stuart Mill*, vii, p. 355. 参见威廉·托马斯:《穆勒》,页80。

[167] 威廉·托马斯:《穆勒》,页80—81,83。

[168] 穆勒认为这种直觉主义的理论假设不过是"纯粹的虚设","除了一个个地试用理论假设直到有一个与现象相符合,它根本算不上像样的归纳。" *Collected Works of John Stuart Mill*, vii, pp. 490, 503. 参见威廉·托马斯:《穆勒》,页83。

[169] Mill, *A System of Logic*, in *Collected Works of John Stuart Mill*, volume vii, p. 6.

[170] 《穆勒名学》部首引论,页4。

仅将真理概念译为"诚",而且把"名学"(逻辑学)看作是"一己用思求诚之所当然"的为己之学。[171] 求真与求诚的互换意味着,对事物的规律的探讨是和人的内在的状态有关的。这里试举一例。穆勒原文为:

> They may all be regarded as contrivances for enabling a person to know the truths which are needful to him, and to know them at the precise moment at which they are needful. Other purposes, indeed, are also served by these operations; for instance, that of imparting our knowledge to others. But, viewed with regard to this purpose, they have never been considered as within the province of the logician. The sole object of Logic is the guidance of one's own thoughts... [172]

[笔者试译如下:它们(指逻辑学的命名、分类、定义及其他程序)可以被看作是一些设计,这些设计使人能够了解他所必需的真,而且恰是在这些真为他所需要的那个时刻了解它们。这些程序也服务于其他目的;例如,把我们的知识传递给别人。但是,就这个目的而言,它们从未在逻辑学的范围内被考虑。逻辑学的唯一目的是指导个人的思想……]

严复译文为:

> 人之生也,非诚无以自存,非诚无以接物。而求诚之道,名学言之。夫求诚所以自为也,而有时乎为人。为人奈何?设教是已。教人常以言词,然其术非名学之所治。名学所治者,不外一己用思求诚

---

[171] 《穆勒名学》部首·引论,页5。严复的翻译显然是把认知问题与道德实践问题作为一个问题的两个方面加以讨论的。例如,他译穆勒的原文说:"诚者非他,真实无妄之知是已",并加按语说:"穆勒氏举此,其恉在诫人勿以推知为元知,此事最关诚妄。"《严复集》第4册,页1028。

[172] Mill, *A System of Logic*, in *Collected Works of John Stuart Mill*, volume vii, p. 6.

之所当然。[173]

严复是一位精通英文和中国古典文字的学者,他在翻译过程中的遣辞造句决不应该理解为"误译"。显然,严复心目中的"真"不仅是一种自然之真理,而且是一种道德的知识。[174] 名学作为"求诚之学"以命名、概念、分类、界定的方式获得真理。穆勒的主观论的逻辑学在严复的译文中自然地被赋予了道德性的含义,并与儒学的"为己"与"设教"观念获得了内在的关联。如谓:"至于谕人教人之道,则又有专术焉以分治之……名学所论人心之能事,皆自明而诚,其明其诚,皆以自为。"[175]

从上述翻译状况来看,严复在1895年2月写作的《论世变之亟》中的两句名言,即"于学术则黜伪而崇真,于刑政则屈私以为公而已"[176],就不能不再作解释了。值得注意的是,既然严复认为政治学和法律都不过是科学的分支,那么,知识上辨别真伪,政治上区分公私,就是密切相关的,因而必定存在论证真伪、公私的程序。换言之,归纳逻辑必定在这两个领域都是有效的。在一定意义上,真的概念、诚的概念、公的概念和群的概念具有内在的同一性,它们都可以被看作是社会、国家、世界、宇宙的真理状态。归纳逻辑的效能就是在上述各个领域提供抵达这种真理状态的途径。因此,归纳逻辑可以被看作是一种方法论的程序。

那么,严复是怎样把这一方法论原则贯彻于自然与社会领域的呢?这一方法论程序的具体过程怎样呢?严复在1895年3月发表的著名文章《原强》中对此有明确的解释。在这篇文章中,他从荀子所谓"人之所以异于禽兽者,以其能群也"一语中拈出"群"概念,用以命名斯宾塞"大阐人伦之事"的社会学("群学")。"群"概念在一定程度上可以被理解

---

[173] 《穆勒名学》部首·引论,页4—5。
[174] 在理学的语境中,"诚"既涉及"人之道",亦涉及"天之道"。如包灰《三陆先生祠堂记》卷三十六发挥陆象山之学说:"诚之者人之道也,由大而化则为圣,而入于不可知之神,是诚者天之道也,此乃孟子之实学也。"
[175] 《穆勒名学》部首·引论,页5。
[176] 严复:《论世变之亟》,《严复集》第1册,页2。

为某种人的本性,以"群学"命名社会学,显然表示社会学不仅是探讨社会的学问,而且也是体现某种先验本质的知识。假定"群"是社会学的真理的话,那么,它显然是一种先行存在的真理。

因此,接下来的问题便是:我们通过怎样的程序才能由这一先行的真理达到后继的真理呢?严复认为斯宾塞的方法和论旨"与吾《大学》所谓诚正修齐治平之事有不期而合者,"只是《大学》引而未发,语焉不详,而斯宾塞的著作"其持一理论一事也,必根柢物理,征引人事,推其端于至真之源,究其极于不遁之效而后已。"[177]"诚正修齐治平"包含了一种道德和政治实践的程序,但这种程序与认知活动的程序并没有根本的差别。所谓"根柢物理,征引人事"当然具有归纳和实证的含义,但更重要的是它提出了一个认知的程序,这就是朱熹"即物"、"穷理"、"至极"的次第工程,在这个程序中,"推其端于至真之源"显然是在归纳基础上的演绎。按照穆勒的逻辑,它可以被看作是归纳的极端形式。

在谈及斯宾塞的《劝学篇》时,[178]严复详尽描述了这个认知程序的具体过程:

> 天下沿流溯源,执因求果之事,惟于群学为最难……格致之学不先,褊僻之情未去,束教拘虚,生心害政,固无往而不误人家国者也。是故欲治群学,且必先有事于诸学焉,非为数学、名学,则其心不足以察不遁之理,必然之数也;非为力学、质学,则不知因果功效之相生也。力学者,所谓格致七(之)学是也。炙(质)学者,所谓化学是也。名数力炙(质)四者已治矣,然其心之用,犹审于寡而荧于纷,察于近而迷于远也,故非为天地人三学,则无以尽事理之悠久博大与蕃变也,而三者之中,则人学尤为急切,何则? 所谓群者,固积人而成者也。不精

---

[177] 严复:《原强》,《严复集》第1册,页6。
[178] 严复在1897年曾将斯宾塞的《社会学研究》(The Study of Sociology)的前两章译为《砭愚》和《倡学》,并准备用《劝学篇》为题在《国闻汇编》上发表。但1897年底至1898年初,《国闻汇编》在连载了《砭愚篇》之后,并未续载《倡学篇》。直到1901—1902年间,严复完整地译出该书,定题为《群学肄言》,并于1903年出版。

于其分,则末由见于其全。且一群一国之成之立也,其间体用功能,实无异于生物之一体,大小虽殊,而官治相准。故人学者,群学入德之门也。人学又析而为二焉:曰生学、曰心学。生学者,论人类长养孳乳之大法也。心学者,言斯民知行感应之秘机也。盖一人之身,其形神相资以为用;故一国之立,亦力德相备而后存;而一切政治之施,与其强弱盛衰之迹,特皆如释民所谓循业发现者耳,夫固有为之根而受其蕴者。夫唯此数学明,而后有以事群学,群学治,而后能修齐治平,用以持世保民以日进于郅治馨香之极盛也。呜呼!美矣!备矣。[179]

显然,严复的认知程序以及因果关系的认定是以一种整体论的世界观为前提的,这个世界观与理学及其天理观念具有内在的相似性,知识的各种分类与世界的有机结构直接相关。社会与国家是一种体用功能系统,在知识上则表现为不同类别的知识之间的相互依赖关系。因此,严复的"求真"过程非常类似于朱子学的那种以"天理世界观"为前提的"格物穷理"的次第工程:先推求名数质力等自然之理,而后以此推求"天地人"之理,尤其是人之理,而后再以此为基础推求"群"之理,其基本目的则是"修齐治平"而达"郅治馨香之极盛"的世界。自然、心理与社会均有客观的"理",但它们之间不是各自独立而是相互联系的;它们仅有层次之别而无性质之分,这种层次之别是以它们与"修齐治平"的终极目标的关系远近而确定的。这里同样含有"理一分殊"的预设,并相信自然与人文之理在本质上是一致的。"求真"也即"穷理",而"穷理"的目的在于人事,但最根本普遍的"理"又依存于各种自然事物的"理",从而获得"群"之"理"也即"修齐治平"之道的过程绝不能不以"穷"自然事物之"理"为前提。[180]西方科学的方法与治国平天下具有内在一致性:"以格致诚正为

---

[179] 严复:《原强》,《严复集》,第1册,第6—7页。
[180] 在《原强》修定稿中,严复认为斯宾塞的"群学""用近今格致之理术,以发挥修齐治平之事,精深微妙,繁富奥殚。……"进而指出:"学问之事,以群学为要归。唯群学明而后知治乱盛衰之故,而能有修齐治平之功。呜呼!此真大人之学矣。"《严复集》第1册,页16,18。

治平根本。"[181] 从"格物致知"到"修齐治平"的推理逻辑明显地依赖于一种有机论的预设,即不仅这个世界的各种物质性的事物之间存在连续关系,而且这个世界的物理现象与精神现象之间也不存在断裂。连续性是上述格物程序的最为基本的形而上学预设。

3. 对直觉主义的批判与朱陆之辨

心灵与物理世界的连续关系经常导致意志论和认识论上的直觉主义。阳明心学就是一个例证。但是,在穆勒的影响下,严复不仅把归纳看作是演绎的基础,而且把演绎看作是归纳的极端形式,"夫外籀不与内籀对也,而实为内籀之一术",[182]"内外籀之相为表里,绝非二途",甚至"数学公例亦由阅历",[183]"公例无往不由内籀,不必形数公例而独不然也。"[184] 在他那里,构成对立的并不是归纳与演绎,而是实验与直觉主义,或者更直接地说是格物的实践与良知。严复对归纳逻辑的重视是和对人的亲身实验的行动主义主张完全一致的。

穆勒把求得真理的方式区分为两种,一种是凭借直接的经验,而另一种则是从这种直接经验中推论出来的。他讨论直接知识时使用了直觉(Intuition)和意识(Consciousness)的概念,但其含义与直觉主义者并不相同,他强调的是直接经验。严复把运用直觉和意识而直接得知的知识译为"元知",把利用推理(inference)所得的知识称为"推知",并追随穆勒提醒人们不要误将"推知"当做"元知"。"元知为智慧之本始,一切知识,皆由此推。"[185] 严复非常清楚,逻辑学不同于一般的知识,它注重研究的是"推知"而非"元知",因为推知易失,元知无妄,关键在于如何检验推知

---

[181] 《严复集》第 1 册,第 126 页。
[182] 《穆勒名学》,页 229—230。
[183] 《"穆勒名学"按语》,《严复集》第 4 册,页 1050。
[184] 同上,第 4 册,第 1050 页。
[185] 《穆勒名学》部首·引论,页 5。

的程序。[186]"名学者,学学也。……凡一切分科之学,析理之书,与斯人之一言一行,与是例是法不可不合;不合则失诚而为妄,而委与符皆违事实矣。"[187]注重推论程序的严格性必然要求命名、界定、分类的严格性。严复的科学知识论的核心不是一般地将归纳与演绎相对立,而是注重实验与推论过程的严格程序,并以之与所谓"师心自用"的直觉主义相对立:"不实验于事物,而师心自用,抑笃信其古人之说者,可惧也夫!"[188]

穆勒逻辑学对直觉主义持批评态度,并特别注重实验和认知程序的严密性,这为严复提供了一种回到理学语境中讨论问题的适当途径。严复的归纳主义倾向来自穆勒以及培根、洛克,但实际上又是针对着"其例之立根于臆造,而非实测之所会通"[189]的中国传统学术,尤其是陆王心学而发的。就归纳与演绎的关系而言,他的观点接近于朱子关于"格物"与"致知"、"积累"与"贯通"的关系。如果仅仅强调亲身实验,反对直觉主义,那么,严复也可以在各种传统的自然知识与理学之间作出对比,而不必在理学的两种学派之间进行选择。[190]但他注重的显然不仅是实验的观念,而且还是知识能否自然地导出合理的宇宙秩序。因此,他需要的科学不仅是自然科学和

---

[186] 严复翻译谓:"故名学所讲,在于推知。谓其学为求诚之学,固也;顾其所重,尤专在求。据已知以推未知,征既然以睹未然。其已知、既然,为公例可也(此为外籀术),为散著可也(此为内籀术)。名学所辩论,非所信者也,在所据、所征以为信者。盖信一理、一言者,必不徒信也,必有其所以信者;此所以信者,正名学所精考微验而不敢苟者也。"《穆勒名学》部首·引论,页7。
[187] 参看《穆勒名学》,部首·引论,页9。Mill, *A System of Logic*, in *Collected Works of John Stuart Mill*, pp.10-11.
[188] 《穆勒名学》按语,部(甲)篇二论名,页36。
[189] 《严复集》第4册,第1047页。
[190] 严复没有在理学与各种自然之学,如方术、堪舆、医学、星卜等之间进行比较,而是在理学的两种派别之间进行比较。这并不是偶然的疏忽,在《"穆勒名学"按语》中,严复曾对此作出过说明。他指出,按照穆勒的逻辑学,科学认识的程序是从实验而转向演绎,但不能因此认为外籀与内籀(归纳)无关。相反,归纳是更为根本的。中国的旧学所以"多无补者,其外籀非不为也,为之又未尝不如法也,第其所本者大抵先成之说,持之似有故,言之似成理,媛姝者以古训而严之,初何尝取其公例而一考其所推概者之诚妄乎? 此学术之所以多诬,而国计民生之所以病也。中国九流之学,如堪舆、如医药、如星卜,若从其绪而观之,莫不顺序;第若穷其最初之所据,若五行支干之所

技术，而且是一种形而上学；他面对的问题不仅是归纳与实验的科学方法及其技术效能，而且是如何把归纳、实验的方法与某种先验的"公理"统合在一种认知的程序之中。在这个意义上，一般的自然之学并不能满足严复的需要。我们必须在这种对形而上学的需求中才能理解严复的叙事转换。

严复在甲午战败后发展了一种中西对比式的叙事，这种叙事方式被看作是开创了整体论反传统主义的先河。史华兹正是据此把严复看作是价值观念的真正变革者。换言之，他正是着眼于严复对传统的否定性评价展开他对严复的研究，并从这一基点出发讨论严复以"寻求富强"为轴心的思想含义。但我们把这一对比式叙事置于上述认知程序中观察，含义却发生了微妙的变化，这种变化显然没有为史华兹所察觉。

中西尖锐对比的论式是在著名的《论世变之亟》中提出的，目的在强化变革的必要性。如谓：

> 尝谓中西事理，其最不同而断乎不可合者，莫大于中之人好古而忽今，西之人力今以胜古；中之人以一治一乱、一盛一衰为天行人事之自然，西之人以日进无疆，既盛不可复衰，既治不可复乱，为学术政化之极则。
>
> 中国最重三纲，而西人首明平等；中国亲亲，而西人尚贤；中国以孝治天下，而西人以公治天下；中国尊主，而西人隆民；……中国重节流，而西人重开源；……其于为学也，中国夸多识，而西人尊新知。其于祸灾也，中国委天数，而西人恃人力……[191]

正是在这种对比式叙事中，严复颠覆了那种视中国为礼仪之区、异域为犬羊夷狄的看法，提出师法西洋以寻求富强之术的全面的改革主张。[192] 但

分配，若九星吉凶之各有主，则虽极思，有不能言其所以然者矣。无他，其例之立根于臆造，而非实测之所会通故也。"《严复集》第4册，页1047。
[191] 严复：《论世变之亟》，《严复集》第1册，页1、3。
[192] 同上，页4。"夫士生今日，不睹西洋富强之效者，无目者也。谓不讲富强，而中国自可以安；谓不用西洋之术，而富强自可致；谓用西洋之术，无俟于通达时务之真人才，皆非狂易失心之人不为此。"

是,变革的必要性并没有对严复显然了解的下述两个问题作出回答:首先是如何避免西洋文明所造成的那种垄断、贫富不均和穷兵黩武?其次是中国与西方的上述差异及其后果是如何产生的?[193]换言之,严复的叙事转换与对西方现代性的后果的反思密切相关。

严复不得不在对比式叙事之外,给出一个历史性的叙事对此加以说明。"黜伪崇真"与"去私存公"的描述无法解释现代西方社会的经济和技术的垄断、社会的贫富贵贱的分化,以及对外的军事扩张,这与严复的"公"的社会理想无法吻合。"夫自今日中国而视西洋,则西洋诚为强且富,顾谓其至治极盛,则又大谬不然之说也。"[194] 史华兹曾说,贯穿于严复的所有著作的论题,即对西方"公心"的赞美,很难被还原为斯宾塞学说的任何一个部分,他猜测这是建立在严复自己对英国生活的公正观察之上的。[195]但是,这种"公"的理念却既不是得自斯宾塞,也不完全是得自他对英国的观察,因为严复的观察中包含了完全与"公"相对立的社会状态。"公"的理念是和他对"天理世界观"的熟知直接有关的,他只是在西方社会的政治制度和某些社会习惯中发现了能体现这种"公"的例证。严复既需要强烈的对比方式论证师法西洋的必要性,又需要保持对西洋的批判态度,就后一方面而言,这种在一定程度上超越具体社会形态的"天理"式的"公"观念就是必不可少的。但是,既然严复已经把科学作为中国面临的基本问题,他就必须在科学内部发现一种内在的价值和动力,

---

[193] 请参见《原强》及其续篇中的相关论述。
[194] 严复:《原强》修订稿,《严复集》第1册,页24。严复说:"夫古之所谓至治极盛者,曰家给人足,曰比户可封,曰刑措不用。之数者,皆西洋各国之所不能也。且岂仅不能而已,自彼群学之家言之,且恐相背而驰,去之滋远焉。盖世之所以得致太平者,必其民之无甚富亦无甚贫,无甚贵,亦无甚贱;假使贫富贵贱过于悬殊,则不平之鸣,争心将作,大乱之故,常由此生。二百年来,西洋自测算格物之学大行,制作之精,实为亘古所未有。民生日用之际,殆无往而不用其机。加以电邮、汽舟、铁路三者,其能事足以收六合之大,归之一二人掌握而有余。此虽有益于民生之交通,而亦大利于奸雄之垄断。垄断既兴,则民贫富贵贱之相悬滋益深矣。尚幸其国政教之施,以平等自由为宗旨,所以强豪虽盛,尚无役使作横之风,而贫富之差,则虽欲平之而终无术矣。……"
[195] 史华兹:《寻求富强:严复与西方》,页64。

这种价值和动力能够通过对科学及其方法的追求自然地导致一种较为合理的和公平的世界秩序。

严复著作中发生的一种叙事上的微妙转变很少引起人的注意，这就是通过历史的回溯，把《论世变之亟》中的强烈的中西对比转化为理学与心学的对比，既保持对至尊的"天理"的敬畏之情，又能够解释中国衰败的原因。在这一转变过程中，穆勒把实验与直觉主义相对立的论式提供了桥梁：心学被理解为师心自用的直觉主义，而朱子学的格物致知论则与归纳和实验的观念具有内在的一致性，尽管朱子学本身由于限于读书穷理从而也必须加以改革。[196] 在为《穆勒名学》撰写的一段按语中，严复引述了穆勒批判呼威理有关"理"根于人心而与感官实验无关的观点，并把穆勒的观点看作是对"良知说"、特别是陆学的否定。[197] 这种在方法论层面的批判与严复从历史角度作出的判断完全吻合：

> 夫西洋之于学，自明以前，与中土相垺耳。至于晚近，言学则先物理而后文词，重实用而薄藻饰。且其教子弟也，尤必使自竭其耳目，自致其心思，贵自得而贱因人，喜善疑而慎信古。其名数诸学，则藉以教致思穷理之术；其力质诸学，则假以导观物察变之方，而其本事，则筌蹄之于鱼兔而已矣。……夫朱子以即物穷理释格物致知，是也；至以读书穷理言之，风斯在下矣。[198]

在以"废八股"为要旨的《救亡决论》（1895.5）中，严复借腐儒的话说，如果"救亡而以西学格致为不可易"，那么，"格致何必西学，固吾道《大学》

---

[196] 1906年，在《"阳明先生集要三种"序》中，严复仍然坚持他对实验与归纳的观点，并据此批判阳明学。他说："知者，人心之所同具也；理者，必物对待而后形焉者也。是故吾心之所觉，必证诸物之见象，而后得其符。……王子尝谓：'吾心即理，而天下无心外之物矣。'又喻之曰：'若事父，非于父而得孝之理也；若事君，非于君而得忠之理也。'是言也，盖用孟子万物皆备之说而过，不自知其言之有蔽也。"《严复集》第2册，页238。
[197] 严复：《"穆勒名学"按语》，《严复集》第4册，页1049。
[198] 严复：《原强》修订稿，《严复集》第1册，页29。

之始基也。"但是,格致的方法过于烦琐,效果也不清楚,陆九渊已有"逐物破道之讥",王阳明更有"格竹子"的无效实验。"'格'字当以孟子格君心之非,及今律格杀勿论诸'格'字为训,谓当格除外物,而后有以见良知之用,本体之明。"[199] 通过如上设问,严复把问题转向了中国思想的内部讨论,其核心是:应该通过"格物"的程序(亲身实验的、归纳的)获得对世界的理解和掌握,还是剔除外物,师心自用,把认知的心灵当做唯一的对象?

严复的回答显然是前者:

> 应之曰:不亦善乎,客问之也。夫中土学术政教,自南渡以降,所以愈无可言者,孰非此陆王之学阶之厉乎! ……盖学术末流之大患,在于徇高论而远事情,尚气矜而忘实祸。夫八股之害,前论言之详矣。而推而论之,则中国宜屏弃弗图者,尚不止此。[200]

严复不仅批评科举制度的弊端,而且也批评那些超脱于"制科"的文人,因为这些超脱之士所重的也仍然是"无用"、"无实"的文、词、学案、考据等等。"由后而言,其高过于西学而无实;由前而言,其事繁于西学而无用。均之无救危亡而已矣。"[201] 他在救亡图存与朱陆之辨的双重语境中断言:

> 惟是申陆王二氏之说,谓格致无益事功,抑事功不俟格致,则大不可。夫陆王之学,质而言之,则直师心自用而已。自以为不出户可以知天下,而天下事与其所谓知者,果相合否? 不径庭否? 不复问也。自以为闭门造车,出而合辙,而门外之辙与其所造之车,果相合否? 不龃龉否? 又不察也。……盖陆氏于孟子,独取良知不学、万物

---

[199] 严复:《救亡决论》,《严复集》第1册,页43。
[200] 同上,页43。
[201] 同上,页44。

第八章 宇宙秩序的重构与自然的公理 913

皆备之言,而忘言性求故、既竭目力之事,惟其自视太高,所以强物就我。后世学者,乐其径易,便于惰窳敖慢之情,遂群然趋之,莫之自返。其为祸也,始于学术,终于国家。[202]

严复由对"科学"的倡导而入于理学不同学派的评判,穆勒的逻辑学对归纳程序的研究提供了沟通的桥梁。但我们也可以反过来说,理学的格物程序为严复理解穆勒的逻辑学提供了前提,并构成了严复理解西方科学的认识框架。这里的悖论是:理学既是其批判的对象,又是立论的基础。对于严复来说,从中西对比的叙事转向理学内部派别的对比是意味深长的:这一叙事转换不仅维护了中国文明自身的价值,而且自然地保存了格物致知活动的更为基本的前提,即物物平等、本无大小、久暂、贵贱的"公理":

一理之明,一法之立,必验之物物事事而皆然,而后定之为不易。其所验也贵多,故博大;其收效也必恒,故悠久;其究极也,必道通为一,左右逢原,故高明。……此又《大学》所谓"知至而后意诚"者矣。且格致之事,以道眼观一切物,物物平等,本无大小、久暂、贵贱、善恶之殊。庄生知之,故曰道在屎溺,每下愈况。王氏窗前格竹,七日生病之事,若与西洋植物家言之,当不知几许轩渠,几人齿冷。……率天下而祸实学者,岂非王氏之言欤?[203]

严复用理学与心学的辩论解释格致问题,目的不仅在于论证西方格致之学作为救亡之学的必要性,而且还在于超越体用之争。他认为"公"、"群"的理想内在于人的认知实践(所谓"以道眼观物"),因而通过认知的实践能够发现和保存"公"的价值,这也为批判西方的社会垄断、分配不均和扩张主义提供了内在于科学和技术实践的前提。

---

[202] 同上,页44—45。
[203] 同上。

在这一过程中,严复对科学及其方法的理解与朱子学的格物程序逐渐地吻合起来。例如,他把"科学认识"理解为"即物穷理",而"即物穷理"又包括三个层次,"一曰考订,聚列同类事物而各著其实。二曰贯通,类异观同,道通为一。考订或谓之观察,或谓之演验,观察演验二者皆考订之事而异名者。"由于贯通过程包含演绎成分,"故所得之大法公例,往往多误,于是近世格致家乃救之以第三层,谓之试验。试验愈周,理愈靠实矣,此其大要也"。[204]从重视经验到推崇归纳,从考定贯通到反复试验,这显然是用实证主义的科学观来重新解释传统的"即物穷理",但这并不意味着后者仅是述词,恰恰相反,这种实证主义科学观仍然受制于"修齐治平"的儒学思维方式,其标志就是严复内心中的各种"专门之学"是以"炼心之事"为终极境界,以"修齐治平"为其目的。因此,严复说:"大《易》所谓圣人有以见天下之会通以行其典礼,此之典礼,即西人之大法公例也。"他一方面要求师法西方,"读无字之书",另一方面,又强调"以炼心积智为第一要义。"[205]事实上,严复对自由的理解就隐藏在他对认知过程的解释之中:自由也是"至诚"的状态。[206]

4. "意验相符"与不可知论

1903年,穆勒的逻辑学前三卷译毕后的一年,严复开始为熊纯如重新编辑的老子经典做按语。史华兹曾说,乍一看,几乎不能想像有比穆勒的《逻辑体系》和老子的《道德经》更不相容的两种精神产品了。但他还是断言:"如果说为赫胥黎、穆勒和孟德斯鸠的著作所加的按语里包含有对老庄的赞美;那么,对《老子》所作的评语毫不含糊地证实

---

[204] 严复:《西学门径功用》,《严复集》第1册,页93。
[205] 同上。
[206] 严复说:"群学之有公例,而公例之必信,自我观之,且由心志之自繇。脱非自繇,则自然之用不彰,其得效或以反此。夫人事之难测,非曰〔此〕中无因果也,乃原因复杂,难以尽知。而使有人具无垠之智慧,如《中庸》所谓至诚,如佛氏所谓天眼通,则据己事以推未然,……"《"国计学甲部"(残稿)按语》,《严复集》第4册,页848。

了严复完全信奉达尔文和斯宾塞。"[207]史华兹认为严复与穆勒共同的基本态度,是反对一切先天观念、先验的主观思想范畴和直觉知识的概念。然而,严复并不完全反对在现象的不断变化背后有一个客观的合理秩序的观念,而且他没有能觉察出哲学的困境就在于力图完全通过归纳法得到这样一个秩序。因此,"严复继续深深地感到需要宗教和形而上学,而对构成穆勒《逻辑体系》基础的合理的、有限度的实证主义,他则完全没有提及。"[208]史华兹指出严复对形而上学的保留是正确的,但是,如果认为这种形而上学与穆勒学说相冲突,或者完全外在于穆勒的逻辑学,则有可以商榷之处。《逻辑体系》一书中并不缺乏关于不可知的"本体"的讨论。严复在《穆勒名学》的首条按语中指出,逻辑学概念在语源学上源自逻各斯概念,而逻各斯犹如"佛氏所举之阿德门,基督教所称之灵魂,老子所谓道,孟子所谓性",《天演论》下卷十三篇所谓'有物浑成字曰清净之理'"。因此当归纳主义之父培根说"是学为一切法之法,一切学之学;明其为体之尊,为用之广,则变逻各斯为逻辑以明之"的时候,他似乎暗示逻辑学的"学学"的地位是和逻各斯的地位相似的。[209]这一点对于穆勒来说同样如此。

那么,我们能否通过这种"一切法之法,一切学之学"达到"阿德门"、"灵魂"、"道"、"性"、"清净之理"呢?严复在这一问题上多少有些矛盾,但基本的倾向是清楚的。他在《穆勒名学》按语中曾经用逻辑学的方式断言不存在超越于对待性关系的存在,如佛教所谓真如,基督教所谓上

---

[207] 史华兹:《寻求富强:严复与西方》,页189。
[208] 例如他断言:严复是否接受了穆勒关于"世界的关系结构的客观性"的不可知论,这还是有疑问的。"斯宾塞曾在他的《第一原理》中说,可知世界不能像穆勒想要我们相信的那样,是与不可知的(或用斯宾塞的话,即'不可思议的')世界截然分开的。恰恰相反,斯宾塞指出,可知的世界只有根据空间、时间和自然规律等这样一些范畴才能被理解;这些范畴则被认为既是客观的和普遍的,而它们本身又是不可理解的。现象的不断变化是被组织在合理的秩序中的,这种合理的秩序发源于终极的不可思议的'道'。因此,严复在哲学上所师承的是斯宾塞而不是穆勒。"史华兹:《寻求富强:严复与西方》,页186—187。
[209] 严复:《"穆勒名学"按语》,《严复集》第4册,页1027—1028。

帝;[210]但在翻译穆勒有关康德的现象与本体的论述时,他译本体为"净"和"自在世界",现象为"发见"和"对待世界",并将穆勒的一段话译述为:"吾得为学者正告曰:人心于物,所谓知者,尽于觉意;至其本体,本无所知,亦无由知。"[211]在接下来的一段按语中,严复说:

> 右所紬绎,乃释氏一切有为法皆幻非实真诠,亦净名居士不二法门言说文字道断的解。及法兰西硕士特加尔出,乃标意不可妄,意住我住之旨,而《中庸》"诚者物之始终,不诚无物"之义,愈可见矣。[212]

严复在注释中几乎重复了休谟有关因果律的问题,即现象出现的先后秩序并不能确定它们之间的因果关系。"何则?屈伸存于一物,而起灭不为二事故也。噫!考理求极,恒言诚有可用之时,顾其理者常不及其梦,当者常不如其谬。此察迩正名之学,所以端于无所苟也。"[213]穆勒《逻辑体系》第3章第8节论述"心"(mind)的问题,他一方面把心看作是一种能感觉和思维的主体,并认为心之本体也是物质;另一方面又认为存在着导致思维、感觉的外因,这两者都是不可思议的本体。穆勒从他父亲的联想心理学中得出的结论是:认知活动无法逾越感觉的边界,而本体问题是不可知的。因此,外物是心灵的外因,通过感觉而呈现;心灵则是内因,是包含灵性的、能感觉从而能产生意念的主体,"顾吾于形体、心神,舍其所循附发现之德相、

---

[210] 严复:《"穆勒名学"按语》,《严复集》第4册,页1033。严复说:"天下无无对独立者也。往者释氏尝以真如为无对矣,而景教(本为耶稣教之一宗,今取之以名其全教;名家固有此法)则以上帝为无对矣;顾其说推之至尽,未有不自相违反者。是以不二之门,文字言语道断,而为不可思议之起点也。"

[211] 严复:《"穆勒名学"按语》,《严复集》第4册,页1034—1035。《穆勒名学》部首引论的最后一节论述"理学"(即哲学、形而上学)与"名学"(即逻辑学)的关系说:"名学固无待于理学,而理学欲无待于名学则不能也。盖理学之无待于名学者,惟其言觉性、元知,事取内观,辩证道断者耳;自此以降,但有原、委之可言,证、符之足论,则必质成于名学,而一听名学之取裁焉。……"这段译文大致反映了穆勒的原意,承认形而上学所讨论的觉性、元知,不能通过逻辑方式获得。《穆勒名学》部首引论,页12。

[212] 严复:《"穆勒名学"按语》,《严复集》第4集,页1035。

[213] 《"穆勒名学"按语》,页1035。

第八章　宇宙秩序的重构与自然的公理　　917

意念,以形气之囿,均之无能思议。"[214]

穆勒的《逻辑体系》有一种极端的经验主义倾向,它对直觉主义的批判有时显得有些过分。这与他本人持有的那种不可知论似有牴牾之处。他一方面承认自然之公例,另一方面又否认数学的公理性。但穆勒《逻辑体系》的内在困难恰好适合于严复的双重需求:在用归纳与实验抨击陆王心学和传统知识的同时,保留对于形而上学的需要——严复显然夸大了《逻辑体系》一书中对于"本体"问题的关注。因此,我们在严复那里看到的是一系列悖论:他一方面持赫胥黎的"人之知识,止于意验相符"[215]的唯感觉论,另一方面又用穆勒关于"自在之物"即"本体"的观点批评培根否定本体或"最大一门"的看法,并用朱子关于"太极无极"的思想解释了现象与本体的关系;[216]一方面,他接受斯宾塞"万物本体虽不可知,而可知者止于感觉"[217]的看法,因而反对空谈本体,另一方面,他又强调本体的存在并未超出感觉的范围,从而判定本体与现象具有因果关系,而后者恰恰是感觉经验可以认知的界域;[218]一方面,他追随穆勒认为一切存在都以对待的方式存在,另一方面,他又认为"言无对、太极,而犹设言诠者,其于言下已矛盾矣。此吾所谓对待公例者也";[219]一方面,他把穆勒所论证的"自然公例"等同于"道家所谓道,儒先所谓理,《易》之太极,释子所谓不二法门;必居于最易最简之数,乃足当之",并反复地用易学阐发穆勒关于数学的观点,另一方面,他又竭力否认数学和《周易》的那种原理性质:穆勒否认从形数中能推导出其他知识,而严复则不承认《周易》的卦爻能够直接推穷人事。[220]

---

[214] 《穆勒名学》部(甲)篇三,页59—60。
[215] 严复:《"天演论下"按语》,《严复集》第5册,页1378。
[216] 严复:《"穆勒名学"按语》,《严复集》第4册,页1039—1040。"《易》言太极无极,为陆子静所不知,政亦为此。朱子谓非言无极无以明体,非言太极无以达用,其说似胜。"
[217] 同上书,页1036。
[218] 同上书,页1037—1039。严复说:"然'在'实与'有'同义,既有矣,斯能为感致觉,既感既觉,斯有可言,何可废乎?"又说:"盖我虽意主,而物为意因,不即因而言果,则其意必不诚。"
[219] 同上书,页1039。
[220] 同上书,页1051—1052。

由此看来,严复在同一时期对《逻辑体系》和《道德经》感兴趣,便不再是不可理解的问题了。严复心目中的科学是一种形而上学体系,其所以如此,是因为他把科学问题看作是解决政治、社会、道德问题的基本途径。归纳逻辑、实验的观念涉及的是认知的问题,但也不仅是认知的问题。尽管老子学说与穆勒学说相差千里,但严复从中都找到了他所需要的东西:正如《逻辑体系》一样,老子学说不仅提供了"无对待"、"无有文字言说"、"不可思议"的"常道"、"常名",而且还提供了关于事物的因果关系解释。[221] 严复从"天地不仁,以万物为刍狗"的命题中,看到了"天演"的规律和"达尔文新理";[222] 从"以道佐人主者,不以兵强天下"的命题中,看到了"一国之主权……不必定于帝王"和孟德斯鸠"伐国非民主事"的政治原理;[223] 从"强行者有志"的命题中,看到了中国富强所必需的"强行者"的意志……在这个意义上,科学的公理正如"常道"、"常名"一样,能够提供我们关于世界的完整的解释。史华兹在他的著作中也发现了严复思想的双重性,即:"一方面,面向富强,面向力本论的信条、活力、维护自我权利、竞争和发挥全部的人类能力;而另一方面,仍然面向神秘主义,在神秘主义中为人生的痛苦寻找安慰,这种神秘主义竭力否认整个感觉到的世界及其全部成果的重要性。"他得出的结论是,"对于严复来说,整个进化过程背后的'不可知',也就是他躲避人生风暴的最终避难所。"[224] 史华兹显然没有发现严复的双重倾向之间是有着内在的程序的。无论是力本论还是实证的方法,都

---

[221] 严复在评注《老子道德经》第1章时说:"不言无物,而曰无欲。盖物之成,必有欲者,物果而欲因也,弃我言因,于此等处,见老子精妙,非常智之可及也。"《"老子"评语》,《严复集》第4册,页1075。

[222] 同上,页1077。

[223] 同上,页1087。

[224] 史华兹:《寻求富强:严复与西方》,页98—99。关于严复经常在中国历史中寻找例证的做法,史华兹的解释是:"他的部分目的也许是教学法性质的,是在以熟悉的东西解释不熟悉的东西。而事实上,这一教学法的目的就包含在他的语言中,因为他使用的大多数中国术语本身就与先秦思想和宋代思想的各种流派有关。"他还认为:"正在讨论的问题确实跨越了时间、地点和文化的界限,并且没有理由先验地认为不应当在某些问题上把赫胥黎、荀子和柳宗元联系起来,用以反对斯宾塞、老子和朱熹。"同上,页102。

是通向最终的伟大神秘的途径,甚至是唯一的途径。如果我们把这种分歧置于严复的"认知程序"之中,我们就可以发现,对终极的敬意虽然是不言而喻的,但更重要的是他的程序预设了对自然的研究能够直接地抵达"天理"的过程,也预设了"天"的双重性质。关于这一点,我在讨论严复的"天演"观念时已经作了分析。

第五节　现代性方案的"科学"构想

现在我们可以对严复的"科学观"及其与他的三个世界的关系进行扼要的总结:

首先,科学既是实证精神的表现和结果,同时又是"天演"这一普遍原理和第一推动力的显现。作为普遍原理,它不仅揭示了世界变迁的图象和前景,而且规定了人们行动的准则和价值的取向。"天演"是自然现象,又是道德命令,是对世界状况的说明,又是对人和种族的召唤;它体现为自然的淘汰,也表现为人类按照自身的主观意志而进行的奋斗与挣扎。严复思想的各个方面都必须置于与天演范畴的关系中才能得到解释。天演范畴具有进化与循环的双重特性,它不仅为归纳和演绎的科学方法提供了宇宙论的说明,而且也把人类社会与自然进程置于同一又对抗的关系之中。在严复这里,"科学"概念和宇宙图景的显现具有特殊联系。

其次,科学所提供的那些技术和工艺为利用自然界而富国强兵创造了基本条件,同时它所发现的"秩序"又正是我们智慧秩序的源泉和原则,这一点逻辑地导致他把社会学置于"科学的科学"的位置,因为正是后者体现了这种"秩序"———一种从自然到社会的相互具有必然联系的等级结构。这个等级结构按照分化与整合的规则进行运作,低级的部分是高级部分的基础,高级部分则是低级部分的归宿。物理、化学、生物的自然之"知"逻辑地导向伦理、社会之"知"。"群学"实际上是把各种社会现象放在一定位置上的"科学之王"。从这方面看,科学的实用主义是双重的:技术工艺与建立"秩序",而后者也就是传统"治平"观念的实质含义。正是通过天演、归纳与演绎、以群学为要归的知识谱系,严复构筑了一个"社会"与"国家"的模型,它们的合法性的基础就是建立在易学世界观和科学方法论之上的。因此,在严复这里,社会与国家是一种现代性的创制,而不是历史延续的结果。

第三,如果说严复的"科学观"与"格致"学说存在历史的联系,那么这种联系还不仅存在于他的"科学方法"与传统格致论的直接承继与发展之中。更重要的是,严复试图用科学的定理与方法来重建过去由理学来承担的宇宙本体论、人类社会秩序和伦理规范,也即整个传统的秩序与意义系统。这表明:严复对科学的理解是与对整个旧秩序——政治秩序、伦理秩序及其宇宙符号系统(后者是前者的合理性和合法性的源泉)——的怀疑重建相关的。理学就其本质而言是一种"普遍存在秩序",其功能是使得中国人按照特定的观念和思想框架来理解世界,从而把自我、社会和宇宙视为一个具有意义的秩序世界。借助于理气、心性、知行、格致、天人等等范畴,理学为人们创造了一种宇宙认知图式的世界观,用以理解世界的本质和身在其中的位置,获得生存的意义和来龙去脉,最终用这种意识形态的符号系统作为社会关系、社会价值和规范的意义基础。严复心目中的科学不是一种无休无止、无一定目标的研究;它是信仰的源泉,这些信仰不是宗教的先验命题,而是经过检验的、具有实证依据的信仰。从这个意义上说,他寻求的不是对于那些规律与信仰的无休止的怀疑,不是一种追求最新解释的研究,不是以对事物自身的追根究源为目标,而是通过对具体知识的研究寻求通达最终真理的途径。通过天演、自繇、平等、内籀、外籀、群、群学等等范畴,严复不仅为人们创造了一种宇宙和世界的认知图式,而且为创造一种以民族—国家为内含的社会提供了科学的模型。这种模型并不是随心所欲的构想,而是世界存在的秩序的呈现。"格物"的实践和知识的分科体系都是为了达到对这种秩序或"理"本体的认识。尽管天演过程无休无止,归纳与演绎的实践循环相续,但就人类实践的目前阶段来说,在实证的基础上完善知识的谱系,从而为制定一种完整的和科学的现代性方案创造条件,仍然是一种道德(天道)的召唤。

第八章　宇宙秩序的重构与自然的公理

人的有意识的创造行为正是"天择"的前提。

从整体上说,严复的三个世界都包含着一种对整体秩序的追求,"即物实测"的实证的科学方法和分科的知识谱系因而也具有相应的逻辑指向。由于"群"概念的引入和阐释,严复的知识谱系和社会构想不仅具有有机论的特点,而且也具有分化与整合的功能体系的特征。这为民族同一性以及现代社会和国家的形成提供了"合法化知识"。追求技术工艺的进步而达到"富国强兵"仅是其实用主义的第一个方面,更重要的是要提供或发现一种世界秩序,从而为人们提供价值与意义的源泉及行为准则。正是后一方面,使我们看到了严复"科学"概念与理学"格致"概念的内在联系。正如格物致知的方法在传统知识中的地位一样,自然科学、社会科学——总之,以"群学"(社会学)为分科的原则、以实证为基本方法的知识谱系——扮演着的不仅是一种知识的专门研究,而且具有一种伦理学的职能,它们重新确定宇宙和社会的分位,从而为道德实践(囊括一切实践的道德实践)提供客观的前提。在这个意义上,实证的方法论似乎正在摧毁传统的神秘主义,但其科学观所含蕴的那种完整的意义结构在某种方式上是与理学家的某些愿望同时发生的。实际上,严复内心里期待的是通过对于世界秩序的科学发现进而澄清我们混乱的意识,把握存在的原则,构筑以社会分工和政治组织为特征的现代社会体系。他对"群学"的理解同西周对"统一观"的看法一样,都是在设想科学的谱系能够勾画出一幅包含所有基本法则在内的、最终、最完整的图像。严复似乎相信信任的必要性超过怀疑的必要性,他对世界和中国社会的"科学构想"具有深刻的世界观的特性。尽管他对未来图景的理解完全建立在一种科学构想之上,但这种科学构想却并不构成对传统习俗的全面的否定。

"名的世界"、"易的世界"和"群的世界"不仅是相互关联的,而且也都服从天演的运行。严复的天演范畴不仅包含着进化与循环的双重特性,而且也始终存在着自然主义和道德主义的冲突。我们在严复世界中倾听关于宇宙进程和社会进程的创造性的、乐观主义的、洋溢着斗争意志的声音的同时,还能听到另一组低徊的旋律,那是对同一个进程的道德的谴责和有关无限轮回的悲天悯人的沉思,那似乎是在说:这一切一切都将回到那个永恒的神秘之中。因此,我们在严复的三个世界内部看到了相互瓦解的力量,这些力量所以能够存在于同一个世界是因为严复的独特的易理逻辑。但是,我们不是已经从中分辨出达尔文、赫胥黎、斯宾塞、穆勒、斯密的激昂声调,以及与它们相呼应的老子、庄子和无为的召唤了吗?

严复为中国近代思想提供了最完整的现代性方案,但他的思想的内在方面也包含了对这个现代性方案的极为深刻的怀疑。

第九章

道德实践的向度
与公理的内在化

> 十九世纪者,平民主义之时代也,现在主义之时代也。虽然,生物进化论即日发达,则思想界不得不一变,此等幼稚之理想,其谬误固已不可掩。
>
> ——梁启超

第一节　梁启超的调和论及其对
　　　现代性的否定与确认

　　梁启超对世界的看法有许多变化,但基本上,他把世界看作是一个以人及其功利关系为中心的道德系统。作为一种道德存在的人的观念为社会的自治和国家的建设提供了前提,而社会与国家的框架又提供了人的生活的功利基础。在重新结构宇宙观的历史时期,梁启超的政治、社会和自然的观念不可避免地与近代科学问题发生密切的关系。正如严复一样,他也是在一种新的知识谱系的背景上考虑有关国家、社会、教育制度改革和人的日常生活的构想。在对科学的阐释中,他从来没有放弃对人的道德状态及其制度保障的关注,从而他的科学观念含有深刻的道德主义色彩。这种道德主义不是强调单纯的道德实践,而是把社会制度、甚至国家制度的设计和实践理解为一种具有道德实践含义的活动。这是一种功利主义的道德谱系。将仁爱与科学理性密切地联系起来是晚清至"五四"时代的启蒙主义的内在特点,这一联系建立在对传统道德及其形式的非人道性质的控诉之上。这是一种人文主义的科学观,它一方面拒绝天理概念的压迫性质,另一方面又对自然秩序所支持的道德价值抱有信心。梁启超的政治生涯跌宕起伏,政治观点几经变迁,宛如湍急的长河,但他的思想和内心世界却也潜伏着温和、沉静和内省的旋律。贯注梁启超一生思想和事业的关键问题之一正是这种人文主义的科学观,它如同一条不太显眼的纽带,把他的政治理论、伦理思想、自然观念和宗教观点编织在一个复杂多变的构架里。我们循此能够找到他的思想变化的基本脉络。如果说严复的自然观念如同流行之天理笼罩着宇宙和世界,那么梁启超却在科学知识与道德实践之间形成某种平衡,从而他的自然观念宛如一杆对称的天平,将科学与自由意志、客观世界与认识主体、作为自然规律的真理与作为道德法则的公理悬挂在两侧,而中间的轴心就是人的世界。在平衡两者关系的过程中,一方面道德生活为自然及其法则所渗透,而另一方面自然及其法则又必须配合道德的内在要求。如果说梁启超的道德观与科学理性相调和,那么他的科学世界观却又具有某种内在论的特征。

"新文体"是梁启超著作的重要特征,他用生动平白的语言介绍了各种各样西方学术,从自然科学到社会科学,从政治制度到经济制度,从道德实践到教育体制,笔触无所不包,并略带感情。这些大量的著作奠定了他作为一位启蒙宣传家的卓越地位。但是,从师从康有为起,中国古典时代的体制和思想就一直是他追慕的对象,不管他如何有力地抨击自己的传统,这种追慕正如他的文体一样,在他的著述中成为一种内在的、时隐时现的基调。直到他的晚年,在漫游欧洲、美国并亲身体验第一次世界大战的后果和文化震撼之后,他的追慕又一次成为自觉的思想实践,转化为对于现代性的忧思,以至新的一代把这位启蒙老战士看成是守旧营垒的一员。在康德、詹姆士等西方思想家影响下,梁启超重新解释王阳明的"知行合一"概念和中国思想传统,试图为道德的自主性奠定世界观的前提,并以此调和科学与自由意志、实然与应然、客观世界与认识主体的二元性对立，重构经验世界的完整性，因为他将现代性的困境视为科学理性片面发展的结果。从政治和道德实践来看，他对人的内在性的关注并没有建立在单纯的原子论的个人主义之上，也没有建立在个人主义的心理学之上，在他的世界里，所谓"经验世界的完整性"是建立在作为共同体成员的个人及其道德自觉的前提之上的。梁启超的思想是一种共和主义（共和在这里并不单纯是西方共和主义的延续，毋宁是三代之治的构想在现代环境中的转化）和个人主义的伦理的综合。在"五四"以后，他集中探讨道德、教育和历史问题，但他的更为根本的目标并没有改变，那就是为中国社会构筑一种对现代历史具有反思意义的文明图景。对于新的一代而言，梁启超的这种姿态不仅是保守的，而且也是对他早年思想的背叛。然而，如果仔细地去分析他一生的思想，那么，我们就会发现：即使在1902年之后的最为活跃和激进的时期，梁启超也从未象康德那样建立起两个完全不可通约的世界，对他而言，天平的两侧总有某种无形的轴心将它们联系在一起。他的调和的性格和他所熟悉的儒学思想引导他处于某种中间地带。作为对于现代文明危机和中国社会困境的思考，梁氏的科学观与严复、章太炎、胡适、陈独秀等人有着重要的区别，他更接近于陆王心学、詹姆士的实用主义以及柏格森、倭铿等欧陆生命哲学的立场。他的最为重要的特点是用一种内在论的方式理解科学认识，从而为科学的发展和文明进化提供道德的视野。这种明确的思想努力在很大程度上是对欧洲战争经验和美国资本主义进行反思的结果。如果说严复为国家建设（state building）、社会建设（society building）以及市场建设（market building）提供了基本方案，那么，梁启超则试图把科学转化为个人或公民建设（individual building or citizen building）的动力。科学及其方法论的内在化满足了"新民"的启蒙目标，提供了把认知与修身相结合的具体途径。梁启超是进化论宇宙观和历史观的最为重要的解释者和宣传者，但他的道德视野在很大程度上改变了进化的途径和标准。

斯宾塞的"一元论迷信"和"宇宙整体"曾经使得威廉·詹姆士感到愤怒，因为这种"一元论"及其整体主义是和他的多元论的个人主义截然对立的,也与整个犹太—基督教传统的某些主要倾向相背。[1]这一区别或多或少说明了严复与梁启超的差别。在关于严复的讨论中,我们已经涉及了他的宇宙论和知识谱系与斯宾塞的联系,而本章所要讨论的梁启超却是詹姆士的热烈的推崇者。当然,用斯宾塞与詹姆士的差别来叙述严复与梁启超的差别仅仅是象征性的,我们也可以在他们对传统思想的选择中找到类似的差异。一个象征性的例子是:严复从朱子的"即物穷理"说出发接近了"西学格致",而对王阳明却持批判立场;梁氏则从早年到晚年都对阳明学深感兴趣,并试图从"知行合一"概念中发现现代科学观的基础。[2]梁启超几乎像严复一样关注中国的制度建设,但他有关制度的思想却更多地建立在德治的构想之中,即如何才能使一种共同体的实践建立在其成员的德性的展现之中。他早年对公羊学的服膺似乎就是这种道德主义的制度观念的表现。这表明:即使在科学思想逐渐在近代中国流行之时,也仍然存在着理解科学的不同方式和据以理解科学的不同资源。

当列文森试图在感情与理智、历史与价值的范畴里寻找梁氏复杂变化的观点背后的不变性或"同一性"时,[3]"同一性"的概念恰恰暗示了他的思想缺乏真正的合乎逻辑的联系和延续性。但张灏已经指出,在许多情况下,传统对于梁启超来说不仅是一种情感,而且也是一种价值。就我的观察来说,梁启超的宇宙论和知识论的某些特征——例如那种内在化的知识视野——几乎贯穿了他那情感丰富、复杂多变、自称"太无成见"[4]的思想历程,并表现在他对中国政治和社会的基本看法和改革设想之中。就这一点而言,我的观点与列文森恰好相反:梁启超的思想是存在着某种同一性的,这种同一性多少是和斯宾塞和詹姆士的那种差别相关的,它不但表现为一种价值或感情,而且还表现为一种观察世界的方法。

---

[1] 本杰明・史华兹:《寻求富强:严复与西方》,叶凤美译,江苏人民出版社,1989,页48。
[2] 参见汪晖:《赛先生在中国的命运》,《学人》丛刊第1辑,江苏文艺出版社,1992。
[3] 参见列文森:《梁启超与中国近代思想》,四川人民出版社,1986。
[4] 梁启超:《清代学术概论》:"启超与康有为最相反之一点,有为太有成见,启超太无成见。"见《梁启超论清学史二种》,上海:复旦大学出版社,1985,页73。

梁氏曾是科学及其宇宙观和方法论的热情宣传者,又曾被陈独秀、胡适等人斥为科学的敌人。[5]就科学概念及其运用而言,梁氏从西方和中国的科学家和哲学家那里都得到了启示。培根、笛卡尔、达尔文、康德、詹姆士、杜威、柏格森同儒家哲学、佛教经典、墨子等中国传统思想和人物共同构成了他对"科学"的阐释基础。更有意义的是,这些思想和人物既是他的"科学"思想的重要源泉,又是他据以遏制"科学"引发的人类危机的思想资料。他的思想变迁的内在逻辑很大程度上就隐藏于他对这些思想传统的选择和解读方式之中。更为重要的是,近代中国几乎没有一个思想家像他那样涉及了那么多的领域,卷入了那么多的社会运动,经历了那么剧烈而复杂的变化,从而他的科学思想遍布于政治、经济、法律、文化和科学等等各个方面。因此,即使从技术上看,要用一章的篇幅探讨他的思想和学术的各个方面也是完全不可能的。我不得不一再地限定我的论述领域,以使论题更为集中,即以他的科学观为描述的线索,探讨他的社会思想的一些主要内含。

梁氏关于"科学"的文章集中分布于三个时期,即1896至1901年,1902至1904年,1918至1927年。这样的时期划分是和他的政治思想和政治生活的变化密切相关的,每个时期都有着表述"科学"的独特概念群。这些概念群与他的政治思想和社会态度的微妙变化存在着紧密的联系,从而对他的科学观的分析也一定会涉及他的思想的其他方面的变化。[6]我的方法是:1.描述梁氏"科学观"的基本概念及其在不同时期的演变过程,分析这些概念之间的相互关系和实际运用;2.研究梁氏"科学观"的基本概念与其东西方来源的关系,在思想学术史的背景上展示这些概念的含义及其演变逻辑。3.阐释梁氏"科学观"的内在逻辑的思想史含义,并对此作出基本估价。纵观他一生的奋斗和追求,我把他的态度归结为一种对于现代性的否定与确认的双重性,即一方面不断地寻求现代性的

---

[5] 参见陈独秀、胡适为《科学与人生观》所作的序文,见该书上册,上海亚东图书馆,1923。

[6] 这三个时期也被看作是《时务报》时期,《清议报》、《新民丛报》时期和学者生涯时期。

各种方案、价值和目标,另一方面又从各种复杂的资源中探讨批判和修正这些方案、价值和目标的可能性。这两个方面并不是孤立地存在于他的思想实践之中,而是相互交织在一起的。因此,对现代性的否定与确认几乎是同时发生的。

第二节 "三代之制"与"诸科之学"
（1896—1901）

1. 公羊学与变法:康有为的影响

梁启超于1887年入广州学海堂研习汉学,但在1890年认识康有为以后,很快中止学海堂的学习,成为康的弟子,并于次年开始在万木草堂断续学习了四年。在那之后的十年间,梁启超的思想深受康有为的影响。梁启超拜师的时刻,也正是康有为自己的思想发生重要转变之后不久。在19世纪80年代的前期,康有为仍然师法宋儒,即使在其后的岁月中,根据梁启超的回忆,康也曾要他的弟子研读历史、宋儒(陆王)和西学。[7]这一经历直到梁启超欧游之后重新回向儒学、特别是阳明学才充分显示出意义。

在19世纪90年代,康氏对梁启超的影响主要在他的公羊学和变法论方面。光绪九年(1883),康有为勤读各种有关历史、制度、音乐、声韵以及地理书籍,转而师法汉儒。五年之后(1888),康氏"发古文经之伪,明今学之正",[8]并于三年后出版《新学伪经考》,公开与理学决

---

[7] 梁启超:《三十自述》,《饮冰室合集·文集》(以下简称《文集》)之十一,页16—17。
[8] 康有为:《康南海自编年谱(外二种)》,光绪十四年(1888),北京:中华书局,1992(下同),页16。

裂。[9]萧公权以《实理公法》、《康子内外篇》都没有使用"公羊"和"礼运"中的名词为据,认为康有为在光绪十四年(1888)之后才信奉公羊学。但按照我对《教学通义》的解读,康有为思想中的公羊因素至少在1886年即已有所表现。光绪十七年(1891),梁启超与陈千秋一道听康有为讲解《公理通》和《大同学》的详细内容,十分着迷,深受影响。[10]在梁启超入万木草堂学习的几年间,康有为得公羊学之助,重新研习儒学经典,分别在光绪十八至二十二年(1892—1896)和光绪二十至二十二年(1894—1896)年间写成《孔子改制考》和《春秋董氏学》,目的是根据公羊春秋学,尤其是董仲舒的《春秋繁露》和《礼记》、《论语》、《孟子》和《荀子》中所说的王制,重建孔子所见的制度。[11]

梁启超的早期知识论的最为重要的特点是将知识问题与制度关联起来。他把"诸科之学"与三代之制紧密地联系在一起,从而古代圣王制度成为理解其"诸科之学"的关键环节。19世纪90年代是梁启超师从康有为的时期,他的思想活动几乎以康有为的变法思想为基本纲领,他对"知识"问题的看法也是康有为及其代表的群体的变法思想的一个组成部分。康有为思想受陆王思想的影响,但却不满意"心学"过分强调个人的道德,而忽略社会制度的探讨。[12]《康南海自编年谱》中自谓早年"酷好周礼,尝贯穿之著《政学通议》",这种对制度的敏感与他的老师朱次琦的"以经世济民为归"的取向相结合,构成了康有为摆脱传统经学、寻求制度层面的革新的一个重要动力。他的"大同之制"、"人类公理"都不是一般玄谈,而是一种制度的设计。康氏转向公羊学的动力既植根于他的学术思想的变化,也联系着明确的社会和政治的目的,因为公羊学之"今学

---

[9] 萧公权:《康有为思想研究》,汪荣祖译,台北:联经出版事业公司,1988(下同),页46。
[10] 萧公权:《康有为思想研究》,页52。
[11] 康有为:"以孔子所制之礼,与三代旧制不同,更与刘歆伪体相反,古今淆乱,莫得折衷,考者甚难,乃刺取古今礼说,立例以括之"。他把是书内容概括为"孔子定说"、"三统说"、"存旧"、"辟伪"、"传谬"等五个方面。《康南海自编年谱(外二种)》,光绪十八年(1892),页20—21。
[12] 萧公权:《康有为思想研究》,页59。

口说,三统大义"是变法的理论的和制度的依据。梁启超在《清代学术概论》中说康有为是用公羊学来变法的第一人,至少符合康氏本人的动机。

为什么康有为之治公羊学不经意"于其书法义例之小节,专求其微言大义,即何休所谓非常异义可怪之论者"?为什么他的《春秋董氏学》和《孔子改制考》独重董仲舒?我在第八章中已经对此做了详尽的分析。塑造"改制"的孔子形象并以古代制度的因革作为"一种政治革命社会改造的"蓝本是康有为的主要动机所在。所谓"通三统"之"三统",意指夏商周三代不同,应该随时因革;所谓"张三世"之"三世",意指据乱世、升平世、太平世,愈改而愈进。梁启超在《读"春秋"界说》中张扬其师说:

> 子曰:"知我者其惟春秋乎!罪我者其惟春秋乎!"夫作春秋,何以见罪?孔子盖逆知后世必有执布衣不当改制之说,而疑孔子之僭妄者,故先自言之也。……孔子改制之说本无可疑,其见于周秦诸子两汉传记者极多,不必遍举……黄梨洲有《明夷待访录》,黄氏之改制也;王船山有《黄书》,有《噩梦》,王氏之改制也;冯林一有《校邠庐抗议》,冯氏之改制也。[13]

康有为用公羊三世说建立了一个进化的历史观念,把现代制度革新的合法性建立在三代之制及其因革关系之中。"《春秋》始于文王,终于尧舜,盖拨乱之治为文王,太平之治为尧舜,孔子之圣意,改制之大义,《公羊》所传之微言第一义也。"[14]具体说来,"尧舜为民主,为太平世,为人道之主,儒者举以为极者也……孔子拨乱升平,托文王以行君主之仁政,尤注意太平,托尧舜以行民主之太平。"[15]康有为把议会制度、男女平等等现代思想贯注到他的春秋三世之义中,他抨击荀学、刘歆和朱子的"假学说"和"假制度",矛头所指就是专制制度。在这种对传统制度学说的批

---

[13] 梁启超:《读"春秋"界说》,《饮冰室合集·文集》之三,页15。
[14] 康有为:《孔子改制考》,北京:中华书局,1988(下同),页285。
[15] 康有为:《孔子改制考》,页283—284。

判中,我们能够体会到一种孟子和心学的道德主义,即制度的设计必须源自主体的道德自觉。

但是,与其说康有为追求的是实现西方的新制度,不如说是要在帝制内部完成制度革新。如果我们把康有为的变法思想放在王朝变法的传统中考察,就不难发现他的变法模式与诸如王安石的新学、新政模式存在许多相似之处。所谓托古改制正是王朝变法的旧途径,而从学制改革进而至于政治和经济制度的革新,更是自古而然。追慕三代、师法先王、先论学制、再论井田,目的是为新政、新法提供合法性。因此,正如"进复古制"对于王安石新学、新政的革新意义一样,在康有为那里,春秋三世之义和孔子所追慕的三代之制就不仅具有形式上的意义,而且还包含具体规范的含义。按照康有为的看法,三世的每一世均对应着相应的政治的制度,而他试图实行于中国的制度革新正是三代之共和。这当然不是说他要照抄三代之制,而是说他要把平等的理想表述为一种古代的制度,进而为当代改制提供楷模。

康有为把孔子的理想和三代的制度的特点归结为"天下为公",其道德的根据是自治的理想。他说:

> 孔子之道,其本在仁,其理在公,其法在平,其制在文,其体在各明名分,用在与时进化。[16]

> 天下为公,一切皆本公理而已。公者,人人如一之谓,无贵贱之分,无贫富之等,无人种之殊,无男女之异。分等殊异,此狭隘之小道页;平等公同,此广大之道页。无所谓君,无所谓国,人人皆教养于公产,而不恃私产,人人即多私产,亦当分之于公产焉,则人无所用其私,何必为权术诈谋以害信义?[17]

---

[16] 康有为:《春秋笔削大义微言考自序》,《康南海文集》卷五,台北:文海出版社,1972,页11—12。

[17] 康有为:《礼运注》,见《孟子微·礼运注·中庸注》,北京:中华书局,1987,页240。

康有为的乌托邦思想植根于儒学的"仁"的理想。梁启超在《南海康先生传》中说:"先生之哲学,博爱派哲学也。先生之论理,以'仁'字为唯一之宗旨。以为世界之所以立,众生之所以生,家国之所以存,礼仪之所以起,无一不本于仁。"[18] 如果"仁"具有把纷争的人类社会结合成为一个和谐的兄弟会的话,那么,它的力量不仅仅来源于单纯的道德力量和抽象的哲学教条,而是以一套制度为依托的。从改制的角度说,天下为公的原则必须以具体的制度来体现。康有为倡导三代之治,但他所尊的制度不是尧、舜、文王的遗制,而是孔子归诸圣王的理想制作。重新解释儒学的谱系是为了重建制度。康有为的弟子欧榘甲据此把康有为的释经、改制的要义作了如下表达:

> 中国之坏,自人心始,人心之芜,自学术始,学术之谬,自六经不明始,六经不明,未有变法之方也;……[19]

中国面临的危机首先被界定为"人心"问题,而制度变革正是从如何才能改变"人心之衰"开始的。

正像康有为一样,梁启超也试图用三代之制容纳各种新的知识和制定相应的变法规划。如果认为这仅仅是为了抵御保守派的批评而做出的权宜之计是不公正的,因为三代之制的框架包含了特殊的理想。像康有为一样,梁启超深信中国必须实行民主与立宪,并逐步形成行政、立法和司法三权分立的局面。但是,他们同时相信中国虽然在实践上落后于西方,但决不意味着孔子的学说和古代的理想制度不包含这些重要的内容。换言之,变法不仅可以远取泰西,而且也应该师法三代。对于梁启超来说,远取泰西和师法三代都可以通过贯彻一种特殊的教育和知识制度来实现。这就涉及晚清教育改革中的"设科"问题,而"设科"问题正是"科

---

[18] 梁启超:《南海康先生传》,《饮冰室合集·文集》之六,页71。
[19] 欧榘甲:《论中国变法必自发明经学始》,《知新报》第三十八册,1897年11月24日(光绪二十三年十一月初一日)。

学"概念得以产生的重要一步,因为"设科"不仅需要形成特定的分类原则,而且还需要用学科制度的方式把这种分类体制化。分类的学科规划与关于新社会的重新结构具有内在的联系。

在1902年之前,梁氏从未正式使用"科学"一词。在他的著述中,这一概念的首次出现是在1902年发表的著作《地理与文明之关系》(1902年2月)一文中。在这篇文章里,梁启超以附注形式把"科学"定义为"成一科之学者谓之科学,如格致诸学是也",[20]显然接受了孔德"分科之学"的概念。在1902年以前,特别是在变法时期,梁启超力主"兴学设科",但各科的分设远较"格致"的涵义广泛,原因在于诸科的设置必须置于三代之制的框架内。在这个意义上,诸科的设置不仅基于知识分类和分科教育的需要,而且也包含了对于社会的结构和功能的解释。在《变法通议·论科举》(1896)一篇中,梁启超要求废除科举,建立新学,即使不能"远法三代,近采泰西",也应"用汉唐之法,多设诸科"。"设科"内容包括:"明经一科","明算一科"、"明字一科"、"明法一科"、"使绝域一科"、"通礼一科"、"技艺一科"(以明"格致制造之理")、"学究一科"……[21]梁启超追慕三代,却没有象宋儒那样贬低汉唐之法,这是因为哪怕稍有现实感的人也会意识到变法的任务带有制度创制的性质,而这种制度不可能完整地体现道德的理想。

上述"诸科"的内容融政治、道德和科学即"政"、"教"、"艺"为一体,这种"诸学"的分科是以什么原则进行的呢?或者,设立"诸科"服从于什么目的?梁启超说:

> 吾今为一言以蔽之曰:变法之本,在育人才;人才之兴,在开学校;学校之立,在变科举;而一切要其大成,在变官制。[22]

梁启超把"育人才"、"开学校"、"变科举"和"变官制"看作是一个连续

---

[20] 梁启超:《地理与文明之关系》,《文集》之十,页113。
[21] 梁启超:《变法通议·论科举》,《文集》之一,页27—28。
[22] 梁启超:《变法通议·论变法不知本原之害》,《文集》之一,页10。

的过程。这显然和他的老师康有为宣讲的"春秋三世之义"若合符契。因此,人才、学校、科举和官制不是漠不相关的问题,而是社会制度设计的必要部分,其核心在人的培养或德性的条件。正由于此,诸科的设置一定也包含特定的结构,梁氏说:"今日之学,当以政学为主义,以艺学为附庸;政学之成较易,艺学之成较难;政学之用较广,艺学之用较狭。"在他看来,知道一点西洋的政治理论是容易的,但真正能够讲求古今中外治天下之道的人则少之又少,倘若"于吾中国之情势政俗未尝通习,则其言也,必窒碍不可行。非不可行也,行之而不知其本,不以其道也。"[23]

2. 三代之制、诸科之学与群的理想

梁启超的教育构想虽然明显地受到现代西方历史的启发,但其根据却与黄宗羲一样,是"三代之制"。用"三代之制"诠释和实践近代的平等主义包含着许多意味深长的含义,其中最为重要的是:变法改制的目的不仅是实现行政和国家制度的现代化,而且还将通过恢复三代的理想创造一种超越现实目标的蓝图。三代之制的理想不仅包含了对君主专制的否定,也包含了对社会财富的公平分配的构想,以及对社会分工和创造力的充分灵活性的想象。这一点与康有为的变法思想基本一致。在康有为的变法计划中,改革的目的不仅是竞逐富强,而且也是全人类共享自由和平等的永久和平。君主立宪不过是变法计划中的一个过渡阶段。[24] 对于梁启超来说,通过制度的民主化而促进中国政治的现代化,必须有一个基本的程序,这个程序本身也可以说就是制度性的。无论他一生中对阳明学如何喜好,他这种对制度的关心与言心言性的理学颇为异趣。

关于"三代之制"的具体内容——如井田问题——至今仍有争议,[25]

---

[23] 梁启超:《变法通议·学校余论》,《文集》之一,页62。
[24] 参见萧公权:《康有为思想研究》,页182—183。
[25] 参看朱执信等著:《井田制度有无之研究》,上海,华通书局,1930。

但人们普遍地相信它体现了古代贵族政治和经济制度的历史内含,在这一点上学术界没有根本的分歧。在进入对梁启超的"学制"构想的分析之前,我们不妨首先讨论"三代之制"在近代历史中是否具有实质性的意义,或者它仅仅是一种正当化的资源这一问题。首先,上古三代(夏、殷、周)之遗制,即井田、封建和学校不仅在明清之际被反复引用,而且也是晚清时代政治和经济变革纲领的依据。它的作用在于为改革提供正当性论证。所谓封建制,如赵翼所说,"自古皆封建,诸侯各君其国,卿大夫亦世其官,成例相沿,视为固然。"[26] 明末以来,"封建论"成为富民阶级要求限制皇权、实行某种程度的地方自治的口号。与这种贵族制相配合的经济制度即井田制。《孟子·滕文公》对夏、商、周三代的授田制的描述为今人提供了窥视井田制的基本材料:"夫仁政必由经界始,经界不正,井地不均,谷禄不平,是故暴君污吏必慢其经界。经界既正,分田制禄,可坐而定也。……方里而井,井九百里。其中为公田,八家私百里,同养公田,公田事毕,然后敢治私事,所以别野人也。此其大略也。"这是一种按照定数分田制禄、实行租税合一的分封授田制。《左传》昭公七年曰:"天子经略,诸侯正封,古之制也。封略之内,何非君土?食土之毛,谁非君臣?"[27] 这进一步表明了这是一种天子支配下的"土地国有制",个人仅仅是土地财产的使用者而不是真正所有者。但在历史的变动之中,这种分封授田制遭到破坏,从而产生新的土地兼并。用王夫之的话说:"三代之国,幅员之狭,直今一县耳。仕者不出于百里之中,而卿大夫之子恒为士,故有世禄者有世田,即其所世营之业也。名为卿大夫,实则今乡里豪族而已。世居其土,世勤其畴,世修其陂池,世治其助耕之氓。……"[28] 井田之制历来聚讼纷纭,汉儒视之为古人致治之本,在儒家的理想中,显然是天下财产可以一时均分的例证,但近人多相信为带有奴隶制特征的经济制度。从王安石新政改革以来,对井田的追慕都包含着反对土地兼并和重新分

---

[26] 赵翼:《廿二史札记》卷二,"汉初布衣将相之局条",北京:中国书店,1987,页21。
[27] 引自杨伯峻编著《春秋左传注》,北京:中华书局,1981,页1283—1284。
[28] 王夫之:《读通鉴论》卷十九,《船山遗书》本,页十六。

配土田的含义。在晚清的语境中,封建和井田制度的讨论体现的是政治制度上要求某种程度的地方自治、经济制度上要求某种程度的平等的意向。

正由于此,尽管革命党人和无政府主义者不可能真正赞成古代遗制,但在反清革命的语境中,却有可能利用其平等和自治的原则。例如胡汉民曾经以"井田制"为根据,提出土地改革的纲领。他说:

> 惟土地国有,则三代井田之制已见其规模,以吾种智所固有者行之于改革政治之时代,必所不难。……至由种种原因而生地主制度……使全国困穷,而资本富厚悉归于地主。……盖专制政府之富,民之贼也,而民权立宪国家之富,犹共产也,夫均地之政至平等尔。[29]

刘师培作为无政府主义者并不赞同"国有"的主张,却建议"尽破贵贱之级,没豪富之田,以土地为国民所共有,斯能真合于至公。"[30]中国同盟会的"平均地权"主张和孙中山的"民生主义"都包含了相近的平等原则。非常明显的是,井田制的示范作用仅仅在于它为平等的土地分配提供了佐证,而这一概念所包含的贵族制的历史含义已经消失。

"封建"概念在明末清初曾经作为对抗专制皇权的议题,其中最为著名的便是顾炎武的《郡县论》。晚清时代,革命党人即曾注意到太平天国时代的地方军事化,以及地方政府的军政和财政权力从中央转向地方的过程,并认为这是中央集权的地方分权之始。[31]黄遵宪在一次演讲中说:

> 所求于诸君者,自治其身、自治其乡而已矣。某利当兴,某弊当

---

[29] 胡汉民:《民报之六大主义》,《民报》第3号。
[30] 刘师培:《悲佃篇》,《民报》第15号。
[31] 汪兆铭:《满洲立宪与国民革命》,《民报》第8号。

革,学校当变,水利当筹,商务当兴,农事当修,工业当劝,捕盗当讲求。……诸君诸君,能任此事,则官民上下,同心同德,以联合之力,收群谋之益,生于其乡,无不相习,不久任之患,得封建世家之利,而去郡县专政之弊。由一府一县推之一省,由一省推之天下,可以追共和之郅治,臻大同之盛轨。[32]

事实上,辛亥革命前后的地方自治运动涉及政治、经济、军事的独立,以及地方议会的产生等各个方面,辛亥革命后的联邦共和制政体和联省自治运动,都可以看作是明清两朝有关封建和郡县之争的现代延续。[33]代表贵族制的"封建"概念在这里已经转化为通过地方分权以限制中央集权的命题。正如希腊民主制度为现代民主提供了典范一样,三代之制也为现代中国的改革和革命提供了资源。

在戊戌变法时期,"学校"改革一方面被看作是实践古代遗训,另一方面也被理解为政治变革的先导。以学校对抗科举本来是宋明理学中的一个重要的理想,清初黄宗羲的《明夷待访录》明确地把学制与皇权对立起来,把学校理解为公其是非的机关。"学校,所以养士也。然古之圣王,其意不仅此也,必使治天下之具皆出于学校,而后设学校之意始备。……盖使朝廷之士,闾阎之细,渐摩濡染,莫不有诗书宽大之气,天子之所是未必是,天子之所非未必非,天子亦遂不敢自为非是,而公其非是于学校。是故养士为学校之一事,而学校不仅为养士而设也。"[34]康有为在他的早期著作《教学通义》中,"上推唐、虞,中述周、孔,下称朱子,明教学之分,别师儒官学之

---

[32] 黄遵宪:《黄公度廉访南学会第一、二次讲义》,《湘报》1898年3月11日第五号(光绪二十四年二月十九日)。
[33] 封建概念在新文化运动之后普遍地与宗法制概念一道被激烈地批判。然而,正如沟口雄三教授已经指出的,"'封建'一词在中国,从明末清初到清末,作为包含反皇帝专制与要求地方自治的概念,毋宁说是一个积极的概念。而由于内有军阀得势、外有列强干涉的复杂的历史推移,一时兴起的地方自治与地方分权化的动向很不成熟,毋宁说是反过来收束于官僚制的中央集权国家。这一点有必要引起我们的注意。"《中国的思想》,北京:中国社会科学出版社,1995,页118。
[34] 黄宗羲:《明夷待访录》,《黄宗羲全集》,第一册,页10。

条,举'六艺'之意,统而贯之,条而理之,反古复始,创法立制",试图公学、私学兼而有之,道德、技艺双修,以"六艺"为古凡民之通学,而非"士"这一阶层之专能。[35]梁启超的学校构想与此极为相近,只是多了几分公羊学的色彩。他师法康有为的历史观和改革论说:"世界之运,由乱而进于平,胜败之原,由力而趋于智,故言自强于今日,以开民智为第一义。"[36]既然"智"开于"学","学"立于"教",因而以"育人才"、"开民智"为直接目的的"学校"实际上是"变法"、"自强"的政治运动的一部分。隋唐以降只有考试制度,而没有系统的教育制度,因而梁启超与宋代以降的许多儒学先辈一样认为急需在全国范围——从京师至乡村——恢复古代的学校制度。对于学校及其知识制度的构想,体现的是变法的最终理想。如果说井田和封建概念对于近代社会变革方案曾经有过指导作用,那么,梁启超以恢复"三代之学制"的姿态倡导教育改革,就不能简单地看作是对欧洲或日本的现代教育体制的抄袭,而是包含了特定的文化内容的。

首先,恢复"三代之学制"的理念不仅是对科举制度的批判和否定,而且也包含了对现代职业化教育的反省。这表明梁氏的改革目标虽然包含了特定的政治内含,但不仅仅是"现代的"。它不是以"知识"的授受为中心,而是以"育人"为中心。梁启超批判了那种把学校当作"智识贩卖所"的办学方针,强调"诸科之学"是以"人"的合理结构(全面发展)为准则的。这种涵括"教"、"政"、"艺"的"诸学"只是在"艺"的层面直接关涉科学、技术和工艺。这种完整的设置为"艺"规定了政治的和道德的目的。事实上,梁氏教育思想的核心是陆王学派的养性论,知识和智力的教育必须以道德教育为指导。[37]正是在这一意义上,梁氏称他所谓"学校"系指"家有塾,党有庠,术有序,国有学"的"三代"之"学校之制",因为"三代之学制"把"教"、"政"、"艺"完美地实现于人生的各个阶段,从而造成了一种和谐的社会。[38]梁启超满怀憧

---

[35] 康有为:《教学通义》,《康有为全集》(一),页81,90。
[36] 梁启超:《变法通议》,《文集》之一,页14。
[37] 梁启超:《读书分月课程》,《饮冰室合集·专集》(以下简称《专集》)之六十九,页3。
[38] 梁启超:《变法通议·论科举》,《文集》之一,页21。

憬之情地描述道：

> 学校之制，惟吾三代为最备。家有塾，党有庠，术有序，国有学，立学之等也。八岁入小学，十五而就大学，入学之年也。六年教之数与方名，九年教之数日，十年学书计，十有三年学乐诵诗，成童学射御，二十学礼，受学之序也。比年入学，中年考校，以离经辨志为始事，以知类通达为大成，课学之程也。……故使一国之内，无一人不受教，无一人不知学。兔罝之野人，可以备干城，小戎之女子，可以敌王忾，贩牛之郑商，可以退敌师，斫轮之齐工，可以语治道。听舆人之诵，可以定霸，采乡校之议，可以闻政，举国之人，与国为体，填城溢野，无非人才，所谓以天下之目视，以天下之耳听，以天下之虑虑，三代盛强盖以此也。[39]

"三代之学制"在这里被描述为天下万众一心、与国一体的状态，但这种团体主义似乎也内在地包含了平等权利的可能性。这不仅表现在每个人都有受教育的权利，而且也表现在无论男女或其他社会身份，人人都可以担当军事、政治、经济的工作，从而这些职业分类不再是把社会加以等级化并导致社会分化的方式。政治权力、军事权力不是某些人或阶级的特权，而是一种平等权利。换言之，社会的动员和组织不是依靠强制性的制度实施，而是源自一种社会的平等与和谐的关系，它势必建立在一种有关共同体成员的责任和德性的前提之上。"三代"的道德理想不是抽象的教条，它的道德客观性也不是源自例如天理这样的形而上观念或上帝的绝对命令，而是以一种社会的平等制度和灵活的功能分配为依托的。平等不是一种抽象的价值，而是一种制度的构想。

教育的普遍性预设了政治和其他社会权利和社会责任的普遍性。在这个意义上，"三代之学制"既为政治制度的改革提供了理论上的依据，

---

[39] 梁启超：《变法通议·学校总论》，《文集》之一，页14—15。

也为这种变革提供了最终的方向和某种渐进的途径。需要提及的是,康有为、梁启超的改革设想之一是实行地方自治。他们认为民主政府是建立在地方自治的基础之上的,而地方自治既需要民众的参与,又需要民众自身的准备。这就是康有为所谓"地方之治,皆起于民"的理论构想。"三代之学校"的构想是与从基层开始实施人民参政的变法构想完全一致的,它是在新的历史条件下对于今文经学的封建传统的再阐释。"三代之制"一方面论证了人民直接参与地方政治和国家政治的正当性和必要性,另一方面它所设想的教育程序为这种民众的地方政治参与积累了"人"的资源。[40]

诉诸三代之制,以建立一种从基层到天下国家的学制,这是自王安石以来的一种"变法理想"。这一理想的核心不仅是为国家变革培育人才,而且是通过这种普遍的学制达到"道德一于上,习俗成于下"的功效。[41]对于康、梁来说,这一理想的特征更在于"学"的由基层而至国家(由下至上)的结构所体现出的社会自治原则。一般而言,地方自治原则包含了两重内容:首先是居民自治原则,即地方事务由居民意志决定,居民对地方行政管理具有自主的且有效的管理权和监督权;其次是团体自治,即形

---

[40] 康、梁都认为权力需要下放,但中国面临的问题又恰恰是中国人的政治准备匮乏。如1898年,康有为的门人麦孟华在京师内外传闻民权之说时,发表了这样的感想:"中国之民未能自事其事,即不能自有其权,未能事事而畀以权,则权不再秀民,而在莠民。"麦孟华:《论中国宜尊君权抑民权》,翦伯赞等编:《戊戌变法》,第3册,上海:上海人民出版社,1957,页13。

[41] 如王安石《临川先生文集》卷三九《上仁宗皇帝言事书》追述古代的学制说:"古者,天子诸侯,自国至于乡党皆有学,博置教导之官而严其选。朝廷礼乐刑政之事皆在于学。士所观而习者,皆先王之法言德行,治天下之意,其材亦可以为天下国家之用。苟不可以为天下国家之用则不教也。苟可以为天下国家之用者,则无不在于学。"王安石改革科举制度和学校制度包含了制度的方面和内容的方面。他改组太学和地方学校,在中央设立太学内外上舍,在地方积极设立地方学校,撤换不称职的师资,改派了一批经过遴选的师资;同时,设置改变科举,用经义和论策试士,废除诗赋取士和烦琐的记诵传注经学;设置经义局,训释《诗》、《书》和《周礼》三经义,并编纂《字说》,为新法提供理论根据。关于王安石的改制内容,参见侯外庐:《中国思想通史》第四卷上册,页434—441。

成以地域或行会为基础的公共自治团体。[42]康有为、梁启超从学制问题进入对于地方自治的思考自然还包含着对于"人"的一种设计,即这种自治是建立在"人"的培育或德性的培育的基础之上。这一构想与他们对"群"概念的阐释具有重要的联系。

"群"的原则对梁启超的影响不限于戊戌变法时期。例如,梁启超在戊戌变法之后曾经用"群"概念指称学校、学会、商会、国会等社会组织,而这些组织的功能之一就是实行自治,进而成为民主制度的基础。他在《商会议》中就曾说:

> 商会者何,欲采泰西地方自治之政体,以行于海外各埠也。西人论国之政体有二端,一曰中央集权,二曰地方自治。中央集权者,一国之有政府,综揽国之大事,整齐而划一是也。地方自治者,每府每州每县每乡每埠,各合其力,以办其本府本州本县本乡本埠所应办之事也。……大抵其地方自治之力愈厚者,则其国基愈巩固,而国民愈文明。何以故?盖国也者,积民而成者也。……地方自治者,民生自然之理也。[43]

地方自治的形式表达的是一种非形式化的政治形式,它要求人民自身的自治能力。下面引述的是一段梁启超描述地方自治的文字,如果与前引"三代之学制"的文字作一比较,我们不难发现两者之间的某些相似或相关性:

> ……每一乡必有乡社,有事集绅耆而议之,一地方之议会也。议定则交里长而行之,一地方自置之行政官也。乡间有讼狱,非大事不入公堂,惟控诉于绅耆而决之,一地方之裁判也。乡中应办之事需财

---

[42] 参看华伟、于鸣超:《我国行政区划改革的初步构想》,《战略与管理》1997年第6期(总25期),页2—3。
[43] 梁启超:《商会议》,《文集》之四,页1。

力者,则集乡人而共科课之,一地方之租税也。有警则各乡自办团练,一地方之兵制也。其市集之地,每一街有一街之坊约焉,即一街之自治也。每一行有一行之会馆焉,即一行之自治也。然则吾中国于地方自治之制,实已与西国暗合。[44]

地方自治的这种因地制宜、因人制宜的方式,与梁启超更为理想化地描述的学校之制的相似或相通之处是不难体会的。梁启超在这篇《商会议》中就曾明确地把"广兴教学"、"革除恶俗"以及"恤救患难"、"便利交通"作为伸张民权、实行变法的前提。[45]不过,梁氏在政治层面提及的地方自治基本上是以地方乡绅为主体的自治共同体为基础的,而他的学制构想则包含了更为广泛的"民治"设想。如果说前者直承他自己推重的黄宗羲的"分治"模式,那么,后者则包含了更为接近于社会主义的社会理念。

学校与宪政的关系在清末民初也有更为明确的表述。1905年清政府派遣端方等五大臣出洋之时,梁启超曾经参照上海自治体制和自治运动的成果,为之起草宪政报告,康有为则放弃了他早期认为中国人民尚未为立宪参政作好准备的看法,主张立即立宪。在《海外亚美欧非澳五洲二百埠中华宪政会侨民公上请愿书》(1907)中,康有为为了论证宪政的必要性,同时说明了"学校"与宪政准备之关系:

在明诏已许行矣。所以迟迟者,或疑于民智未开,资格未至耳。夫以中国之大,四万万人之众,学校之盛,当讲求新学之殷,通于中外之彦,殆不可数计,而谓区区数百议员,竟无此资格之人才,此不独厚诬中国,自贬人才……欲定宪法之宜否,与其派一二不通语文之大臣,游历考察,不如全国会之民献千数百英彦之才,而公定之。[46]

---

[44] 同上,页1。
[45] 同上,页4—6。
[46] 康有为:《海外亚美欧非澳五洲二百埠中华宪政侨民公上请愿书》,《不忍》,四期,1913年5月,页3—4。

康有为的上述阐释已经是1907年的事情,他在戊戌变法时期还认为中国人民尚未做好立宪的准备。但在他的思考中,学校与宪政、特别是人民的普遍参与的关系却是十分清楚的。他的弟子梁启超持有相同的看法。康有为所谓"四万万之众"的概念是超越了乡绅或士绅共同体的范畴的。

"三代之制"与地方自治的关系不仅是康、梁等人的想法,也是戊戌变法至辛亥革命时期不同政治派别的共同观点之一。这些政治构想构成了晚清共和主义思想的基本内容和前提。值得注意的是,清朝政府与革命党人都对地方自治感兴趣,这使得地方自治这一命题的含义变得不那么单纯。清朝筹备立宪的内容明确地包含地方自治的构想,例如1907年清政府下令民政部"妥拟自治章程",10月通谕各省督抚在省会速设咨议局,同时筹划各府州县议事会。1908年8月,清廷批准颁布宪政编查馆拟定的预备立宪逐年筹备事宜清单,安排了地方自治的具体步骤:第一年颁布城镇乡地方自治章程;第二年筹办城镇乡地方自治,设立地方自治研究所,颁布厅州县地方自治章程;第三年至第五年筹办、续办城镇乡地方自治和厅州县地方自治;第六年城镇乡地方自治一律成立;第七年厅州县地方自治一律成立。1909至1910年间,清廷先后颁布了《城镇乡地方自治章程》和《京师地方自治章程》、《府厅州县地方自治章程》,确立了把地方自治作为立宪的根本、城镇乡为自治的初基的原则。[47]

与此相应,孙中山在辛亥革命之后多次谈及中国的政治秩序的关键在于地方自治,地方政府是国家的基石,而户口、道路和学校是所有地方自治政府必须关注的事情。直至1924年春天,他在《建国大纲》中又一次提出以县为基本单位的地方自治政府在由"军政"转向"宪政"的过程中具有重要性。在所谓"训政时期",政府必须派遣经过考试认为合格的人员到各县协助人民筹备自治。[48]值得注意的是,《建国大纲》所提的"训政时期"包含了对于中国人民的一种基本估计,即他们需要经过一个

---

[47] 均见华伟、于鸣超:《我国行政区划改革的初步构想》,《战略与管理》,1997年6期(总25期),页3。

[48] 参见萧公权:《康有为思想研究》,页211—212。

特殊的训练的过程才能进入宪政时期。但是,在戊戌变法时期,为了要求变法,孙文也曾用三代之制来评价中国人民的政治参与能力。在1897年与宫岐寅藏等日本朋友的谈话中,孙文说:

> 人或云共和政体不适支那之野蛮国,此不谅情势之言耳。共和者,我国治世之神髓,先哲之遗业也……不知三代之治,实能得共和之神髓而行之者也……试观僻地荒村,举无有浴政〔清〕虏之恶棍……皆自治之民也。[49]

梁启超的"三代之学制"以及地方自治构想是晚清思潮的一个表征,但对他来说,长幼有序、天下为"公"的"三代之学制"并不只是政治改革的蓝本,而且也是在"政"、"教"、"艺"三方面均衡发展的"人才"的有序结合。这种结合被称之为"群"。"三代之制"把整个社会变成了"学校",它既是达到理想社会的方法即"群术",又是理想本身。"群"的概念在这一时期的中国思想界十分流行,但各个思想家对这一概念的解释也有所不同。"举国之人,与国为体"的说法标明"三代之制"内含着国家主义的内容,但这种国家主义并非主张强权,毋宁是通过一套受学的程序而自然形成一套平等的、富有弹性的秩序。事实上,"三代之学制"的重心不在国家而在通过"人"的培养而自然形成的"群"的自治,我们很难用国家主义的观念来表述这种带有浓厚儒学色彩的"群治"。

正由于此,"群"的概念不能简单地等同于国家或社会的概念。根据梁氏在许多场合对这一概念的解说,我们可以对他的"群"概念作出如下解说。第一,"群"是"不学而知不虑而能"的"天下之公理"和"万物之公性",亦即宇宙万有的先验本质和最高原则。从内容上说,它不是一国一家一姓的"公理",而是"天下"、"万物"的"公性",它为人与自然、天下与

---

[49] 孙文:《中国必先革命而后能达共和主义》,《孙中山全集》第一卷,北京:中华书局,1981,页172—173。

国家、天下与个人、国家与国家、国家与个人、个人与个人的相互关系规定了普遍法则。因此,"群"既是必然之理,又是必须之则,是自然之理与道德之理的合一。第二,作为一种普遍的法则,"群"在政治和道德的各个层面规定了善恶的标准,所谓"道莫善于群,莫不善于独"——作为"群"的对立面,"独"也被表述为"己"、"私"的概念,所谓"人人皆知有己,不知有天下","君私其府,官私其爵,农私其畴,工私其业,…家私其肥,宗私其族……师私其教,士私其学"。[50]这不仅表明"公/私"、"群/己"之别是遍及社会各领域的绝对对立,是善恶所由分,是非所以立,而且也说明"独"和"私"的范畴意味着某种社会职业和社会身份的垄断。与这种凝固化的社会等级制相反的,就是"群",就是"三代之制"的理想,即把社会身份、社会职业转化成为一种具有公共性身份,而这种公共性身份又能够直接表达主体的道德自觉。第三,为了避免误解,梁氏还步严复之后尘,区分了"蝗螽蜂蚁之群"与"人道之群"亦即"形质之群"与"心智之群"。更准确地说,这两种群体的划分的基本标准是他们是否能够自我组织。按照康有为"以群为体,以变为用"的变法原则,梁氏借助"心智之群"的概念引入的却是"议院"("国群")、"公司"("商群")、"学会"("士群"),[51]换言之,"群"概念的政治内含在于用特定的组织形式把中国人组成为一个政治实体,而这一切都有赖于"学"。"群"与"学"的这种内在关系的核心在于,社会组织不应该是一种强制性的、外在于人民自身的组织,而是一种人民自治的形式。这种自治形式建立在人民的道德能力之上。透过"教"、"政"、"艺"一体的"诸科之学"和"以群为体,以变为用"的原则,我们清楚地看到了"学"的功能和目的是使人能"群":在人与自然、天下、国、家以及自身的关系中达到普遍和谐,换言之,"学"必须服从于以"群"为内容的道德政治理想,所谓"知识贵群也。是故横尽虚空竖尽劫,劫大至莫载,小至莫破,苟属有体积有觉运之物,其所以生而

---

[50] 梁启超:《说群序》,《文集》之二,页4。
[51] 梁启超:《变法通议·论学会》,《文集》之一,页31;《说群序》,《文集》之二,页3。

不灭存而不毁者,则咸恃合群为第一义。"[52]

如果"三代之制"的核心是"群",那么,作为"万物之公性"和"天下之公理"的"群"也是知识的本质与目的。梁氏按照"政"、"教"、"艺"(或"学")的结构来引进西学,目的在于构筑一种能够符合或达到"群性"的知识谱系。因此,"群"的理念决定了梁启超知识谱系的分类原则。在1896年所作的《西学书目表》[53]及其序例[54]中,西学被分为三类:"学"类含声光化电等自然科学,"政"类含史志及各种政治法律及社会行业的制度,"杂"类含报章、格致、游记等等。梁氏把"诸学"作为直接关涉"政"、"教"的"群术",因而反对将诸学"强为分类"。他说:

> 凡一切政皆出于学,则政与学不能分,非通群学不能成一学,非合遮政不能举一政,则某学某政之各门,不能分。[55]

按照这种"整体观"的看法,诸学之别只是层次性的,而非类属性的。区别各种知识的标准是抽象性的程度或者实证性的程度,这当然是接受实证主义科学概念的结果。但是,实证主义的观念在这里已经被组织到对于"群"的理解之中。所谓"先虚而后实,盖有形有质之学,皆从无形无质而生也",对于"政"事诸书,更须以"群"的范围、程度为准则。[56]正由于"以群为体",对西学的引入才不应被解释成"舍中学而言西学"的"无本"之学;[57]换言之,"西学"与"三代之学"的内容不一,但结构与归趋

---

[52] 梁启超:《说群一·群理一》(1897),《文集》之二,页5。
[53] 上海时务报馆石印线装一册(光绪二十二年),北京图书馆藏《质学丛书》册八至册九收入此书。
[54] 梁启超:《"西学书目表"序例》,《文集》之一,页122—126。
[55] 梁启超:《"西学书目表"序例》,《文集》之一,页123。
[56] 《"西学书目表"序例》:"盖有形有质之学,皆从无形无质而生也。故算学重学为首,电化声光汽等次之,天地人物等次之,医学图学全属人事,故居末焉。西政之属,以通知四国为第一义,故史志居首,官制学校政所自出,故次之,法律所以治天下,故次之,能富而后能强,故农矿工商次之,而兵居末焉……"《文集》之一,页124。
[57] 《西学书目表后序》,《文集》之一,页129。

却是一致的。

"群"概念在梁启超知识论和制度论中具有中心地位,这表明他的思想的核心部分始终是共同体观念及其在道德上的优先性。在著名的《十种德性相反相成义》中,他排列出独立与合群、自由与制裁、自信与虚心、利己与爱他、破坏与成立等各项德性的对立,但是这些德性明显地服从于一个更高的德性,那就是共同体的德性。最近二十年来,似乎不断有人认为这种对于"群"的重视构成了对自由主义原理的误解,因为把"群"的德性置于个人独立和自由之上很可能是中国专制主义的起源。他们根据对于个人主义的一种"原子论"的理解,拒绝承认个人及其权利是社会交往关系的结果。这种批判的准则,即使按照哈耶克的看法,也不过是一种伪自由主义,因为他的"真正的个人主义"主要是一种旨理解那些决定人类社会生活的力量的社会理论;其次,它是一套源于这种社会观的政治行为规范。这一事实本身就足以驳倒那种最愚蠢的一般误解,即认为个人主义当然以孤立的或自足的个人的存在为先决条件。[58] 但不幸的是,许多人正是根据那种原子论的个人主义来批判梁启超的观点,似乎梁启超真的把社会整体理解为自成一体的存在,并且独立于构成社会的个人之外。这种看似有理的解释不仅在理论上是简陋的,而且也是对梁启超思想的歪曲。

首先,梁启超在这篇文章中把个人的独立看成是"大群"的前提,这一看法恰恰建立在他对中国古代的地方自治传统的理解之上。梁氏说:

> 合群云者,合多数之独而成群也。……吾中国谓之为无群乎,彼固庞然四百兆人经数千年聚族而居者也。不宁惟是,其地方自治之发达颇早,各省中所含小群无数也。……然终不免一盘散沙之诮者,则以无合群之德故也。合群之德者,以一身对于一群,常肯绌身而就群;以小群对于大群,常肯绌小群而就大群。夫然后能合内部固

---

[58] F. A. 哈耶克:《个人主义与经济秩序》,贾湛、文跃然译,北京:北京经济学院出版社,1989,页6。

有之群,以敌外部来侵之群。乃我中国之现状,则有异于是矣。[59]

梁启超的"合群"论一方面强调的是个人的独立,另一方面是强调超越"小群"而就"大群",其现实的动机是针对会党林立的局面而要求把这些力量组织到国家的民族主义之中。梁启超的地方自治观念在这里与新的国家认同有着内在联系。

梁启超对共同体道德的关注是和他对共和主义的理解密切相关的,这在他的《新民丛报》时期所写的有关共和政治的政论中可以得到明确的证据。那么,这种对共同体观念的优先性的强调是否是一种专制主义呢?这种民族主义是不是与民主政体或共和政治截然对立呢?这也涉及对欧洲民族主义和共和主义的理解。梁启超的"群"的概念融合了儒学的传统与近代欧洲思想的要素,这一概念与井田、封建、学校的政治构想的联系已如前述。现在我从另一不同的方向简略地讨论欧洲传统中的共和主义和民族主义的关系。民族运动的榜样一直都是法国大革命中产生的共和政体的民族国家,在这个意义上的民族主义是指具有相同历史命运的民众把自己看作是拥有相同种族、相同语言的集体。他们的认同不仅表现为出身相同,也表现为他们都是具有政治行为能力的国家公民。[60]因此,共和主义代表着一种旨在部分地恢复麦金太尔称之为古典传统的东西,因为"18世纪共和主义是一项……恢复有德性的共同体的运动。可是共和主义所体现的这项运动,在其表达方式上,所继承的是来自于罗马而不是从希腊源头并且是通过中世纪的意大利的共和政体流传下来的东西。……这个传统的核心所在乃是公共利益(善)的观念。这个观念在特征上既先于又独立于个人欲望和利益的总和,个人的德性(virtue)不多不少只是让公共利益为个人行为提供标准。各种德性

---

[59] 梁启超:《十种德性相反相成义》,原载1901年6月16日、7月6日《清议报》第82、84册,见《文集》之五,页44。

[60] See J. Habermas, "Struggles for Recognition in the Democratic Constitutional State," *in Multiculturalism: Examining the Politics of Recognition*, edited with an introduction by Amy Gutmann (Princeton, N. J.: Princeton University Press, 1994), p. 118.

(virtues)乃是那些维持那种绝对忠诚的各种气质。因而共和主义跟斯多亚主义一样,把德性(virtue)放在首要位置而把各种德性(virtues)放在第二位。"[61]

共和主义作为一个古典传统曾经是与国家的和教会的绝对专制主义相并存的,但"它并没有由于那些国家的和教会的绝对专制主义的庇护而受到损害。……相比之下,共和主义从中世纪和文艺复兴时期共和政体的体制中继承了那种对于平等的热衷。"按照布鲁克(Gene Brucker)的看法,团体精神根本上就是平等主义的,它甚至可以被看作是行会、政治团体等后来被称为市民社会的道德基础,也是共和主义的正义概念的缘由。[62]包括J. L. 塔尔蒙、以赛亚·柏林和丹尼尔·贝尔等作者都在共和主义对公德的尊奉中发现了极权主义甚至恐怖的起源,这也就是中国的作者们从晚清"合群"观念中找到同样性质的东西的理论根据。然而,正如麦金太尔所作的反驳那样,对德性的任何尊奉是如此有力,以致它本身就会有极为巨大的作用。所以,"与其说对德性的尊奉本身,还不如说对德性的尊奉得以在政治上制度化的方式,引起了一些至少是尊奉者们所憎恶的后果。事实上,大多数现代极权主义和恐怖跟德性尊奉毫不相干。因此,……18世纪共和主义对道德的忠诚是一种比这些著作家所认为的更为严肃的要求。"这种极权主义垮台的真正教训毋宁是:"当你试图重新创造的那种道德表达方式一方面与普通大众不相容,另一方面又与知识精英格格不入时,你不能希望在全民族范围内重塑道德。"[63]梁启超对"群"及其道德基础的尊奉同样如此,他本人在袁世凯帝制运动中的行为深刻地表明了这一点。以恐怖方式将道德强加于人既不是共和主义、

---

[61] MacIntyre, *After Virtue*, pp. 236-237,中译本《德性之后》,页298。按中译本中对单数德性(virtue)和复数德性(virtues)有一注释,有益于我们对此问题的理解:"德性(virtue)与各种德性(virtues)的区别在于,前者指这个时代的思想家尤其是共和主义者所强调的与公共利益相关的公民德性(Civil Virtue)或公共德性(Public Virtue),后者是从古代和中世纪继承下来的德性,这些德性仅与个人生活相关。"

[62] 《德性之后》,页298—299。

[63] 同上,页299—300。

也不是梁启超设想的那种地方自治运动的特征,从而也不可能是他的"群"概念的直接后果。不了解这一点,我们就不能了解他在20世纪20年代对现代社会及其制度形式所作的道德评价,也不能理解他在戊戌变法时期对自治团体的推广和宣传。

就我的论题而言,讨论"群"概念的政治含义的目的,是了解梁氏所设想的知识谱系及其制度方式的政治/道德含义。(我在这里用"政治/道德含义"而不用"政治的和道德的含义",旨在表明梁启超的政治观与他的道德观乃是同一个东西,因而不存在政治领域和道德领域的截然划分)以下的讨论将表明,这种含义对于理解他的"科学方法"同样具有重要意义。

3. 认知与修身:作为道德实践的科学方法

假定"三代之学制"是以"群"或"公"为中心建立起来的知识制度,那么,它还需要在各种知识门类中贯彻一种认识方法,从而保证知识的获取不致偏离"群"或"公"的理念所规定的道德轨道。如何才能保障这一点呢？唯一的途径就是把认知活动转化为道德实践或修身的方法。这样,传统的格物致知论的内在逻辑便在梁启超构想的普遍适用的科学方法中重新呈现了。值得注意的是,由于"群"和"公"的概念都是在公羊三世说的框架中加以解说的,因而它虽然涉及了诸如国会、商会、学会等现代社会的组织形态,但"群"或"公"概念却并不就是民族国家概念。"国群"与"天下群"在这一概念中是相互渗透的。直到1902年梁启超撰写《新民说》时,"群"概念与民族国家的关系才明确起来,那时他放弃了关于太平世天下一统的理念。换言之,"群"概念向民族国家理念的转变需要新的世界秩序观的支持,这种秩序观与公羊三世说的天下概念及其世界图景是非常不同的。关于这一点,张灏的下述结论非常准确:"1902年新民理想形成的意义并不局限在一个成熟的民族国家思想的出现,它还表达了一种新的世界秩序观,这种新的世界秩序观透露了为中国人所久已认识但从未接受的政治现实的意义和关系。"[64]在这个新的世界秩序的图景中,种族、肤色、生存竞争以及历史问题逐渐地进入中心的位置,群概念与种族主义问题产生了新的联系。[65]

但是,在1890年代,"群"概念的道德性质仍然居于核心地位。梁启超认为,知识的目标是"群"和"公"的理想,而"群"、"公"总是为"己"、"私"所遮蔽,那么,对客观规律(公理)的科学发现在方法上就是摒除"私"见的过程。如果用理学的术语来表述,对世界的科学认识也即"存天理去人欲"或"去私存公"。在理学家那里,"天理"与"人欲"之分也就是公私之分,王阳明说"去得人欲,便识天理"(《传习录上》),而天理即良知,因此以"去私"为途径达到"天理"的过程又与人的"灵明之觉"联为一体。梁氏利用佛教的术语来表达科学认识与"公私"的关系,[66]但其内在逻辑无疑植根于理学的修身论,特别是格物致知论。

---

[64] 张灏说:"梁服膺民族国家理想得到了以社会达尔文主义为核心的新的世界秩序观的支持。在考虑到传统的中国世界秩序观是由儒家士绅设计出来的时候,一般必须区分两个层次。就哲学层次来说,支配中国人世界秩序观的是天下大同的乌托邦理想,正如王阳明所说的天下一家。但就政治层次或一般层次来说,中国人的世界秩序观为中国中心论的意象所支配,在中国中心论的意象中,中国被设想为由无数不同类型的附属国围绕的世界中心。不管这两个层次之间有多大的差异,它们的共同之处,即是大一统的理想,在前者为天下一统,在后者为有等级的一统。""晚清思想的一个有趣特征是,在力图适应因西方扩张而形成的新世界现实中,在一些中国士绅身上出现了一种求助于天下大同哲学观的明显趋向。……到19世纪末梁成为思想舞台上的重要人物的时候,阻止他承认国家为'最上之团体'的,不是早已被西方扩张击碎的中国中心论的世界观,而是天下大同的道德观。"参见张灏:《梁启超与中国思想的过渡(1890—1907)》,页111—113。

[65] 在《新民说》中,他甚至勾勒出一幅等级化的种族图景:"由此观之,则今日世界上最优胜之民族可以知矣。五色人相比较,白人最优。以白人相比较,条顿人最优。以条顿人相比较,盎格鲁撒克逊人最优。此非吾趋势利之言也,天演界无可逃避之公例实如是也。"《新民说》,《饮冰室合集·专集》之四,页9。

[66] 据孙仲愚《日益斋日记》载,梁启超、谭嗣同等人于1896年"纵谈近日格致之学多暗合佛理,人始尊重佛书,而格致遂与佛教并行于世。"见《梁启超年谱长编》,丁文江、赵丰田编,上海:上海人民出版社,1983,页57。

在1900年写作的《自由书》的《惟心》、《慧观》两篇中,梁氏引述佛教唯识宗的观点,指出"境者心造也,一切物境皆虚幻,惟心所造之境为真实",意思是说人们把对世界的认识等同于世界本身,所谓"知有物而不知有我,谓之我为物役,亦名曰心中之奴隶"。因此,不仅对世界的认识需要破除自我的幻觉,而且唯有去除了"物役"或"心中之奴隶"的"我"才是真正的"我"[67]——去除了"人欲"或"私"的"灵明之觉"。梁氏所描述的认识过程显然预设了宇宙万象中包含了统一的"理",从而有可能从一物之理推出普遍的理。这就如理学家所谓"观物"或"以物观物"而能尽于道一样。例如,北宋道学的代表人物之一邵雍就说:

> 夫所以谓之观物者,非以目观之也。非观之以目,而观之以心也,非观之以心,而观之以理也。……圣人之所以能一万物之情者,谓其圣人之能反观也。所以谓之反观者,不以我观物也。不以我观物者,以物观物之谓也。[68]

换言之,对"物理"的认识取决于特定的认识方法,这种认识方法必须保证人能够以物观物,亦即所谓"不我物,则能物物。"那么,什么才是以物观物呢?按照理学的观点就是:自我不能局限于单一的经验存在的层面,而必须超越这种存在成为一个与宇宙合一的认识主体。这一过程不仅是一个认识过程,而且也是成圣的过程。在这个意义上,梁启超的科学认识方式保留了理学修身论的深刻印记。

梁氏标举"三界惟心",独重主观,但实际上却是要在"观察"世界时超越和摒除一己之私见,以达到对"公性"、"公理"的认识。这里既包含了对客观世界的"理"的预设,也包含了对主体认识世界和把握世界的能

---

[67] 梁启超:《自由书·惟心》,《专集》之二,页46。
[68] 邵雍:《观物内篇》,见《道藏》本《观物篇》,上海:上海古籍出版社,1992年影印,页23—24。

第九章 道德实践的向度与公理的内在化　　953

力的肯定；这种能力是建立在天道论的基础之上的。在《慧观》中，梁氏举牛顿、瓦特、哥伦布、莎士比亚、达尔文等为例，指出他们所以能发现"定理"、"心理"、"大理"乃在于他们能"慧观"，也就是祛除"私念"直接抵达宇宙的真谛：

> 学莫要于善观，善观者观滴水而知大海，观一指而知全身，不以其所已知蔽其所未知，而常以其所已知推其所未知，是之谓慧观。[69]

我们不妨随意摘出一段儒学语录加以比较。唐代思想家李翱的《复性书》曾对宋代理学、特别是"性"的概念产生重要影响，他说：

> 子思曰：唯天下至诚为能尽其性，能尽其性则能尽人之性，能尽人之性则能尽物之性，能尽物之性则可以赞天地之化育，可以赞天地之化育则可以与天地参矣。[70]

"尽性"是目的，达到此一目的需要一定的途径或方法，那就是先"尽人之性"，而后才能"尽物之性"，最终达到"与天地参"的境地。梁氏的"慧观"内含的就是这种先正己而后方能"尽物之性"的逻辑。

我在此所以举李翱为例，而不谈二程或朱子，是因为梁启超的"慧观"正如李翱的"无虑无私"的"正思"一样，留有佛教的深刻印记。他们都比较注重"寂然不动"，而不似宋儒兼说"感而遂通"，认识过程带有强烈的"超离意味"，与朱子那种强调在事事物物上下功夫的思路完全不

---

[69] 梁启超：《自由书·慧观》，《专集》之二，页47—48。
[70] 李翱：《复性书》上，《李文公集》，卷二。劳思光指出："李氏以为《中庸》乃子思所作，故引《中庸》此段而冠以'子思曰'。《中庸》此段乃日后宋儒理论中'本性论'一支之根源，李氏则以此'尽性'之说连通《中庸》与《易传》。盖《易传》虽有'穷理尽性以至于命'之语，其意实不甚明确；而《中庸》此段则明确肯定人物各有'性'，而'尽性'即为价值所在，乃中国经籍中最早言'本性论'之资料也。"见劳思光：《新编中国哲学史》，（三上），台北：三民书局，1983，页29。

同。[71]李翱本人曾经受知于梁肃,他对《大学》、《中庸》和《易传》的解释也受到佛教的影响,可以视为援佛入儒的例证。梁启超的知识面极为庞杂,兼好儒佛,他的慧观在内心的澄明与物理的呈现之间建立了一种自然的对应关系,这与天台宗所谓止观似乎也有些相似。梁肃《止观统例》云:

> 夫止观何谓也? 导万化之理而复于实际者也。实际者,何也? 性之本也。物之所以不能复者,昏与动使之然也。照昏者谓之明;驻动者谓之静,止观之体也。在因谓之止观,在果谓之智定。[72]

但从更为根本的人生态度方面看,梁启超的"慧观"并不具有出世的取向,相反,倒是肯定这个世界和它的认识者的。这种肯定的取向也表现为他对经验的重视。"慧观"从方法上看更注重演绎(由"已知"推知"未知"),但这种演绎不同于从概念到概念的推论,而是力图把经验组织到推论过程之中。梁启超一方面把科学发现同人的经验(过去的经验即"已知",未来的经验即"未知")过程相联系,另一方面又强调了观察对象的客观性。在这个意义上,他的认识方法不仅包含了对客观世界进行认知的意愿,而且还包含了认识自然之真理的预设,因而不能完全等同于理学的修身实践或天台宗之止观。

更为重要的是,"群"的概念意味着认知者与认知对象的同一性,这种同一性最终引导梁氏把科学认知活动与先验的"群"性关联起来。梁启超认为世界由64种"原质"构成,每一事物均由"质点"相"群"而成,事物的性质及其在生存竞争中的命运("物"以群相竞)是由"群"的程度决

---

[71] 李翱说:"曰:敢问致知在格物何谓也? 曰:物者万物也。格者来也、至也。物至之时,其心昭昭然明辨焉,而不应于物者,是致知也,是知之至也。知至故意诚,意诚故心正,心正故身修,身修而家齐,家齐而国理,国理而天下平。此所以能参天地也。"(李翱:《复性书》中,《李文公集》卷二)这里以"不应于物"解释格物致知,颇有些与道家的任自然、佛家的无所执著趣味相关。梁氏的慧观也可作如是观。
[72] 《大藏经》卷四十六,页473。

定的。从最低级的物质到最高级的人脑活动(知识)都取决于"群"性。从"已知推其所未知"的依据就是由于"群"是"万物之公性"和"天下之公理"。从这个意义上说,"三界惟心"与"万物贵群"都表示"天地间之物一而万,万而一者也",[73] 内心的澄明与对公理、公性的"慧观"由此而统一起来,"格物"与"格心"不过是同一事件而已。对于格物与格心的关系,梁启超一时尚未加以理论上的清理。但在以后的阶段中,他不断用西方哲学和中国思想来解释这一悖论,最终在王阳明的"知行合一说"中发现了最完美的表述。其所以如此,是因为梁氏是以人和世界的统一关系为中心来把握"诸科之学"和科学认识的方法;对"公理"的发现一方面联结着主体的"去私"过程,另一方面联结着"群"的理想。无论是"诸科之学"的内容,还是"致知"的方法,都表达了一种自然、道德和政治的和谐关系和灵活的分类原则。这种和谐关系与灵活的分类原则与他所构想的社会制度和分工方式完全合拍。从"学"或"艺"的层面说,它们既有其道德的基础,又必须受道德的制约。这也是梁氏总是试图在科学与道德和宗教之间保持一种平衡的出发点和理论基础。

第三节　科学的领域与信仰的领域
（1902—1917）

1. 科学、宗教与知识论问题

梁启超在流亡日本途中便开始学习日语,这似乎意味着他的下一个时期的思想活动不可避免地与日本文化以及经由日本而看到的西方文化

---

[73] 梁启超:《自由书·惟心》,《专集》之二,页45。

产生更深刻和更广泛的联系。1899年初夏,康有为被迫离开日本,远赴加拿大,梁启超在知识界所处的领袖地位更显突出了。他与革命党人的关系日益密切,以至康有为命令他立刻离开日本,远赴夏威夷,而他在夏威夷凭借孙文的介绍广泛地接触华侨,后来竟加入了三合会并成为头领。尽管在政治观点方面,他并没有完全赞成孙文的革命主张,但上述行为和言论表明,他的思想产生了重大的变化。

在晚清思想史上,1902年似乎是一个重要的转折点。1901年,《清议报》因火灾停刊,梁启超于1902年2月设法在日本横滨创办了《新民丛报》。"新民"是《大学》中的概念,它不仅成为这份报纸的标题,也成为梁氏思想的核心主题。《新民丛报》存活了五年,它与它的主持者一道,成为1902—1907年间中国知识界的主要阐述者和代言人。梁氏正是在这一时期通过对西方文明的大规模译介开始了一次重要的思想启蒙运动。这是一个革命与君宪的分歧明显地加剧的时期,激进的情绪和反满的暗流正在漫延,以至包括梁启超在内的许多康有为的追随者也开始同情革命。在这样的氛围中,近代西方学术和知识越来越成为改革和革命的知识分子的主要依据。在1905—1907年间,革命与改良的论战爆发,梁启超成为一方主笔,显示他并未真正转变为革命党人。但是,在摆脱"以西学缘附中学"[74]的过程中,梁启超在"保教"和革命等政治问题上与康有为发生分歧,[75]明显地流露出同情革命的迹象。

从思想的更为内在的方面看,梁启超借助于康德和王阳明的思想逐渐发展出一种接近于二元论的世界观,从而表明他的思想发生了重大的变化。他一如既往地对阳明学加以阐释和发挥,但不再和公羊学理论关联在一起,而是和康德以及其他西方哲学家的思想相互渗透,他表达出的

---

[74] 梁启超:《保教非所以尊孔论》,《文集》之九,页56。
[75] 如梁启超在给康有为的一封信中反对康有为对儒学的态度,他说:"弟子以为欲救今日之中国,莫急于以新学说变其思想,然初时不可不有所破坏,孔学之不适于新世界者多矣,而更提倡保之,是北行南辕也。"丁文江:《梁启超年谱长编》,页277—278。

思想不仅是修身论的或知识论的,而且更是政治性的。[76] 1897 年他在长沙时务学堂时的那些激进思想在这一时期得到了更为充分的发展。"春秋三世"说的基本表述框架被摒弃了,西方哲学和科学的概念成为梁氏思想的主要用语。梁启超不仅对近代科学的历史、特点、哲学基础以及某些重要的科学学说详加解说,而且利用科学的定理和方法解释文明的成因、政治的变迁和其他历史问题。细致的观察会发现:他的解释方式已经与康有为的那种唯物论的伦理观颇为不同,这就是对于自然一元论的摒弃和二元论的道德观的建立。[77] 在某种意义上,对于梁启超来说,从一元论向二元论的转变几乎同他的政治观的转变一样重要。这一转变是和他的社会思想的重点从制度革新到"新民"的转变完全合拍的。

在《康子内外篇》和《实理公法》中,康有为的伦理观有些接近于张载的天道观,他认为天的运行是气的活动的结果,宇宙万有的生存演化与人道是同一的。他说:

---

[76] 严复晚年致熊纯如信中的一段评论正可以从反面作注解:"……至于任公妙才,下笔不能自休。自《时务报》发生以来,前后所主任杂志几十余种,而所持宗旨则前后易观者甚众,然此犹有良知进行之说为之护符。顾而至于主暗杀,主破坏,其笔端又有魔力,足以动人。主暗杀,则人因之而倜然暗杀矣;主破坏,则人又群然争为破坏矣。敢为非常可喜之论,而不知其种祸无涯。……""任公则自窜身海外以来,常以摧剥征伐政府为惟一之能事,《清议》、《新民》、《国风》进而弥厉,至于其极,诋之为穷凶极恶,意若不共戴天,以一己之于新学,略有所知,遂若旧制,一无可恕,其辞俱在,吾岂诳哉。"几月后致熊纯如另一信又提及当年他曾教书梁启超,劝他不要写作过多,以免日后后悔,梁氏"当日得书颇为意动而惦念,乃云吾将凭随时之良知行之",严复于此特别注到:"任公宋学主陆王,此极危险。"《严复集》第三册,页 632,648。
[77] 张灏曾经论述过康有为如何把大乘佛教与儒学结合起来,其中也涉及一元论世界观的问题。他说:"最使康感兴趣的佛学教义是华严宗。大乘佛教的总的倾向是以一元的世界观取代小乘佛教的二元世界观:在轮回和涅槃之间不存在裂隙,轮回实际上即是涅槃的显示,因而涅槃不必在轮回之外去追求。这种一元论被华严宗继承。根据华严宗的教义,现象和本体之间相互贯通,相互同化,其结果是两者融合为一个有机的整体。因而华严宗世界观的主要教旨是全部即是一,一即是全部。""虽然康知道佛教最初的二元论世界观,但他的佛教研究最终表现为一元论的世界观,否定存在着精神界与有限界的分离。……康说道,儒家即是佛教的华严宗。"张灏:《梁启超与中国思想的过渡(1890—1907)》,页 28。

> 夫天之始,吾不得而知也。若积气而成为天,摩励之久,热重之力生矣,光电生矣,原质变化而成焉,于是生日,日生地,地生物。物质有相生之性,在于人则曰仁,充其力所能至,有限制矣,在于人则曰义。人道争则不能相处,欺则不能相行,于是有信,形为仁之后,有礼与信矣。而所以有此四者,皆由于智。人之有大脑小脑也,脑气筋之有灵也……合万亿人之脑而智日生,合亿万人之脑,而智日益生,于是理出焉。……自羲、轩、神农以来,中国于是有智;欧洲自亚当、衣非(夏娃)以来,于是有智。
>
> ……夫有人形而后有智,有智而后有理。理者,人之所立。……故理者,人理页。若耳目百体,血气心知,天所先与。婴儿无知已有欲焉,无与人事也。故欲者,天也。程子谓天理是体认出,此不知之言也,盖天欲而人理也。[78]

康有为肯定欲的正当性,也肯定理是自然进化的产物。这一观点几乎是贯穿晚清时代直至五四时代的基本看法。他深信自然的运行之中包含着仁、义、理、智、信等"人之道",从而自然自身就是道德的源泉。这一观点不仅与宋儒的天道观直接对应,而且也可以在近代中国思想——如本书所讨论的《新世纪》群体、《新青年》群体,以及科学家群体的自然一元论的宇宙观和知识谱系中——得到印证。正由于此,梁启超试图利用康德哲学和阳明学重新诠释自然与社会、天道与人道的二元关系,其思想史含义是不应忽视的。我们可以说,从梁启超开始,现代中国思想中发展了一种利用康德哲学改造阳明学的倾向,这就是按照康德的二元论改造阳明学的一元论,从而以科学/道德的二元关系重新界定道德和知识的边界及其相互关系。这种科学/道德二元论也扩展到知识与信仰、科学与宗教、理性与直觉等等二元关系之中。

自17世纪以来,宗教与科学的冲突不断地引起一批激烈的知识分子公开地进行交锋。如同怀特海所说:作为两种人类生活中最强大的普遍

---

[78] 康有为:《康子内外篇·理气篇》(外六种),北京:中华书局,1988,页28—29。

力量,"宗教的直觉"与科学的"精确观察和逻辑的推理"似乎彼此是对立的。[79]但梁启超的特点之一却是:他几乎是非常自然地把更深刻的宗教和更精微的科学调和起来。科学的确证明了"宗教之迷信"的虚妄,但那只不过使宗教更为精纯,从而能同科学一样面对变化。在梁氏的思维逻辑中,科学与宗教有一种独特的"连带关系":国家的命运取决于国民的智力,智力的增减取决于国民的思想,思想的高低取决于国民的习惯信仰,而"宗教"就是"铸造国民脑质之药料"。[80]因此,知识问题与宗教问题就被纳入了一个有机的过程:科学的功能之一是澄清而不是否定宗教信仰,而"宗教"的功能之一是澄清而不是淆乱国民的思想,以使之能够更有效地接受科学知识。这里隐含了一种观点:对知识的掌握,或对科学的发现,紧密地联系着人的思想、信仰和道德状态。梁启超对培养国民的智力、信仰和习惯及其与国家命运的关系是一贯的,但是,他不再一般地讨论"学校"问题,而把"宗教"的必要性提上了日程。

仅仅指出梁氏"科学"概念与"宗教"概念并存的特点是不够的,重要的是发现梁氏对"科学"的阐释如何逻辑地导向他对宗教的肯定,他又是通过何种中介把"科学"与"宗教"相关联,以及这种关联的知识后果是什么。梁启超把科学与宗教直接关联起来的现实动力是他对保教运动和思想的支持。关于"保教"在晚清中国和梁启超思想发展中的意义,张灏已经作了清晰的说明。"'保教'或'传教'思想的形成,暗示着一种强烈的意识:中国处在一场深刻的文化危机中。因为在中国传统里,宗教和政治密切融合,'传教'思想在'经世'思想中是不明显的。不需要对经世和传教作任何的区别,因为儒家的经世首先包含了宣传儒家道德信仰以教育和改造人民的任务,这被认为是理所当然的。因此,传教思想与经世理想的区别不仅意味着政治与儒学的传统结合不能再被维持了,而且还表明一部分中国士绅意识到19世纪末中国面临的挑战不仅是一个社会政治问题,而且还是一个宗教和文化问题。因此,除了保护

---

[79] 怀特海,A. N.:《科学与近代世界》,北京:商务印书馆,1959,页173。
[80] 梁启超:《论支那宗教改革》,《文集》之三,页55。

中国作为一个社会政治实体这一问题之外,还必然产生如何保留中国文化认同的问题。"[81]

早期的梁启超赞成保教的原因涉及认同问题,因为他意识到中国改革的师法对象"西方"不仅是一群国家,也是一个独特的文明。如果文艺复兴和宗教改革对欧洲的现代发展作出了巨大贡献,那么中国社会的变革和再组织就不能不考虑宗教和信仰的问题。换言之,梁启超的保教动机在相当大的程度上是包含了政治的考虑的,所谓"夫天下无不教而治之民,故天下无无教而立之国,国受范于教",就充分地表明了这一点。[82]也正由于此,对宗教必要性的考虑就不可能转化成为对于科学的否定,恰恰相反,宗教和科学是中国的社会变革和文化认同的双重基础和资源。在这里"宗教"指的是儒教,科学则是西方的现代文明。在别的文章中,这两个方面也可以被归结为中学和西学:"舍西学而言中学者,其中学必为无用;舍中学而言西学者,其西学必为无本。"[83]换句话说,宗教/科学、中学/西学都是中/西二元论的变体。

梁启超对"科学"的界定是在"方法论"的意义上作出的。在《格致学沿革考略》(1902)中,他把"格致学"同"形而上学"相对立,指出其方法上的特征是"藉实验而后得其真"。[84]但这并不是他对科学方法的完整阐述。[85]在这一时期的文章中,梁氏把以培根和笛卡尔为代表的经验主义和理性主义视为"格物"与"穷理"的不同的方法论,实际上是从客体的方面和主体的方面来理解科学方法的性质:

---

[81]　张灏:《梁启超与中国思想的过渡(1890—1907)》,页81。
[82]　梁启超:《复友人论保教书》,《文集》之三,页9—10。
[83]　梁启超:《西学书目表后序》,《文集》之一,页126—127。
[84]　梁启超:《格致学沿革考略》,《文集》之十一,页3。
[85]　在《自由书》中,梁启超译述了《加藤博士天则百话》,内中包含了对科学问题的理解。其中第一条是"实学空理之辨",加藤弘之批评时人把哲学、心理学、社会学等讥为不能"应用"之"空学",指出"学科之虚实真伪,不在其所研究之客体,而在其能研究之主体",而且"今日……治此等学科者,……往往依严格的科学法式,以求其是。"又说:"群治开化,决非徒恃有形之物质也,而更赖无形之精神,无形有形,相需为用,而始得完全圆满之真文明。"《专集》之二,页92—93。

第九章　道德实践的向度与公理的内在化　　961

> 及倍根出，专倡格物之说，谓言理必当验事物而有征者，乃始信之。及笛卡尔出，又倡穷理之说，谓论学必当反诸吾心而自信者，乃始从之。……二贤者，近世史之母也。[86]

值得注意的是，即使是在对培根的观察、实验方法的解说中，梁氏也强调这种"格物"方法与主体去除"先入为主"的私见之后的精神状态相关，即"物观"与"心观"的合一。正是在这一意义上，他引用朱子"格物致知"说比附培根的观察实验方法，这不仅因为朱子"因其已知之理而益穷之"的说法证明了"实验与推测相随"，[87]而且梁氏本人是把对客观世界的认识同人的道德状态相关联的。这逻辑地导向他对笛卡尔的演绎方法的推重，因为后者从理论上论证了认识过程与人的主体性的统一关系。

梁氏认为世界万物之中的普遍公理（"大理"）存在于各事物的相互联系之中，唯有"智慧"能呈现这个公理及其各别显现，这当然也意味着对万物之理的洞察有赖于对"智慧"自身的了解。既然如此，推论与综合就较归纳实验具有更为根本的方法论意义。[88]值得指出的是，如果科学认识活动与修身具有内在的关联，那么，科学认识活动在道德实践中的意义也就被确定了。

在讨论笛卡尔的方法论时，梁氏区别了"意识"与"知识"两个范畴，"意识"是自由的、无限的、不受对象控制的，而"知识"则受物象制约，是有限的；自由"意识"判断事理，而"知识"呈现事理。梁氏敏锐地感到笛卡尔的怀疑主义背后"有不容疑之一物存"，这就是能思想的和思想着的我[89]——不以外物为转移的自由心灵就被作为"科学认识"的基础。梁氏引孟子语论述道：

> 耳目之官不思，而蔽于物。物交物则引之而已。心之官则思，思

---

[86] 梁启超：《论学术之势力左右世界》，《文集》之六，页112。
[87] 《近世文明初祖二大家之学说》，《文集》之十三，页4。
[88] 同上，页10。
[89] 同上，页7。

则得之,不思则不得也。此天之所以与我者。先立乎其大者,则其小者不能夺也。[90]

孟子在此谈及的心物关系实际上指的是善恶关系。物,事也;利欲之事交引其精神,心官不思善即失其道而陷为小人。梁氏引孟子解释笛卡尔唯心的理性主义,也就把科学认识中的主客关系引向了"心思礼义"("大体")与"纵恣情欲"("小体")的善恶对立。[91]孟子主张"先立其大"、"不以物蔽",梁氏据此解释笛卡尔的方法论,认为"自由之性,无自欺之心"是笛卡尔"穷理学之第一义也"。[92]他不仅把孟子的道德学说等同于笛卡尔的理性主义认识论,而且在哲学上论证了二者的一致性。

这种超越了物欲或私利的自由之性的含义已接近了王阳明的"良知"概念。实际上,梁氏以朱子释培根,以孟子释笛卡尔,从思路上说是把欧洲哲学中的经验主义与理性主义在方法论的意义上理解为程朱"格物"与陆王"格心"的区别,而他所期待的就是把这两方面综合为一种达到"天理"的完整的认识程序。[93]梁启超用"格物派"与"穷理派"来概括培根、笛卡尔的思想路线,他说:

> 甲倚于物,乙倚于心;甲以知识为外界经验之所得,乙以智识为精神本来之所有;甲以学术由感觉而生,乙以学术由思想而成。[94]

这样,心物关系就构成梁氏科学观的中心问题。

梁氏对康德哲学的重视就在于它"和合两派,成一纯全完备之哲学",展示了一种对于心物关系的独特理解。尽管如时人所说,梁氏"用

---

[90] 梁启超:《近世文明初祖二大家之学说》,《文集》之十三,页8。
[91] 参见《孟子正义》,北京:中华书局,1987,页792—795。
[92] 梁启超:《近世文明初祖二大家之学说》,《文集》之十三,页9。
[93] 梁氏后来评述"儒家哲学"时认为朱陆二派"各有好处,都不失为治学的一种好方法。"《儒家哲学》,《专集》之一百三,页47。
[94] 梁启超:《近世文明初祖二大家之学说》,《文集》之十三,页10。

他不十分懂得的佛学去解释他更不甚懂得的康德","其纰谬十且八九也",[95]但透过他对康德"纯粹理性"与"实践理性"概念的含混阐释,梁氏的确找到了他所需要的东西:为科学认识、道德和宗教信仰建立一种关系准则。

在讨论康德的"纯粹理性"("纯智","纯性智慧")时,梁氏考虑的是知识的性质、限度及其与理性的关系。一方面,知识依赖于人类的感觉经验,是知觉器官在理性规约下接触外物的结果;另一方面,感觉经验的对象是"现象"而非"本相"("本相者,吾所触所受之外")。[96]如果说后一方面为他的道德学说留下了余地,那么他对前一问题的关注焦点也并不在感觉经验或现象世界,而在"理性的功能"上。他把康德的理性批判的基本问题——先天的综合判断是否可能的?——表述为:"我之智慧以何因缘而能使物各呈现象?""众多感觉,以何因缘能使就绪?"[97]这一问题使梁氏模糊地感觉到:心灵能动地把感觉经验的质料组织于概念化的现象世界的秩序之中("理性""总彼感觉而使就绪"),因此知识就直接地关联于理性的"视听"、"考察"和"推理"能力,"时间"、"空间"、"原因"、"结果"、"现象"、"公例"等等范畴并不表现"物"的关系或存在,而是为控制我们生活于其中的世界而"实用地"(pragmatically)加以采纳的程序的观念和规则("实我之智慧能自发此两种形式[指时空]以被诸外物云尔……皆非真有,而实由我之所假定者也")。[98]正是按照这一逻辑,梁氏在《新民议》中断言"天下必先有理论然后有实事,理论者实事之母也"。[99]更重要的是,这里所谓"理论"即儒学之"知","实事"即儒学之"行",故而他说,"凡理论皆所以造实事,……其目的之结果,要在改良人格。……故理论而无益于实事者,不得谓之真理论"。[100]

---

[95] 贺麟:《康德黑格尔哲学东渐记》,《中国哲学》第二辑,三联书店,1980。
[96] 梁启超:《近世第一大哲康德之学说》,《文集》之十三,页51。
[97] 同上,页52。
[98] 同上,页53—56。
[99] 梁启超:《新民议》,《文集》之七,页104。
[100] 同上,页104。

当梁氏把知识论中的主客关系或心物关系理解为"知行"关系时,知识论的问题便被转换为道德论的问题;从他对康德哲学的解释来看,这一转换又是由康德关于知性的本质、能力和界限的观点逻辑地引申出来。根据康德"实践理性"与"纯粹理性"的概念,梁氏区分了超验世界和经验世界的不同性质,并认为实验的物理学方法只能适用于可经验的现象世界,它无法解决诸如灵魂之有无、世界的原因、时空有无开端、上帝是否存在等超验性问题。从方法论的角度说,"即物穷理"的归纳方法不能被用于这一领域。这些问题只能用"推理力以窥测之而已"。[101] 梁氏列举了康德所称的那些著名的"二律背反"命题,指出问题就产生于"以一己智慧之所见直指为事物之本相",[102] 混同了现象与本质、必然性("不可避之理")领域与自由领域的界限,从而不是因为我们缺乏回答这些问题的证据,而是因为这些问题本身是错误的。

对于梁氏而言,上述区分的直接意义是引申出道德的本质:

> 道德之性质不生不灭,而非被限被缚于空劫之间者也,无过去,无未来,而常现在者也。人各凭藉此超越空劫之自由权,以自造其道德之性质。[103]

作为以自身为目的的道德命令起源于人的"良知"的自由本质,因而"良心之自由,实超空间越时间,举百千万亿大千世界无一物可与比其价值者也",[104] 自由的权利以人对"良知"的服从为前提,如同公民自由以服从国家主权一样。借助于康德的"两种理性"的概念,梁氏把理智与自由意志划分为两个并行不悖的领域,但同时要求理智的运用应当服从道德的目的。梁氏说:

---

[101] 梁启超:《近世第一大哲康德之学说》,《文集》之十三,页57。
[102] 同上,页58。
[103] 同上,页60。
[104] 同上,页62。

以自由为一切学术人道之本，以此言自由，而知其与所谓不自由者并行不悖，实华严圆教之上乘也。呜呼圣矣！[105]

实际上，梁启超介绍"实践理性"的动因就是诉诸道德良知为个人的行为和各种社会关系"立法"——这里所谓"法"是不同于科学所描述的自然法则的道德法则，它脱离经验而有效，它不告诉我们情况是什么，而是情况应该是什么，在这种情况下，任何理性的存在应做什么。因此，在这一领域内，"知行"完全合一，所谓："若践履道德之责任者，即以践履此责任为目的，既践履则目的已全达矣。"[106]正是在这一意义上，梁启超把康德与王阳明视为同类：

王阳明曰："一点良知是汝自家的准则。汝意念著处，他是便知是，非便知非，更瞒他些子不得。汝只要实实落落依著他做，善便存，恶便去。"是亦以良知为命令的，以服从良知为道德的责任也。阳明之良知即康德之真我，其学说之基础全同。[107]

我们暂时还来不及对王阳明的"良知"、"知行合一"概念与康德的"实践理性"的区别作出分析，[108]但是，王阳明的良知说和知行合一都不包含二元论的含义。引出这段文字是为分析20年代梁启超基于儒学立场（特别是王阳明"知行合一"概念）对科学的批判性见解提供线索，那时他更倾向于把"知行合一"与詹姆士的"彻底的经验主义"和"实用主义"相关联。在此，我们关心的是他在"纯粹理性"与"实践理性"，科学认识与道

---

[105] 同上，页59。
[106] 同上，页63。
[107] 同上，页63。
[108] 在同文中，梁氏认为康德"以良知说本性，以义务说伦理"，"其言空理也似释迦，言实行也似孔子，以空理贯诸实行也似王阳明。"（同上，页49—50）在《新民说·论私德》中，他又指出康德与王阳明"桴鼓相应，若合符节"，"东海西海有圣人，此心同，此理同。"（《专集》之四，页139）

德实践之间所做的区分的重要结果:他对科学与宗教这两个似乎对立的领域抱有同样热忱。如果神学或形而上学的信仰建立在道德意志的基础上,那么,作为实践理性的假定,它们就不应被当作真实的东西来了解。宗教信仰的本质不在于它的那些关于世界起源的超科学假说,而在于它给道德的经验和行为提供支持。作为自由意志的领域,宗教信仰与科学研究的规则并行不悖,但不受后者的制约。

循着"纯粹理性"与"实践理性"的区别及其相互关系的解说,我们可以找到梁启超自相矛盾、变幻不定的宗教观——他既承认科学与宗教的对立,又对宗教怀有神圣的情感——的内在逻辑。这就是对宗教的伦理主义理解。[109]我们先来看看他对宗教的批判和否定是在什么意义上作出的。一般说来,对宗教的怀疑是近代科学的必然结果,梁氏的宗教批判也基于科学的立场。他说:

> 哥白尼……天文学之既兴也,从前宗教家种种凭空构造之谬论,不复足以欺天下,而种种格致实学,从此而生。[110]

达尔文进化论不仅揭示了物竞天择的原理,而且改变了人们的历史观。

---

[109] 从日常伦理的角度考虑宗教问题几乎是近代中国思想的重要特色之一,章太炎对佛教的态度就是例证。梁启超的观点与他的老师康有为也是接近的,都可以被看作是一种儒家立场,即不重视教派及其特殊的教法,而专注于道德实践的后果。康有为在《康子内外篇·性学篇》中就说:"今天下之教多矣,于中国有孔教……于印度有佛教……于欧洲有耶稣,于回部有马哈麻。自余旁通异教,不可悉数。然余谓教有二而已。其立国家、治人民,皆有君臣父子夫妇兄弟之伦,士农工商之业,鬼神巫祝之俗,诗书礼乐之教,蔬果鱼肉之食,皆孔氏之教也……其戒肉不食,戒妻不娶,朝夕膜拜其教祖,绝四民之业,据四术之学,去鬼神之治,出乎人情者,皆佛氏之教也。耶稣、马哈麻一切杂教,皆从此出也。……然则此二教者,谁是谁非,谁胜谁负也? 曰:……孔子之伦学民俗,天理自然者也,其始作也;佛教之去伦绝欲,人学之极致也。……无孔教之开物成务于始,则佛教无所成名也……佛以仁柔教民,民将复愚,愚则圣人出矣,孔教复起矣。……是二教者终始相乘,有无相生,东西上下,迭相为经也。"《康子内外篇(外六种)》,北京:中华书局,1988,页13。

[110] 梁启超:《论学术之势力左右世界》(1902),《文集》之六,页111。

梁氏断言:"凡人类智识所能见之现象,无一不可以进化之大理贯通之","故进化论出,而前者宗门迷信之论,尽失所据"。[111]根据近代科学的原理,诸如上帝创世、末日审判以及天国等教旨"与格致学理不相容,殆不可以久立"。[112]科学对宗教的批判表达的是人对思想蒙昧、教主专制的反抗,对真理的追求起源于人的自由的激情。因此,梁氏的宗教批判既源自科学的逻辑又基于自由意志的内在要求,他从文明进化的历程着眼,指出宗教迷信"禁人之怀疑,窒人思想自由",虽曾有功于人类进化的初期,却与现代文明不相容。"科学之力日盛,则迷信之力日衰;自由之界日张,则神权之界日缩。"[113]如果说作为道德范畴的信仰是自由意志的设定,那么历史上的宗教恰恰又是对自由意志的摧残。在这一意义上,科学对宗教的批判的根本意义就在于:它为自由意志恢复了活力。

从上述意义上说,梁氏对宗教的批判隐含着真正的宗教动机,但我们也可以说他对宗教的肯定源自某种非宗教动机,前者指的是他对不受经验世界束缚的自由意志的肯定,后者指的是他把宗教理解为对于安排我们的现世生活有用的东西。在《论宗教家与哲学家之长短得失》(1902)中,梁启超说:"言穷理则宗教家不如哲学家,言治事则哲学家不如宗教家",宗教不仅为历史上的英雄提供了热忱、无畏和献身精神的源泉,而且还能"震撼宇宙,唤起全社会之风潮"。[114]一方面,梁氏所谓"宗教思想"几乎等同于理想主义或对信仰的忠诚与献身,正是在这一意义上,他把宗教视同唯心哲学,以至把鼓励了明末儒者风节的王学(心学)视为"宗教之最上乘者"。[115]另一方面,这种对人的自由意志的称颂又是和"治事"的功利动机相关的,因为在梁氏看来,宗教思想使自由的人群趋于团结和统一,给挫折的人群带来安身

---

[111] 梁启超:《论学术之势力左右世界》(1902),《文集》之六,页114。
[112] 梁启超:《论宗教家与哲学家之长短得失》(1902),《文集》之九,页48。
[113] 梁启超:《保教非所以尊孔论》(1902),《文集》之九,页52—53。
[114] 梁启超:《论宗教家与哲学家之长短得失》,《文集》之九,页44—45。
[115] 同上,页46。

立命的希望,为茫茫尘海的众生寻找解脱的可能,为整个社会建立道德规范,给脆弱的人性注入无畏、勇猛的活力。所有这一切都为社会提供了自治的可能。这足以证明:宗教的力量就是信仰或自由意志的力量。

> 苟既信矣,则必至诚,至诚则能任重,能致远,能感人,能动物。[116]

如果用梁氏的概念来表述,那么宗教是达到"群治"的必要条件。

基于"宗教与迷信常相缘"的事实,梁氏的态度颇为复杂:

> 故言学术者不得不与迷信为敌,敌迷信则不得不并其所缘之宗教而敌之,故一国之中,不可无信仰宗教之人,亦不可无摧坏宗教之人……虽然,摧坏宗教之迷信可也,摧坏宗教之道德不可也。道德者天下之公,而非一教门之所能专有也。苟摧毁道德矣,则无忌惮之小人,固非宗教,而又岂足以自附于哲学之林哉![117]

头绪似乎相当复杂,理路却已渐渐清楚。梁氏把宗教迷信与宗教道德相区别,前者属于事实的范畴,后者属于自由意志的范畴;宗教迷信(如创世、末日审判等等)以已被证明为真的真理形式呈现在人们面前,也即以现象世界的方式而被陈述,既然如此,当适用于现象世界的科学证明这种陈述为伪时,它们的真理性也就不复存在。在这个意义上,科学的发展意味着宗教的衰亡:它所以会衰亡是由于它对信仰的陈述方式本身是错误的。宗教道德恰好相反,作为人的自由意志的表达,它超越时空,没有因果;实际上它就是作为道德命令而存在,任何对现象世界的陈述,既不能证明其真,亦不能证明其伪:它与科学并行不悖。

---

[116] 同上,页49。
[117] 同上。

2. 两种理性、功利主义与近代墨学研究

梁氏不可能像一位西方哲学家那样,把康德的逻辑始终如一地贯穿在他的思想活动之中,但他对"两种理性"概念的接受也有其传统的知识基础。我在此要特别提及的是梁氏对墨学的研究,这项工作一直持续到他的晚年。自汉武帝定儒术于一尊,除晋鲁胜、唐乐台二人之外,墨学几绝。直至清初,墨子学说渐受注意,顾炎武、傅山均曾赞扬墨学,颜元学说则被学术史家看作是六经其表而墨学其里。墨学复兴始自乾嘉,如张惠言的《墨子经说解》、王念孙的《读墨子杂志》、毕沅的《墨子注》等等,而汪中则以"墨子固非儒而不非周也"等说重新彰显儒墨并称的历史,可以说是晚清诸子学复兴的先导。晚清、特别是"五四"之后,人们对墨学的兴趣主要来自墨子的所谓"科学精神"。如梁氏《墨经校释·自序》云:

> 在吾国古籍中,欲求与今世所谓科学精神相悬契者,墨经而已矣。……其于智识之本质,智识之渊源,智识之所以浚发运用,若何而得真?若何而堕谬,皆析之极精,而出之极显。[118]

但是,与胡适等人把"墨学的根本观念"理解为科学方法不同,梁氏在阐释中并不独重墨子的"应用主义"、"实利主义"和逻辑学理论,而强调墨学的各个方面均源于墨子的根本精神——"兼爱"。《墨子学案》云:

> 墨学之全体大用,可以两字包括之,曰爱曰智。尚同兼爱等十篇,都是教"爱"之书,是要发挥人类的情感。经上下经说上下大取

---

[118] 梁启超:《墨经校释·自序》,《专集》之三十八,页1。梁氏在二十年代比较先秦诸子,说:"墨家对于知的方面,极为注重。以知识作立脚点,为各家所不及。……对于客观事物,俱有很精确的见解……",又说:"荀子很受他们(指墨家)的影响,对于知识,以有条理有系统为必要,他的解蔽正名诸篇,所讨论的都是知识的问题,譬如论理的凭藉是什么……"《儒家哲学》,《专集》之一百三,页25—26。

小取六篇,都是教"智"之书,是要发挥人的理性,合起两方面,才见得一个完全的墨子。[119]

梁氏把"爱"与"智"理解为情感的领域与理性的领域,这表明他的情感概念不是基于本能冲动的非理性概念,而是以道德律为基础的实践理性或道德理性的概念。

由于梁氏始终把《尚贤》、《尚同》、《兼爱》、《非攻》、《天志》、《明鬼》、《非命》等篇与《经上下》、《经说上下》、《大取》、《小取》等篇作上述分别的处理,即把墨子的教理与它的知识论区分为两个相互独立的范畴,[120]他对墨子的科学精神的分析就完全限制在经验和理性的范畴之内。在《墨子论理学》中,梁启超从"释名"、"法式"、"应用"、"归纳法之论理学"等四方面研究墨学的知识论,认为墨子是二千年前"东方的培根","经上下经说上下大取小取诸篇,皆言物理学",他还断言近代科学对"归纳法"的倚重决定了"历史学"、"物理学"在一切学说中的"根原地位"。[121] 1921年他在《墨子学案·墨家之知识论》中又从"能知之具"(知,材也)、"智识之主观条件"(虑,求也)、"智识之客观条件"(知,接也)和"主观客观交相为用"(恕,明也)等四个方面讨论"知识"的来源和本质。梁启超并不关心诸如概念、逻辑等是否主观的先验存在,而是以经验主义和实验主义为基准来理解科学的性质,他说:"原察耳目之实,就是'亲知',就是科学根本精神……墨家言可算得彻头彻尾的实验派哲学"。[122]

既然梁氏对墨子"科学精神"的阐释限制在理性或经验世界的范畴内,墨学的"科学方法"就不可能逻辑地导向无神论。梁启超不想用"科学方法"来统一墨子的思想,恰恰相反,他强调墨子的"教主"身份,认为他的宗教思想从"兼爱"观念衍生出来。他说:"所谓天志者,极简单而独

---

[119] 梁启超:《墨子学案·墨子之知识论》,《专集》之三十九,页37。
[120] 梁氏于1904年分别撰写《子墨子学说》和《墨子论理学》,可说是明显的例证。
[121] 梁启超:《墨子论理学》,《专集》之三十七,页70—71。
[122] 梁启超:《墨子学案·墨家之知识论》,《专集》之三十九,页36—37,40。

第九章 道德实践的向度与公理的内在化

一无二者也,曰爱人利已是已";[123] 所谓"鬼神论,非原本于绝对的迷信,直借之以为改良社会之一方便法门云尔,故其辩鬼神有无之一问题,不于学理上求答案,而于实际上求答案";[124] 而"非命"说的建立乃是因为如果承认"定命",则"人类便没有了自由意志,那么,连道德标准都没有了,人类便没有了自动力",从而也无法进行新的创造。[125]

梁氏明确地认为墨子的宗教是以道德律为基础的或谋求道德律指导的宗教。因此,"天志"、"明鬼"和"非命"的教义作为自由意志的自我设定只能在道德实践的范畴内获得意义,任何理性的或科学的方式都不能证明或证伪这些教义的实在性。作为"不可思议之部分者",教义"是终非可以吾侪有限之识想而下断案也",因为它们并非"绝对的信仰",而是"借以为检束人心改良社会之一法门",[126] 这表明教义本身就是一种道德法则。实际上,只有把教义理解为人的自由意志的设定,才能解释墨子为什么既讲"天志",又谓"非命",这里的关键是必须把作为万物之尺度的"天"理解为主体的准则:"墨子之天志,乃景教的而非达尔文的","天志"与"非命"都是主体的自由意志的表达。[127]

罗素曾这样概括《实践理性批判》的基本思想:道德律要求正义,也就是要求与德行成比例的幸福;只有天意能保证此点,而现世显然没有保证;因此存在神和来世;而且自由是必定的,否则就会没有德性这种东西了。[128] 这也可以说是梁启超诠释墨子宗教思想的基本思路:

> 要而论之,道德与幸福相调和,此墨学之特色也,与泰西之梭格拉底康德,其学说同一基础者也。所谓道德者何,兼爱主义是已,所

---

[123] 梁启超:《子墨子学说》,《专集》之三十七,页10。
[124] 梁启超:《子墨子学说》,《专集》之三十七,页11。
[125] 梁启超:《墨子学案》,《专集》之三十九,页25。
[126] 梁启超:《子墨子学说》,《专集》之三十七,页12。
[127] 梁启超:《子墨子学说》,《专集》之三十七,页6。梁氏指出"天志"与《诗》所谓"帝谓文王,不大声以色,不识不知,顺帝之则"的"则"相似,属于主体,而不同于"天生烝民,有物有则"的客体之则;故而"天志"亦可说是从"兼爱"演绎而来。
[128] 罗素:《西方哲学史》(下),商务印书馆,1976,页253。

谓幸福者何,实利主义是已,而所以能调和之者,惟恃天志。[129]

"天志"、"兼爱"、"非攻"、"明鬼"、"非命"、"节葬"、"非乐"、"尚贤"、"尚同"都是按道德律的要求提出的,它们的职责不是描述或规定实际的事物,不产生理论意义上的知识,而只是一些实践的命令和行为的准则;它们不可能在科学、理性的意义上得到证明,而只能体现为人对这些道德命令的"践行"。梁氏称"墨子为中国独一无二之实行家"[130]者以此,称其为"一位'知行合一'的人,以为知而不行,便连知都算不得了"亦以此。[131]他一一分析了"尚贤说与实行之关系"、"非命说与实行之关系"、"明鬼说与实行之关系"、"天志说与实行之关系",终于发现"墨学之实行,则固以道德责任为前提"。[132]墨子轻生死,忍苦痛,日夜不休,以自苦为极,"摩顶放踵利天下为之","非于道德之责任认之甚明不可,又非于躯壳之外,更知有鬼之乐,有天之福,以与其现在所受苦痛相消不可"。[133]

同样是谈"知行合一"和功利主义,梁氏对墨学的诠释以道德律为基础,而胡适却站在"实用主义"的立场上解释墨子的教义。胡适说:

> 阳明偏向"良知"一方面,故说"尔那一点良知,是尔自家的准则……"墨子却不然,他的是非的"准则",不是心内的良知,乃是心外的实用。简单说来,墨子是主张"义外"说的,阳明是主张"义内"说的。阳明的"知行合一"说,只是要人实行良知所命令。墨子的"知行合一"说,只是要把所知的能否实行,来定所知的真假,把所知的能否应用,来定所知的价值。[134]

---

[129] 梁启超:《子墨子学说》,《专集》之三十七,页10。
[130] 梁启超:《子墨子学说》,《专集》三十七,页41。
[131] 梁启超:《墨子学案》,《专集》之三十九,页30。
[132] 梁启超:《子墨子学说》,《专集》之三十七,页47。
[133] 同上,页48。
[134] 胡适:《中国哲学史大纲》卷上,上海,中国哲学史大纲,1935,页158。

这样,胡适就把"兼爱"等教义作为一般知识来对待,它们都必须接受"效果"(是否"有利于人生行为")的检验。"好听的名词或几句虚空的界说算不得真'知识',真'知识'在于能把这些观念来应用"。胡适指出墨学的特点就是对一切事物问一个"为什么",而对"为什么"的回答也就是对其"功能"("用处")的解释。当胡适把对道德的践行理解为对知识的应用时,他也就把"知行"这一道德范畴的问题转换成了科学范畴的问题,从而"实用主义地"解决了墨学的内在矛盾。[135]

如前所述,梁氏对墨子"知行合一"的解释是在道德实践的意义上进行的,因此,他虽然也重视"效果"或"实利主义",但这种"效果"或"功利"的意义在性质上不同于胡适的概念,其关键在于他不打算像胡适那样混同墨学的宗教精神与科学方法的界限。这并不是说梁启超不重视效果问题,相反,他虽然不象胡适那样成为实用主义的信徒,但在介绍和接受功利主义学说方面,他却是胡适的先导。这里的关键不在于是否注重效果,而在于如何界定功利和效果。在《乐利主义泰斗边沁之学说》中,梁启超接受了边沁(Jeremy Bentham)的善即快乐或幸福、恶便是痛苦的功利主义(Utilitarianism)观点,进而把道德界定为"专以产出乐利预防苦害为目的"。但这里所谓利益却是某种整体的利益,故而梁启超总括边沁学说,以为:"人群公益一语,实道德学上最要之义也"。[136]

从表面看,墨子倡兼爱尊苦行,与边沁所谓善即快乐幸福的原则不相容,但如果把"兼相爱交相利"的"利"与边沁的快乐幸福原则都理解为人类"公益"的话,那么墨学在本质上就既是道德的又是功利的。在这里,关键是必须把"利"界定为公益而不是私利或对于利益的个人主义解释。梁氏把墨子言利的原则归结为三条:

1. 凡事利余于害者谓之利,害余于利者谓之不利;
2. 凡事利于最大多数者谓之利,利于少数者谓之不利;

---

[135] 同上,页154—158。
[136] 梁启超:《乐利主义泰斗边沁之学说》,《文集》之十三,页31—32。

3. 凡事能使吾良心泰然满足者谓之利,否则谓之不利。[137]

熟悉功利主义学说的人立即可以发现这三条规则是从边沁哲学中抽绎出来而缘附于墨子的。但更重要的是,梁氏在墨子学说中发现"乐利与道德,沟涌无间",从而他一方面使"利益"道德化,另一方面又使道德"功利化"。在《子墨子学说》中,他甚至认为"生计与道德有切密之关系",生计学(Economy)恰恰就是道德的"大原"。[138]这种认为道德是对人类幸福有利的事物的观点拆除了道德与科学之间的屏障,因为人类幸福在此是一个科学事实,属于心理学、社会学以至经济学的范畴。1921年,当梁氏重新阐述"墨子之实利主义及其经济学说"时又比喻说:"墨子是个小基督,从别方面说,墨子又是个大马克思",[139]实际就是指墨子的宗教理想与功利主义的相互关系,不过那时他对墨子的功利主义已不像早年那样充满赞美之情,因为它未能给人留下充分的自由领域。[140]

对道德的功利主义解释并不是梁启超的发明,他的老师康有为早在1901年就试图把孔子之道与某种欢乐式伦理结合起来。在《中庸注》中,康氏说:

孔子之道因于人性,有男女、饮食、伦常、日用,而修治品节之,虽有高深之理,卓绝之行,如禁肉去妻、苦行练神,如婆罗门九十六道者,然远于人道,人情不堪,只可一二畸行为之,不能为人人共行者,即不可以为人人共行之道,孔子不以为教也。[141]

这一观点在《大同书》中表达为"普天之下,有生之徒皆以求乐免苦

---

[137] 梁启超:《子墨子学说》,《专集》之三十七,页29。
[138] 同上("墨子之实利主义"节),页19。
[139] 梁启超:《墨子学案·墨子之实利主义及其经济学说》,《专集》之三十九,页20。
[140] 同上,页21。
[141] 康有为:《中庸注》,见《孟子微·礼运注·中庸注》,北京:中华书局,1987,页197。

而已":[142]

> 夫生物之有知者,脑筋含灵,其与物非物之触遇也,即有宜,有不宜;有适有不适。其于脑筋适且宜者,则神魂为之乐;其与脑筋不适不宜者,则神魂为之苦。况于人乎?脑筋尤灵,神魂尤清,明其物非物之感入于身者尤繁多、精微、急捷,而适不适尤著明焉。适宜者受之,不适宜者拒之,故夫人道只有宜不宜……为人谋者,去苦以求乐而已,无他道矣。[143]

康有为的功利主义伦理观并非直接得自边沁,他从孔子思想中挖掘改革的思想源泉。这也意味着,梁启超对墨子的解释和对边沁的利用并非偶然。

用功利解释道德当然削弱了道德的纯粹性,[144]但对梁氏来说,对功利和效果的衡量是以"公益"、"群治"和"良心"为准则的。因此,他的观点与其说是胡适式的实用主义,毋宁说是道德主义,他深信:科学、理性的正当行使就是用于道德目的。然而,把道德世界与现实世界相沟通,这暗示了可能存在一种超越于经验世界和超验世界之上的普遍原理,这就是被达尔文证明了的进化论及其物竞天择、适者生存的原理。这一原理与康德哲学的矛盾由于梁氏对前者的道德化解释而暂时被忽略了。梁启超在《天演学初祖达尔文之学说及其略传》(1902)中说:

> 此种学术,不能但视为博物家一科之学。而所谓天然淘汰优胜劣败之理,实普行于一切邦国种族宗教学术人事之中,无大无小,而一皆为此天演大例之所范围。不优则劣,不存则亡,其机间不容

---

[142] 康有为:《大同书》,北京:古籍出版社,1956,页9。
[143] 康有为:《大同书》,页5—6。
[144] 罗素说:"康德的准则所提的好象是美德的一个必要的标准,而不是充分的标准。要想得到一个充分的标准,我们恐怕就得放弃康德的纯形式的观点,对行为的效果作一些考虑。"《西方哲学史》(下),北京:商务印书馆,1976,页254。

发,凡含生负气之伦,皆不可不战兢惕厉,而求所以适存于今日之道云尔。[145]

对于梁氏而言,进化论或天演论并不仅仅是对世界万物的由来与演化的科学描述,而且是对宇宙有目的的信念的证明[146]——只有符合宇宙目的的观念和行为才是正确地体现了物竞天择这一普遍规则的行为和观念,换言之,物竞天择也是具有内在目标的。梁启超对进化论的解说回向了一元论的天道观,与他对康德和阳明学的解说明显地存在矛盾,但他对此似乎从未加以认真地对待。

在介绍英人颉德(Benjamin Kidd)的《泰西文明原理》和《社会进化论》(梁译《人群进化论》)时,梁启超引证颉德之说,把"进化"概念同"进步"概念相等同。他所谓"进步"指的是"人类全体之永存之进步"("公"、"群"),一切不利于人类进步的"天然性"(如利己心)也就是"个人的"、"非社会的"、"非进化的"(即"己"或"私")。[147]这样,为了适应"进化"的法则,人类就必须"节性"亦即抑制"天然性"以养成"公德"。因此,以"牺牲个人现在之利益以谋社会全体未来之利益"的宗教倒是最符合自然淘汰的目的的。梁氏引用颉德的观点并发挥说:

> 苟欲群也,欲进化也,必不可不受此制裁。宗教者,天然性之反对者也,补助者也,常有宗教以与人类天然之恶质相抗,然后能促人群之结合,以使之进步。[148]

自然淘汰之目的,在使同族中之最大多数得最适之生存,而所谓

---

[145] 梁启超:《天演学初祖达尔文之学说及其略传》,《文集》之十三,页18。他还曾说:"及达尔文出,……是故凡人类智识所能见之现象,无一不可以进化之大理贯通之。"见《论学术之势力左右世界》,《文集》之六,页114。

[146] 在《中国专制政治进化史论》中,梁氏云:"进化者,向一目的而上进之谓也。日迈月征,进进不已,必达于其极点,凡天地古今之事物,未有能逃进化之公例者也。",《文集》之九,页59。

[147] 梁启超:《进化论革命者颉德之学说》,《文集》之十二,页80。

[148] 同上,页80。

第九章 道德实践的向度与公理的内在化 977

最大多数者,不在现在而在将来,故各分体之利益及现在全体之利益,皆不可不牺牲之以为将来达此目的之用。于是首明现在必灭之理与现在灭然后群治进之义。[149]

"进化论的标准"在这里成为一种有利于"群"的理想的道德性的标准,自然与对自然性的抑制(道德)、利益与至善就这样统一于"进化"的"天理"之中。非常明显,梁启超的进化观在这里主要表达为关于群体或集体的进化,而不是个体的进化。在某种意义上,群体的进化依赖于个体的自我牺牲和对个体欲望的抑制。实际上,颉德的社会伦理在处理群体与个体的关系时,是和达尔文进化论有关种和个体的理论非常相似的。生存竞争在这个意义上是人类或种群进步的阶梯。在淘汰那些不能适应进化法则的事物的过程中,个体的死亡成为进步的必然途径。因而梁启超说:"故死也者,进化之母,而人生之一大事也,人人以死而利种族,现在之种族以死而利未来之种族,死之为用不亦伟乎!"[150]死亡不仅关系到群体的利益,而且也关系到群体的未来的利益。在梁氏看来,那些能够致力于未来的种族,其进化的程度较之那些仅仅为目前的利益而奋斗的种族更高。在"进化论"被作了如上解释之后,梁氏把它作为普遍原理或一贯之理应用于史学、政治学、经济学、社会学、宗教学、伦理道德学等各个领域;这一被改造了的科学原理的普泛化运用与其说是科学主义的,不如说是道德主义的,因为当它被作为历史哲学来运用时,它在达尔文学说中得以展现的科学论证过程和方法已不具任何重要性。

梁氏对达尔文学说的上述理解方式与他早期的思想明显具有连贯性,那时他在"公羊三世说"的基础上理解"进化"概念。如果没有对于科学原理的内在化的理解,这样的进化概念就不可能建立起来。在他的视野中,孔子思想的首要含义就是"进化主义","三世"观与达尔文、斯宾塞

---

[149] 同上,页81。
[150] 同上,页82。

学说之间几无差别。[151]达尔文对于人类和其他物种由来的历史性（在因果关系之中）考察和实证分析终于被适用于道德目的,并为梁氏的历史学方法论奠定了科学与道德的双重基础。不过,把科学适用于道德目的与把科学等同于道德毕竟是不同的,梁氏对康德"两种理性"的含混解释在这里仍然起着重要作用。在这里值得提出的问题是,对于进化的上述解释与梁启超的民族主义的关系究竟如何呢？

3. 进化概念、民族主义和权利理论

梁启超的独特的进化概念使他与严复的进化观区别开来,也使他对欧洲各派社会思想有所批评。例如一方面,梁启超象斯宾塞一样把进化看作是贯穿一切领域的法则,并从知识的角度断言:"近四十年来之天下,一进化论之天下也。……科学（此指狭义之科学即中国所谓格致）盛而宗教几不保其残喘。进化论实取数千年旧学之根柢而摧弃之翻新之者也";另一方面,他又指出斯宾塞的综合哲学"自谓借生物学之原理,以定人类之原理。而其于人类将来之进化,当由何途,当以何为归宿,竟不能确实指明,而世界第一大问题,竟虚悬而无薄。"[152]梁启超批评的当然不止斯宾塞,也包括马克思、边沁、亚当·斯密和李嘉图等等。根据颉德的观点,梁启超判断说：

> 今世政治学家、群学家之所论,虽言人人殊,要之皆重视现在,于未来少所措意焉。……如所谓社会论、国家论、人民论、民权论、政党论、阶级论等,虽其立论之形式不同,结论各异,而其立脚点,常在于是。……

---

[151] 梁氏在《论支那宗教改革》一文中认为中国落后的原因是"误六经之精义,失孔教之本旨",而孔教本旨的第一条就是"进化主义";"春秋之立法也,有三世。一曰据乱世,二曰升平世,三曰太平世。……此西人打捞乌盈士啤生氏等,所倡进化之说也。……"《文集》之三,页55,58。
[152] 梁启超:《进化论革命者颉德之学说》,《文集》之十二,页79。

> 十九世纪者,平民主义之时代也,现在主义之时代也。虽然,生物进化论即日发达,则思想界不得不一变,此等幼稚之理想,其谬误固已不可掩。质而论之,则现在者,实未来之牺牲也。若仅曰现在而已,则无有一毫之意味,无有一毫之价值。[153]

梁启超认为亚当·斯密、穆勒、斯宾塞、马尔萨斯、李嘉图、边沁、奥斯丁等都是这种"现在主义"的代表,因为他们的自由主义经济学、功利主义伦理学,以及现代国家理论、综合进化理论都注重于现在而无法回答人类未来的归宿问题。对斯宾塞的批评表明他不是简单地赞同进化理论,而把进化的道德视野看作是更为根本性的东西。[154]因此,对于梁启超来说,最为重要的不是进化的一般概念,而是如何界定进化的规律。

那么,什么才是代表未来的利益或力量呢?我们仍然需要回到他的"群"的理想之中。在梁启超所说的"群体进化"之中,"群"概念所蕴含的道德理想成为更为基本的原则,即所有有害于群体未来利益的因素都不能被理解为符合进化的法则。[155]换言之,道德的准则不仅是群体的利益,而且是群体的未来利益。因此,对个体而言,这不仅是一种激进的集体主义,而且还是一种激进的未来主义。从"人类全体之永存之进步"的角度看,进化过程意味着单纯的个体的生存斗争乃是基于人性中最"个人的"、"非社会的"和"非进化的"所谓"天然性",从而进化的道德描述

---

[153] 梁启超:《进化论革命者颉德之学说》,《文集》之十二,页84、86。
[154] 他说:"斯宾塞非全忘未来者,彼尝言曰:人群之进化,实由现在之利益与过去之制度相争,而后胜于前之结果也。又曰:国界必当尽尽,世界必为大同。此皆其理想之涉于未来者也。虽然,彼其所根据者,仍在现在。彼盖欲以现在国家思想扩之于人类统一之全社会,未足真称为未来主义也。"同上,页85。
[155] 梁启超说:"颉德以为人也者,与他种动物同。非竞争则不能进步,或个人与个人竞争,或人种与人种竞争,竞争之结果,劣而败者灭亡,优而适者繁殖。此不易之公例也。而此进化的运动,不可不牺牲个人以利社会(即人群),不可不牺牲现在以利将来。故挟持现在之利己心,而谬托于进化论者,实进化论之罪人也。何以故,现在之利己心,与进化之大法无相关故。非惟不相关,实不相容故。此现在之利己心,名之为'天然性'。"同上,页79—80。

就是节制"天然性"的过程。换言之,"群性"意味着一种人的社会性的特质。我在此指出的,是梁启超思想的一个不为人注意、却十分重要的方面,即他对科学及其认识方法的理解包含着去私存公的"群"的理想,从而他的科学概念包含了一种道德的内在向度,而这种以节制自己的私见的科学认识方法,完全符合梁启超的以节制"天然性"为特征的"群体进化"观。这也意味着科学实践是人产生自己的"社会性"的独特途径。

在梁启超的内在化的科学概念与他的"集体主义"政治理论和历史理论之间存在着某种内在的联系。上文引述过梁启超的如下观点:"天下必先有理论然后有实事,理论者实事之母也。凡理论皆所以造实事,虽高尚如宗教家之理论,渊远如哲学家之理论,其目的之结果,要在改良人格,增上人道无一非为实事计者。"[156] 这就是梁启超所理解的知识、人格、实事之间的关系。梁启超先是从公羊学的构架中讨论"群"概念,而后把它用于民族—国家的政治含义。这一政治观的转变包含着"群"概念作为一种"去私"的知识方法的功能转换。即使在"群"概念转向指称民族—国家概念时,它也包含了特定的价值目标,这种价值目标对民族—国家和公民的含义的解释有着重要的影响。由于梁启超对进化论的解释涉及的不止是道德问题,而且还涉及对个人在历史演进中的权利的判断,因而梁启超对群体进化的叙述也经常被看作是对自由主义的个体本位的权利理论的背离。汪精卫在与《新民丛报》的论战中就曾明确地指出这一点。梁启超的君主立宪论,开明专制论,以及他对德国国家主义理论的愈益强烈的兴趣显然加强了这一判断。我认为梁氏的群体进化论及其道德视野的确包含对个体主义的权利理论的一种限制性的理解,这种限制表现在两个不同的层次:首先,他强调个人权利与某种共同体利益的协调;其次,他认为个人权利必须是在公民具有充分的运用能力的条件下才能充分发挥。这两个方面都密切地联系着他的政治态度。因此,我们首先需要回答的问题是:第一,"群"概念的价值目标对自由主义权利理论的修正是如何发生的? 第二,进化理论的道德视野与社会达尔文主义的关系如何?

---

[156] 梁启超:《新民议》,《文集》之七,页104。

我们首先探讨第一个问题,即梁启超的"集体主义"及其与自由主义个人权利理论的关系。梁启超的"新民说"包含了对个人权利的辩护,但张灏指出,这种辩护本身带有一种强烈的集体主义特色,并与自由主义产生了歧异。[157] 这一基本判断的理论根据是自由主义的权利理论,特别是卡尔·弗里德里克(Carl J. Friedrich)在《人类和他的政府:政治学的一个经验主义理论》(*Man and His Government: An Empirical Theory of Politics*)一书中关于两种自由概念的解释。弗氏说:"当人类或以个人或以集体方式从事政治活动和当他们达到从事政治活动的程度时——也就是说,选择、决定、或对之发表意见而不受他人干预时,他们应被认为是自由的。……如果这种活动主要是指在私人范围内人们可以做他想做的事,我们可以称为独立的自由;如果这种活动主要是指参与群体活动,那么就是参与的自由。"[158] 据此,梁启超的自由观念被看作是一种参与的自由,而不是独立的自由。这也基本符合梁启超的思想特征,例如梁氏说:

> 一部分之权利,合之即为全体之权利,一私人之权利思想,积之即为一国家之权利思想。故欲养成此思想,必自个人始。
>
> 国民者一私人之所结集也,国权者一私人之权利所团成也。……其民强者谓之强国,其民弱者谓之弱国……其民有权者谓之有权国。[159]

但是,梁启超在《新民说》中曾经列举出自由的六个方面,即平民的平等

---

[157] 通过对梁启超的自由观念的不同方面进行细致的梳理,张灏的结论是:"梁的自由思想在发展中国家的许多人中是非常典型的。他们同样优先关注国家独立的自由和参与的自由。但当形势需要的时候,他们往往为了前者而牺牲后者。不管这些自由思想是如何地流行,它们与近代自由主义思想的主流无关。近代自由主义思想的主流,以摆脱公众控制的独立之自由为核心。当然,这些思想与古代希腊政治思想理解的自由相似。"张灏:《梁启超与中国思想的过渡(1890—1907)》,页144。

[158] Carl J. Friedrich, *Man and His Government: An Empirical Theory of Politics* (New York: McGraw-Hill, 1963), pp. 253-255.

[159] 梁启超:《新民说》,《专集》之四,页36、39。

权利,公民参与政治决策,殖民地的自决权,宗教和信仰自由,国家主权和独立,劳工摆脱被奴役地位等。他从历史角度分析中国社会与欧洲社会的差别,特别指出中国没有欧洲社会的等级制度和宗教传统等等独特的历史特点,从而断言在上述六项自由中仅有人民参政和建立民族国家两项与中国面临的问题关系密切。换言之,梁氏的自由观不仅内容广泛,而且也包含了对历史的基本判断。梁氏虽然把自由作为一个至高的理念,但他对自由的阐释也包含了关于民族独特性——或者更准确地说,自由与历史语境的关系——的理解。

因此,究竟如何理解梁启超的自由观念与英国自由主义差别,如何分析梁启超以"群"为中心的自由观念与他的进化概念的关系,以及他的带有社会达尔文主义色彩的历史理论,仍然需要进一步分析。首先,我们需要明确地说明,梁启超的民族主义概念建立在民族—国家与共和政体的联系之上。我在上文中已经提及民族运动与法国大革命中产生的共和政体的民族—国家具有历史性的联系,因此,民族主义与民族共同体成员作为国家公民的身份认同是直接相关的。梁启超身处民族主义运动的中心,与章太炎等人不同的是,他特别注重的是所谓"外竞"(即外部的民族主义)而非"内竞"(即内部的民族主义),并明确地把民族主义和一个国家的民主化关联起来。[160] 在这个意义上,梁启超的"新民"方案几乎完全遵照了欧洲民族运动的模式。

"新民"概念包含了对国民能力的培养的重要的政治内含,关于这一点许多论者都已作了充分的说明。那么,为什么梁启超所设想的民族—国家与共和政治的这种关联并没有倾向于个体本位的权利自由主义呢?这似乎是引起研究者批评的关键所在。我认为,与其说梁启超的取向源于他对个人权利的忽视,不如说他所处的历史位置和他对"国家"、"社会"范畴的理解决定了他对现代民主政治的理解。在《论近世国民竞争之大势及中国前途》中,梁启超把他的"群"的概念、"进化"或"竞争"的概念组织成为一幅"国民竞争"的世界图景。在他看来,当代欧美诸国的

---

[160] 同上,页16—23。

竞争与传统封建割据,或者秦始皇、亚历山大、成吉思汗、拿破仑的帝国征伐颇为不同,因为"其争也,非属于国家之事,而属于人群之事,非属于君相之事,而属于民间之事,非属于政治之事,而属于经济之事,"一句话,现代之争"起于国民之争自存。"[161]这是从一个特定历史位置上观察到的历史特征。

正是在这个意义上,梁启超认为,如果要中国适应当代世界的竞争之势,那么,首先必须改变国家的性质,即把国家从一家之私转化为国民国家。"国民国家"这一概念源自日本对民族—国家的翻译,它揭示了主权概念背后隐含的社会关系。事实上,伯丹、霍布斯的主权概念是在国王主权(royal sovereignty)与君主权力(lordly power)的对比之间展开的,前者是尊重臣民的人格和财产的君主国,而后者则是不受限制地统治其臣民的帝国。[162]但是,欧洲王权国家对臣民财产权的尊重的前提是世袭贵族制度,后者能够有效地抑止君主权力。清朝是一个带有某种贵族制度色彩的王朝,但在雍正以后,贵族对于皇权的抑止能力已经被限制在极小的范围内。今文经学的中心主题之一是"讥世卿",并把对"世卿"的讥评与对皇权的限制关联起来,这是因为限制皇权的真正力量来自礼仪、制度和官僚制国家本身。在这个意义上,国民国家的概念与贵族制是没有关系的,前者立足于平等的国民的自主能力及其对国家主权的决定关系。尽管梁启超的论述重点转向了民族竞争问题,但是,他对当代世界竞争形势的理解也影响了他对中国社会的内部改造的看法,即既然竞争是以国民间的竞争的形式出现,那么,内部改造的关键就在于人民的群体自觉和能力的培养。梁启超在新政及其酝酿时期对地方自治运动可能导致的分裂后果感到忧虑,但他对国家前途的看法与他从1890年以来所关注的地方自治,以及与地方自治直接相关的道德培养计划,并不是截然对立的:他始终把国家看成是一个共同体成员的自治成果。这一点似乎与他对世界

---

[161] 梁启超:《论近世国民竞争之大势及中国前途》,《文集》之四,页59。
[162] 参见佩里·安德森:《绝对主义国家的谱系》,郭方等译,上海:上海人民出版社,2001,页399。

竞争形势的了解完全能够吻合。

从这样的视野来看,梁启超的国家观念也是需要重新予以界定的。他的"群"观念为他的国家概念提供了某些有别于今天的国家观念的内涵,即国家作为一个具有道德一致性的自治共同体。我们首先应该理解的是:他的国家观念不同于现代人所理解的国家。对于现代人而言,国家就是一套制度安排,一个官僚化的统一体,政府不代表也不体现公民的道德共同体,从而这样的国家是强加在缺乏道德一致性的社会之上的结构。但是,梁启超的国家观是和他的"群"概念联系在一起的,这种"群"被看作是一个道德的和政治的共同体,对于这个共同体的忠诚是这个共同体成员的道德实践的一部分,从而也是其政治实践的一部分。因此,自由主义政治理论与梁启超的国家观念的差异,可以被理解为两种完全不同的国家观的冲突,而不是对于同一种国家的两种不同态度。"现代系统的政治观,不论是自由主义的,还是保守主义的;不论是激进主义的,还是社会主义的,都不得不拒斥属于真正维护德性的传统的观点:因为现代政治观本身在它的制度形式中体现了对传统的系统的摈斥。"[163]梁启超的国家主义当然受到了德国国家主义的影响,但他对"群"的理解,以及从这一"群"观念中发展起来的国家观及其道德概念,都是和现代国家概念存在重要差异的。这一点对于理解梁启超对现代社会的批评具有重要的意义。

讨论梁启超有关国家的看法所碰到的一个难题,在我看来,还不是两种自由的观念,而是为什么梁氏思想中有关人民自治的思想会与国家主义关联起来?梁启超关于地方自治的思想和"新民"的看法包含着对人民的道德能力的关注。这种内含着公羊学和陆王心学的道德观可以说是他的人民自治思想的基础,现在又转化为国民教育的一部分。"群"概念一方面是一种针对君主集权的分权主张,另一方面又是针对现代个人主义权利理论的集体诉求,那么,"群"的道德理念为什么在梁启超那里能够适应似乎完全不同的政治模式呢?换言之,为

---

[163] MacIntyre,《德性之后》,页321。

什么自治的思想不是向个人主义权利理论以及共和政治发展,而是向君主立宪或开明专制发展呢?我认为最为重要的现实理由产生于当时的政治语境和梁启超作为一个民族主义者对这一语境的基本判断,即在帝国主义时代,地方自治的政治模式很有可能成为中国内部瓦解的根源。

但除此之外,也还有着更为隐蔽的理由。问题的一个可能的方面隐伏于梁启超关于中西历史的比较之中。梁启超认为中国和欧洲在汉代以前的历史是极为接近的,但汉以后的历史却截然不同。这主要表现为两个方面,即分裂与统一、贵族制与平民制的区别。"列国并争,比于合邦统一,则合邦统一者为优;有阶级之民,比于无阶级之民,则无阶级者为优。"[164]尽管如此,梁启超承认恰恰是由于中国文明的这些"优点",使得人民因"不见他人之有权"或"因无阶级自安之故"而"不求自伸其民权也。"因此,鉴于当代世界的新的变化,中国"今日当于退步求进步,或者我中国犹有突飞之日乎。"[165]换句话说,当代世界的竞争是"人人为其性命财产而争"。[166]在梁启超看来,正是在这个竞争过程中,西方发展起一系列的个人权利,保证平等对待公民所享有的各种尊重。这种权利自由主义及其在法律上的体现就是把个人权利置于集体目标之前。但是,个人主义的权利理论不仅是以欧洲社会的阶级结构为历史背景的,而且也要求像中国这样的社会以新的形式重新分化为阶级。无论梁氏怎样要求师法西方,激烈地抨击中国的闭关锁国,他的内心里都保留着一种对于古代制度的理想主义态度,并认为强烈地追求权利是和权利的不平等相关的,这从另一个方面证明了例如像三代那样平等的社会才是真正自治的社会。因此,对于梁启超来说,问题不是是否赞成个人主义的权利理论,而是是否赞成一个相对平等的社会重新分化为阶级社会,一个社会应该是一个道德共同体,还是一个缺乏道德一致性的"程序的共和国"?在这

---

[164]　梁启超:《论中国与欧洲国体异同》,《文集》之四,页66。
[165]　同上,页67。
[166]　梁启超:《论近世国民竞争之大势及中国前途》,《文集》之四,页59。

个意义上,梁启超与现代个人主义权利理论的分歧起源于两种不同的社会观。

如果把这种关于道德共同体的观点与梁启超的地方自治构想联系起来,那么,我们可以发现:他的自治观及其道德含义主要是以区域性的社群为模式,而不是以民族—国家作为想像的社群。这种社会观支配了他对现代西方社会及其制度形式的理解。1903年初春,梁启超对美国进行了长时间的实地考察。美国的经验使他对民主制度的阴暗面及其与经济自由的关系有了进一步的了解。值得注意的是,梁启超是从竞争、垄断和阶级的分化的角度理解现代社会的,从而他对民主和现代社会的理解不仅仅是一种政治理论方面的观点,而且也涉及整个社会的运作过程及其社会分化。因此,个人主义权利理论与经济竞争的关系是他思考个人权利及其后果的关键问题,也多少使他的观点带有一些社会主义色彩。用他自己的话说,"生计界组织进化之现象,与政治界殆绝相类。"[167]他以美国历史为例,指出美国历史中以小工商业、有限公司和托拉斯为代表的经济形式分别对应着殖民时代、分治时代和帝国主义时代的政治形式。他意识到资本主义的发展伴随着日益加强的垄断趋势,而这种垄断趋势的结果,是一种更为严密的统治结构的出现。政治上的帝国主义与经济上的垄断关系的形成是密切相关的。我深信,这一思考正是他的激进的集体主义和未来主义的主要源泉。他追问的是:究竟什么力量支配着当代世界的运动?这种运动的最终后果是什么?单纯地谈论自由是否能够长远地保障社会的利益?他对个人权利问题的考虑不可能与这些问题完全无关。

在上述意义上,梁启超不仅从政治理论角度考虑个人权利问题,而且也是从一个较为整体的观点来理解社会的发展。把当代世界理解成为一个"国民竞争"而不是"国家竞争"的时代,这一基本判断建立在对当代世界竞争的深刻的经济性质的理解之上。梁启超说:

---

[167] 梁启超:《二十世纪之巨灵托辣斯》,《文集》之十四,页38。

斯宾塞言，野蛮之群，以产业机关为武备机关之供给物。文明之群，以武备机关为产业机关之保护物。吾以为文明之极则。岂惟武备机关为然耳，乃至政治上一切机关，悉为保障生产之一附庸。[168]

梁启超的这一判断也是对晚清时期的"军国民主义"思潮的修正，这一思潮的最为重要的解释者就是严复及其翻译的《社会通诠》。"军国民主义"强调的是国家的有组织的军事和政治力量，而在以经济竞争为特征的时代，问题的重心转向了每一个生产者的能力及其自我组织功能。在《二十世纪之巨灵托辣斯》一文中，梁启超从生产组织和生产方式的变化的角度，观察托拉斯（trust）和经济帝国主义的发展，并从这一角度重新检讨经济自由主义理论及其与个人权利理论的关系。他的一个基本判断与当代政治理论中有关垄断和控制的探讨是极为接近的，这就是从干涉主义到自由主义的发展并不是一个纯然进化的过程，相反，经济自由主义的发展孳生了帝国主义和社会主义运动，从而重新导致了干涉主义的出现。[169]

梁启超把托拉斯的发展看成是自由竞争的恶果。在这样的视野中，自由竞争的理论就不是理论的金科玉律，而是特定历史条件的产物。他不仅指出了自由竞争与16、17世纪的重金主义和18世纪重农主义的并非截然对立的关系，而且也把亚当·斯密的自由竞争理论看作是这一历史的结果。自由在这里不是抽象的个人权利，而是通商、交易、生产制造、买卖、劳动力的自由。自由也不是一种天然的权利，而是国家、社会的"一切生计政策。"[170]自由竞争导致了生产力的发展和技术的革新，但也产生了供应和消费关系的失调，导致生产过剩，并引发经济危机和小企业的破产等一系列后果。经济危机的过程加剧了劳资冲突，因为资本家为了降低成本，不得不克扣工人工资，雇佣童工或妇女。因此，社会遂出现

---

[168] 梁启超：《二十世纪之巨灵托辣斯》，《文集》之十四，页33—34。
[169] 同上，页34。
[170] 同上，页35。

自发的保护主义运动：

> 举天下厌倦自由,而复讴歌干涉。故于学理上而产出所谓社会主义者。于事实上而产出所谓托拉斯者。社会主义者,自由竞争反动之结果;托拉斯者,自由竞争反动之过渡也。

梁启超把托拉斯定义为"自由合意的干涉"。在这种垄断性的干涉过程中,早期自由主义为之辩护的"个人独立之小商渐次绝迹,相率而走集于有限公司之旗下。"托拉斯的出现为自由竞争提供了一幅大鱼吃小鱼的景观。[171]《二十世纪之巨灵托辣斯》分十二个方面叙述了托拉斯之利,又从十个方面解释托拉斯的弊端。他的重点显然在于托拉斯的长远后果。除了从经济角度批评托拉斯由于权力高度集中而难以监督、用不正当手段阻碍自由竞争、减少劳动力报酬、对原材料生产者和消费者进行不公正掠夺等等之外,梁启超显然注意到托拉斯可能导致的政治后果,即它的"广大之支配权,与适当之自治,不能相容",如果没有适当的监督,托拉斯最终"可以举七千余万之自由民,悉奴隶于托辣斯专制团体之下。"[172]值得注意的是,梁启超并不是简单地否定托拉斯的功能,相反,他从工人工资的增长来观察托拉斯,赞成有关托拉斯有利于经济形态向社会主义的过渡的社会主义观点。综合各种对托拉斯的赞成和反对意见,梁启超倾向于利用国家的监督权和关税政策对托拉斯进行干涉,而不是对托拉斯加以封杀。

然而,作为一个致力于中国民族主义运动的思想家,梁启超更加关注的是托拉斯的垄断特征及其效率势必推动海外市场的扩张,并自然地倾向于帝国主义政策。如果自由竞争会导致垄断和控制,那么,经济自由主义就会最终削弱社会自治的能力。这就是梁启超批评亚当·斯密等人是现在主义者,而没有关注人类的未来利益的理由。从这一角度看,梁启超

---

[171] 同上,页36。
[172] 同上,页52,54。

对一定程度的国家干涉的诉求恰恰是和自治的理想相关的,即过度的放任主义可能导致社会和人民自治能力的丧失。因此,我们不能简单地指责梁启超忽略了个人的自由权利,而仅仅关注参与权的问题。公民的参与权难以与他们的个人权利截然分开。从一个落后的、被殖民的国家的角度来看,不受限制的自由竞争和市场理论在国内和国际两个不同的层面都密切地联系着垄断集团的活动,从而构成了对社会利益的威胁,最终不可避免地导致自发的保护主义。这种保护主义运动的方式之一,很可能就是梁启超设想的"自治"运动。因此,自治的想法在针对皇权的时候是一种民主分权的要求,而在针对由自由竞争所导致的垄断和控制的时候,也仍然是一种民主分权的要求,只不过这两种分权要求的含义颇为不同。这种分权的基础植根于一种群体的道德一致和道德自觉。在这里,对于道德共同体的理解并没有发展成为极权主义或集权主义。确实,这种对于道德共同体("群")的理解常常是和梁启超的民族主义联系在一起的,自由主义者正是据此怀疑这种道德共同体主义可能成为社会达尔文主义或极权政治的根源。然而,梁启超所理解的"国家"并不是一套单纯的政治结构,而是一个建立在其成员共同认可的道德一致性基础上的共同体。这一基础不仅是共同体成员的自治能力,而且也是各个小的自治共同体。那么,这个共同体是按照某种外在的政治意志形成的,还是一种历史进化的产物呢? 如果把梁启超有关自治的想法与清代学术对于风俗、制度和历史演变的探讨联系起来观察,那么,这种共同体概念与一种基于历史演变的自然观存在着联系,即它是以地缘、血缘和其他社会关系为纽带逐渐形成的社会关系。正是在这个意义上,梁启超所理解的国家和社会是和我们熟悉的政治学教科书中所描述的国家和社会截然有别的存在。

在这个前提上,梁启超虽然确定当代世界的竞争是"国民竞争",但并不等于说他认为竞争的胜者就是合乎道德的。他从"国民竞争"的态势中理解了中国民族主义运动需要从形成或培养"国民"开始,但他对"国民"作为一个道德共同体成员(在"群"的范畴中,不存在道德共同体与政治共同体的严格区分)的理解植根于他对社会作为这样一种特定的道德共同体的理解。如果我们了解了梁启超关于生存竞争的上述看法,他对进化论所作的道德化的解释就不难理解了。在很大程度上,梁启超的进化理论是对社会达尔文主义的严厉的抨击和重大的修正。因此,我们在什么意义上称他为社会达尔文主义者似乎成了一个需要严格分析的问题。我在此并没有否认梁启超曾经受到过社会达尔文主义的影响这一事实,例如他对种族及其等级划分的看法就留有这一思想的印记。[173]在《论政府与人民之权限》中,梁启超不仅说过"今地球中除棕黑红三蛮种外,大率皆开化之民矣"这样充满种族偏见和文化偏见的话,而且认为政府权限问题是和"人民文野之程度以为比例。"[174]但是,若从社会政治和经济思想的角度看,梁启超的道德视野则完全不应被简化为社会达尔文主义。

梁启超在新政前后的思想逐渐转向国家主义,这有他的开明专制论和国家理论为证。他借助于伯伦知理(Johann Kaspar Bluntschli,1808—1881)和波伦哈克等德国国家主义理论阐释国家、国民、民族等的相关关系,把国家视为一个有机体。[175]值得注意的是,晚清国家主义的兴起并不是某种理论传播的结果,它深刻地植根于这一时期的历史形势之中。我认为至少有这样三个方面:

第一,突出国家概念是为了把国家置于种族之上,反击清末革命的排满主义,为君主立宪提供理论的根据。梁启超说:

> 伯氏固极崇拜民族主义之人也,而其立论根于历史,案于实际,不以民族主义为建国独一无二之法门。诚以国家所最渴需者,为国

---

[173] 在《新史学》中,梁启超论及历史与人种的关系,接受欧洲民族主义叙述的一些基本看法。他先区别出"有历史的人种,有非历史的人种",然后根据人种学家的观点,把白种和黄种人作为"历史的人种",并从中再区别出世界史的人种和非世界史的人种,等等。这种等级性的种族分类学的确包含着社会达尔文主义的观点。《文集》之九,页11—20。

[174] 梁启超:《论政府与人民之权限》,《文集》之十,页3。

[175] 伯伦知理的国家主义首先在日本传播,梁氏显然也是在日本开始接触他的学说的。明治32年(1899),东京的善邻译书观翻译出版了他的《国家学》一书,计5卷。

民资格。……两年以来,民族主义稍输入于我祖国,于是排满之念,勃郁将复活。今吾有三问题于此,曰:汉人果已有新立国之资格乎?……曰:排满者,以其为满人而排之乎,抑以其为恶政府而排之乎?……曰:必离满洲民族,然后可以建国乎?抑融满洲民族乃至蒙苗回藏诸民族,而亦可以建国乎?[176]

国家问题在晚清语境中不可避免地涉及满人统治问题,因此,对于梁启超的君主立宪主张不应简单地置于是国家主义还是自由主义的问题中加以解释,而且更需要置于如何对待满清这一少数民族统治的问题之中给予分析。异族统治和中国认同问题是晚清思想和晚清社会变动的根本问题之一。

第二,伯伦知理的国家主义也包含了限制君权权力的看法,即国家是一个有自身意志的有机体,即使是皇帝也应该遵循这种意志,而不应将自己的私人意志强加于国家。伯伦知理推崇君主立宪,主张把主治权与奉行权分离开来,实则带有虚君共和的味道。对于梁启超来说,伯伦知理的理论适应着他的政治观,这是因为这一理论把国家看作是一种自主性的存在,从而"国家主义"成为利用国家及其行政组织摆脱君权的直接统治和种族统治的一种方式。同时,这种国家主义仍然包含着选举和民众参与的因素,因而梁启超不会认为这种国家理论已经完全背离了他的关于人民自治的观点。按照他的观点,自治的形式可能区分为自发的和由政府培养的两种不同形式,即使在后一种形式中,自治也仍然是存在的。[177]

第三,既然梁启超仍然把保存清王朝作为改良的前提,那么,君主立宪就成为他的政治调和主义的基本选择:这一选择既避免了排满,也避免了革命,同时也适应了他对当时中国人民的自治能力的估计。事实上,革命党人正是从这三个方面激烈地批判他的国家理论。汪精卫采用斯宾

---

[176] 梁启超:《政治学大家伯伦知理之学说》,《文集》之十三,页74—75。

[177] 梁启超在《上摄政王书》中说:"各国之自治可分两种,其第一种由于自然发达者,其第二种由于政府助长者……吾中国则属于第二种者也。"见《梁启超选集》,上海:上海人民出版社,1982,页82。

塞式的国家有机体学说,严厉批评国家的干涉政策。他针对梁启超和《新民丛报》的君主立宪论说:"论者以开明专制,望之今日之政府,吾则以民权立宪,望之今日之国民。……其第一之论据,则以为国民之能力,终远胜于政府之能力也。……其第二之论据,则以我国民必能有民权立宪之能力也。"[178]值得注意的是,改良与革命在社会变革的策略和道路方面判然有别,但他们之间并没有隔着一道铁壁。例如,革命者也相信中国在采用西方的民法、商法之时,也应该考虑中国关于民事、商事的习惯,从而"采各国共通之法理,衡本国特有之惯习,二者不能偏废者也。"他们反对的是一种传统本质主义,即认为中国与欧西的习惯、制度不同,因而就必然不能采用欧西的民法、商法等等。汪精卫甚至也以三代之制作为国家公法的例证,他说:"公法者,关于国家之权力之发动之法也。中国自尧舜以来,已知国以民为本,三代之书莫不勖王者以敬天,而又以为天意在于安民,王者当体天之意求有以安民者,不然,则降之大罚,故三代之际,对于王者之制裁力,遥视后者为强,此中国道德法律之精神也。"[179]

梁启超与革命者的主要分歧在民族主义和如何估价当时中国人民的自治能力方面,而不在是否承认自治和共和制度的必要性方面。这一点汪精卫在驳斥梁启超和《新民丛报》时已经说得非常清楚。《新民丛报》第7号第33页回应道:

> 共和之真精神,在自治秩序,而富于公益心。(所以能行议院政治者在此)国民心理而如是者,则共和不期而自成,美国是也;或且无共和之名,而有其实,英国是也。苟不能如是,而惟嚣嚣然求自由求平等,是未形成国家以前原始社会之心理,而决不可谓为今世共和国民之心理也。(自由、平等固共和精神之一部分,然必与自治心、

---

[178] 参见汪精卫:《驳"新民丛报"最近之非革命论》,其中第一部分就是《关于波伦哈克学说之评说》,《民报》第四期。
[179] 同上。

公益心相合,乃能成完全之共和心理。苟为离自治心、公益心而独立之自由平等,则正共和精神之反对也。)

汪精卫在辩论中指出,梁启超和《新民丛报》的这些论述"虽未明认我前提,而实已默认我前提也,吾何多辨焉? 论者欲谓我国民未有民主立宪之能力,必否认此前提而后可,不能否认,则吾所谓我国民有民主立宪之能力者,将一语足以撼之也。[180] 我认为梁启超的政治观中一直存在着关于自治的思想。这种自治不能简单地等同于有关地方自治或联省自治意义上的自治概念,虽然在特定的历史语境中这二者不无关系。如果我们考虑到梁启超有关三代和新民的解释,那么,我们可以说,自治不仅表现为个人的道德程度,而且也是一种群体能力的表达。他的群治的理想不仅在一定意义上就是人民自治的思想,而且也可以被看作是共和原则的表达。

梁启超对于专制皇权和托拉斯式的控制同时加以批判,因为这些力量都构成对人民自治的否定。当国家面临分裂或失序的时刻,梁启超不再在政治上呼吁地方自治,却把国民的自治能力当作是统一国家的前提。换句话说,自治的思想在一定意义上不是一种实际的政治观点,而是一种基本的原则和价值。这一原则与现代个人主义存在着区别,但绝不是极权主义的根据。相反,这一原则的信奉者对于帝制运动和现代形式的社会专制持有基本的批判立场。梁启超有关进化的道德视野是在群体的和谐自治中呈现出来的。事实上,正是由于对于人民自治和共和政治的信念与对人民实行自治的能力的估价相互矛盾,梁启超才提出了他的"新民"思想。"五四"时期普遍流行的"改造国民性"命题正是革命之后的新文化人物对这一思想的回归,这些新文化人物如果不是辛亥革命时代的"老革命",就是革命时代造就的新人物。他们都是共和制度的信奉者。

---

[180] 汪精卫:《再驳"新民丛报"之政治革命论》,《民报》第6—7期。

第四节 科学与以人为中心的世界
（1918—1929）

1. 文明危机与进化论的道德视野

1918年底开始的历时十四个月的"欧游"是梁氏从政治转向学术的转折时期,但"欧游"本身只是激发和强化了梁氏思想中固有的和已经萌发的思想因素。[181] 从现代思想的发展来看,梁氏在"欧游"中关于科学与文明的思考,从一个特殊角度回答了"五四"东西文化论战的根本问题,并直接地引发了1923年"科学与人生观"问题的讨论。

《欧游心影录》的中心论题是欧洲文明的危机与中国文明的生机,或者说,是对现代文明危机和中国社会问题的根本出路何在的探讨。第一次世界大战暴露了现代社会隐伏着深刻的内在矛盾,作为人的创造的科学与文明恰恰导致了人自身的危机。这对一直以学习西方为要务的中国知识分子所产生的精神震动是不言而喻的。忽略这些问题是不可能的,通过对这些问题的批评而放弃改革也是不可能的。梁启超对达尔文、穆勒、边沁、施蒂纳、基尔凯廓尔、尼采等人的学说,特别是"科学万能"的倾向,展开了尖锐的批判,其着眼点并不在于否定"科学"及其规则,而在于说明现代人运用"科学"的方式背离和埋没了道德目的。因此,从根本上说,梁氏所指称的文明危机与其说是科学的危机,不如说是道德的危机——作为道德源泉的自由意志的危机：

---

[181] 早在1918年初,梁氏与张君劢就有过发起松社计划,"以读书、养性、敦品、励行为宗旨"。见《梁启超年谱长编》,页859—860。

>　　……后来冈狄（孔德——引者）的实证哲学和达尔文的种源论同年出版，旧哲学更是根本动摇。老实说一句，哲学家简直是投降到科学家的旗下了。依着科学家的新心理学，所谓人类心灵这件东西，就不过物质运动现象之一种……这些唯物派的哲学家，托庇科学宇下建立一种纯物质的纯机械的人生观……其实可以叫做一种变相的运命前定说，不过旧派的前定说，说运命是由八字里带来或是由上帝注定；这新派的前定说，说命运是由科学的法则完全支配……于是人类的自由意志，不得不否认了，意志既不能自由，还有什么善恶的责任……这不是道德标准应如何变迁的问题，真是道德这件东西能否存在的问题了……[182]

尽管危机的本质是道德性的，但其直接的原因却是"科学的学说"和"科学的物质应用"。然而，在一个致力于社会改革的中国思想家看来，"科学"及其文明的危机不应直接导向如西方思想中的反科学倾向或非理性主义，因为中国面临的处境是双重的：既需要科学的发展，又需要重建道德秩序。从梁氏思想的内在理路看，他真正关心的是科学的行使必须适合于道德目的，而不是"菲薄科学"。[183] 梁氏最后十年思想活动的很大部分是围绕"科学与以人为中心的世界"的关系这一轴心问题展开的。问题的关键在于：如何把心物的二元对立统一于人的生活，或者说，以人的生活为中心来重新解释外部世界与人的自由心灵的关系。

在"欧游"之后以至"科玄论战"前后的一段时期，梁启超的观点有些摇摆不定：一方面，他把科学从具体学科及其物质运用中提升出来，把它归还给人的精神创造，从而在科学与道德之间寻找一种内在的"同一性"；另一方面，他又竭力限制科学的适用范围，从而把科学与道德区分

---

[182] 梁启超：《欧游心影录·科学万能之梦》，《专集》之二十三，页11。

[183] 他在《欧游心影录·科学万能之梦》的末尾自注道："读者切勿误会因此菲薄科学，我绝不承认科学破产，不过也不承认科学万能罢。"在《先秦政治思想史》中他又说："科学之发明进步，为吾侪所不能拒且不应拒"，"吾侪今日所当有事者，在'如何而能应用吾先哲最优美之人生观使实现于今日'。"《专集》之五十，页182。

为两个性质上截然不同的范畴。后一方面显然是在康德"两种理性"概念影响下的判断。尽管存在这种逻辑上的困难,梁氏的基本倾向仍然是清楚的:必须以人为中心,在科学与道德、必然性与自由之间达到一种和谐与平衡。许多学者都注意到梁氏在《欧游心影录》和"科玄论战"中的科学与自由意志的二元论观点,他的基本看法是:"人生关涉理智方面的事项,绝对要用科学方法来解决;关涉情感方面的事项,绝对的超科学"。[184] 他不同意张君劢独尊自由意志,也不赞成丁文江"迷信科学万能","要把人生观统一",[185]而倾向于对这两个范畴作出更精确的界定。正如上一节已分析过的,梁氏的情感概念直接地与自由意志相关,受道德律的控制,从而不属于"纯粹理性"的领域。梁氏的上述二元论观点显然来源于康德"两种理性"的区分。

但是,梁氏的二元论观点并不彻底,虽然他使用了两次"绝对"这个字眼。在梁氏的思想中,萌发了一种调和二者并寻找它们的内在"同一性"的愿望。梁氏的策略是:首先,把科学的"结果"与"科学本身"区别开来,把数、理、化等概念与"科学"概念区别开来,从而突出了超越具体科学和科学的物质结果的"科学精神"的概念,这一概念一端联系着具体的科学研究,一端联系着人的心灵。其次,把政治学、社会学、经济学等协调社会发展的"非物质的"学说引入科学范畴,从而在科学内部发展某种心与物的平衡。1922年8月,梁氏在南通应邀为中国科学社年会发表演说,他定义"科学精神"道:"有系统的真知识,叫做科学。可以教人求得系统之真知识的方法,叫做科学精神",而作为科学精神的对立面的"笼统"、"武断"、"虚伪"、"因袭"、"散失"等等非科学或反科学的痼疾显然又都是一些道德性的精神病症。在这个意义上,求真知求因果(系统)的科学研究过程本身就是道德完善的过程。[186]

如果科学可以被抽象为一种精神和方法,那么人类对"真"的追究与

---

[184] 梁启超:《人生观与科学》,《人生观之论战》(中),上海:泰东图书局印行,1923,页90。
[185] 同上,页88。
[186] 梁启超:《科学精神与东西文化》,《文集》之三十九,页3。

第九章 道德实践的向度与公理的内在化 997

对"美"的创造就具有了共同的基础。不过,梁氏对"真美合一"观念的论证却是从客观方面作出的。在《美术与科学》一文中,梁氏指出现代文明起源于文艺复兴,而后者的主要成就却在美术。既然美术与科学分属"情感"与"理性"这两个绝然对立的领域,"为什么这位暖和和的阿特先生,会养出一位冷冰冰的赛因士儿子?"[187]梁氏认为这是因为科学与美术都需从观察自然入手,都是"自然夫人"的儿子;既然如此,"真美合一"就不仅是一种理想境界,而且是一种必将来临的现实:他期待着"科学化的美术"和"美术化的科学"。[188]梁氏曾把美术与"趣味"相联系,而"趣味"又来自"对境之赏会与复现"、"心态之抽出与印契"、"他界之冥构与蓦进"等心灵的自由活动。[189]在这个意义上,"美术化的科学"就意味着"科学"自身可以建立在情感与理性、自由与必然性的和谐关系之上。

这种调和的企图与前述二元论观点的区别非常重要,它不仅使梁氏在"进化论"问题上的观点发生变化,而且提示了梁氏思想的发展路向:他试图克服心与物、情感与理智的二元对立。在《欧游心影录》中,梁氏曾把欧洲文明危机归咎于达尔文学说对宗教和道德的破坏,但同时他又感到"进化论"可以与自由意志相调和:

> 柏格森拿科学上进化原则做个立脚点,说宇宙一切现象,都是意识流转所构成,……都是人类自由意志发动的结果。所以人类日日创造,日日进化……连科学和宗教也渐渐有调和余地了。[190]

在柏格森、倭铿和杜里舒(Hans Driesch,1867—1941)等人的影响下,梁氏逐渐把"进化"理解为有机界在人的自由意志的发动下的发展过程:有机界本身是消极的,惰性的,是不具任何形式和能动性的,而自由意志给有机界带来活力和秩序,因此进化过程就是人的自由创造的过程。正由于

---

[187] 梁启超:《美术与科学》,《文集》之三十八,页7。
[188] 同上,页12。
[189] 梁启超:《美术与生活》,《文集》之三十九,页22—23。
[190] 梁启超:《欧游心影录》,《专集》之二十三,页18。

此,梁启超在激烈抨击"科学征服哲学"的倾向以及"进化论"的同时,他仍然建立起一种"生物学的世界观",并把它贯彻到他的"历史研究法"之中,以修正他早期的那种较为机械的地理决定论的历史观。[191]

梁氏对"进化论"的肯定是在上述框架中进行的,因此,他对进化论的激烈攻击就不像表面看来的那样自相矛盾,因为这种攻击的出发点也是自由意志,而作为攻击对象的进化论却是未经柏格森等人改造过的、实证的、因果律的、决定论的历史观念。梁氏对"生物学历史观"的自我质疑起源于他对"文化"和"创造"这两个概念的分析:"文化者,人类心能所开积出来之有价值的共业也","创造者,人类以自己的自由意志选定一个自己所想要到达的地位,便用自己的'心能'闯进那地位去",如此,"文化"作为自由意志的创造就"绝对不受任何因果律之束缚限制",从而与自然界分属完全不同的范畴。[192]在1922至1923年于南京金陵大学第一中学所作的两次演讲中,梁氏对他刚写完不久的《中国历史研究法》作了重要修正:第一,归纳法只能整理史料,却无法说明人类的自由意志的独创性;第二,历史现象中与自然系同类的事物可以因果律或必然的法则来说明,但作为人类文化创造的历史却纯属自由意志的领域;第三,历史的"进化"只适用于人类平等和一体的观念及"文化共业",而实际的进程却是非进化的。[193]

梁启超关于"进化论"及其历史观的评价似乎自相矛盾,但基本的价值立场却是恒定的:把自由意志视为构成和控制全部生命活动和历史创造的力量。透过他的变幻不定的观点,我们发现他始终关心的问题是:"精神生活与物质生活的调和问题","个性与社会性之调和问题",他确信"此两问题者非得合理的调和,末由拔现代人生之黑暗苦痛以致诸高

---

[191] 梁氏早年曾把"地理学"当作"诸学科之基础",而现在他认为"生物学"应该承担这种角色。参见他的《地理与文明之关系》,《文集》之十,页106;《生物学在学术界之位置》,《文集》之三十九,页21。
[192] 梁启超:《什么是文化?》(1922),《文集》之三十九,页98—100。
[193] 梁启超:《研究文化史的几个重要问题》,《文集》之四十,页1—7。

明"。[194]换言之,梁氏需要的是一种克服了科学与道德、理性与情感、必然性与自由的二元对立的思想体系,而人的生命活动本身是克服这种二元对立的唯一途径。

2. 知行合一、纯粹经验与人的世界

正是为了调和与克服科学与自由意志的对立,梁氏在他生命的最后阶段全面地回向儒学立场,重建以"人"为中心的世界。他确信"此合理之调和必有途径可寻,我国先圣,实早予吾侪以暗示"。[195]那么,中国思想以什么方式消解了上述二元对立呢?梁氏说:

> 中国学问……与其说是知识的学问,毋宁说是行为的学问。中国先哲虽不看轻知识,但不以求知识为出发点,亦不以求知识为归宿点。……中国哲学以研究人类为出发点,最主要的是人之所以为人之道,怎样才算一个人,人与人相互有什么关系。[196]
> 西方所谓爱智,不过儒家三德(智仁勇)之一,即智的部分。[197]

在梁氏看来,以人为中心的儒学体系并不是反知识和反科学的,而只是为知识和科学提供了出发点和归宿。针对时人把儒学斥为"玄学"的论点,梁氏并不为"玄学"辩护,而是澄清儒学与"玄学"的差别:"儒家本来不是玄学","儒家与科学,不特两不相背,而且异常接近,因为儒家以人作本位,以自己环境作出发点,比较近于科学精神,至少可以说不违反科学精神。"[198]

以人为出发点来调和科学与道德的关系,这逻辑地导向他对朱熹

---

[194] 梁启超:《先秦政治思想史·结论》(1922),《专集》之五十,页182—184。
[195] 同上,页184。
[196] 梁启超:《儒家哲学》,《专集》之一百三,页2。
[197] 同上,页3。
[198] 梁启超:《儒家哲学》,《专集》之一百三,页10。

"涵养需用敬"、"进学在致知"的二分论的批判态度,即否认知识与道德为二事。[199]与此相应。梁氏认为孔孟以至陆王的心性之学悬置本体论(宇宙本根论)而注重人的日常的道德实践,因而并非凭空蹈虚之学。实际上,梁氏早年即受康有为之影响研读陆王,他在《南海康先生传》中曾经说及康氏对陆王的喜好,还在《论中国学术思想变迁大势》中认定康有为由朱次琦引导而深窥陆王之学。这一方面反映了康有为学术渊源的一个重要方面,也体现了梁氏自己的趣味和取向。梁氏认为道德实践与科学认识只是同一事件,其根据正是王阳明的"良知即天理"的命题。天理与人欲相对,认识"天理"的过程也即"去人欲"的过程,故而钱穆说:"天理人欲同样是人情,其别只在公私之间"。[200]梁氏则把"良知"与功利主义(私欲)相对立,[201]这都表明"致知"与"去私"的道德实践密切相关,这和梁氏早年关于"群/己"、"公/私"关系的观点完全一致。

由于梁氏试图用人的实践来调和科学与道德的关系,因此,尽管他非常清楚王阳明的"知行合一"概念与"良知"说主要是道德论和价值论的问题,但他仍然确信"知行合一"的概念从根本上解决了知识与道德的统一性。从这一意义上说,梁氏晚年的"科学观"就隐藏在他的道德论的内在逻辑之中。梁氏的基本论点是:阳明的"知行合一"说虽然排斥书册口耳上的知识,但并非排斥知识本身,而是要为知识建立一个准则("要有个头脑")。知识一方面是"诚心发出来的条件",另一方面它自身又依赖以"主观的良知为判断",知识既然发源于人的求知动机,而动机也就是"诚意",那么对世界的认识与良知的展现就统一于人的认识活动之中。[202]在1927年写作的《王阳明知行合一之教》中,王阳明在梁氏笔下既是一位"极端的唯心论者",又是一位"极端的实验主义者",他把禅宗

---

[199] 梁氏在朱陆之辨问题上趋向于"发明本心"的陆子,认为朱子"带点玄学色彩"(指其太极无极之辨)。
[200] 钱穆:《阳明良知学评述》,《中国学术思想史论丛》(七),东大图书公司,1986,页72。
[201] 梁启超:《王阳明知行合一之教》,《文集》之四十三,页34。
[202] 同上,页35。

与颜习斋、贝克莱与詹姆士的特征集于一身。[203]这种描述实际上是用人的实践来消解心物的对立,把道德论与知识论统一于人的活动的连续性之上。

尽管梁氏并没有像詹姆士(William James,1842—1910)那样用"纯粹经验"这个概念表述其思想,但他对阳明"身心意知物"的统一性的解释非常接近詹姆士的"彻底的经验主义"和实用主义,而后者在20世纪20年代被普遍承认为一种关于"科学"的哲学以至科学方法本身。如所周知,"实验主义"在20世纪20年代的中国广为流行,但影响主要来自胡适力倡的杜威,而不是梁氏注重的詹姆士。罗素说:"在詹姆士和杜威博士之间,有一种着重点上的差异。杜威博士的见地是科学的,他的议论大部分出自对科学方法的考察,但是詹姆士主要关心宗教和道德"。[204]就某种意义而言,杜威与詹姆士的差别也是胡适和梁启超的差别,其表现之一,即梁氏并不是像胡适那样主要从科学方法论的角度来阐释实验主义,而是从哲学本体论的意义上说明心物关系的统一性。胡适关心的是科学问题,梁启超关心的是道德、宗教及其与科学活动的关系问题。因此,他对王阳明"知行合一"概念的解说尽管与詹姆士、杜威的"实验"概念有关,但更与他们的"经验"概念相联系,虽然梁氏很少直接使用这一概念。

詹姆士在《真理的意义》的序言中把"彻底的经验主义"(Radical Empiricism)概括为"一个假定"、"一个事实的陈述"和"一个概括的结论"。它的假定是:"只有能以经验中的名词来解释的事物,才是哲学上可争论的事物",[205]这意味着"实在不过就是'所知'那样的东西";[206]事实的陈述是:"事物之间的关系,不管接续的也好,分离的也好,都跟事物本身一样地是直接的具体经验的对象";[207]概括的结论是:"经验的各个部分靠着关系而连成一体,而这些关系本身也就是经验的组成部分。总之,我

---

[203] 同上,页36。
[204] 罗素:《西方哲学史》(下),北京:商务印书馆,1976,页374。
[205] 威廉·詹姆士:《实用主义》,北京:商务印书馆,1989,页159。
[206] 威廉·詹姆士:《彻底的经验主义》,上海:上海人民出版社,1965,"编者序言",页4。
[207] 威廉·詹姆士:《实用主义》,页159。

们所直接知觉的宇宙并不需要任何外来的、超验的联系的支持;它本身就有'一连续不断的结构'"。[208]詹姆士假定世界万物均由一种原始素材或质料即"纯粹经验"(pure experience)构成,这样,认知作用也就被解释成纯粹经验的各个组成部分之间可以发生的一种特殊关系,而这种关系本身就是纯粹经验的一部分,"它的一端变成知识的主体或担负者,知者,另一端变成所知的客体"。[209]在别的地方,他还从心理学的角度把这一概念称为"思想流"、"意识流"或"主观生活之流"。作为"世界的不能再分解的东西"(罗素语),经验既非精神的,也非物质的,相反,这二者都是由经验构造出来。詹姆士的经验概念是对传统哲学中意识与自然、认知者与被认知、此一心灵与彼一心灵、这一事物与那一事物的二元分割的一种克服,即把上述的二元性仅仅视为经验关系的各种差别。[210]在这个意义上,观念的真实性就是它证实本身的过程,真理是一种关系——不是我们的观念同非人的实在的关系,而是我们经验的概念方面与感觉方面的关系。[211]

梁启超不是哲学史家,他对詹姆士的认同关键在于后者提供了克服心与物、认知与被认知的二元对立的途径。这也是他把阳明的"知行合一"还原或转换为"心物合一"和"心理合一"来加以解释的原因。从阳明学的方面看,合知行的目的在于克服朱子把"格致诚正"分解为知识之事与修身之事的"二分论";阳明用孟子的"不学而能"的"良知"即主观的"是非之心"解释"知"的性质,从而把"诚意"与"致知"联为一事。这当然也就涉及到"格物"的"物"、"致知"的"知"与"正心"的"心"、"诚意"的"意"之间的关系,即它们是不同性质的事物,还是共同事物中的各关系项之间的差异?梁氏的"心物合一"说就是从阳明对此问题的解释中抽绎出来。阳明说:"要知身心意知物,是一件"(《传习录·陈惟浚记》),

---

[208] 同上。
[209] 威廉·詹姆士:《彻底的经验主义》,页2—3。
[210] 同上,"编者序言",页4—5。
[211] 参看威廉·詹姆士:《实用主义》,页103;艾耶尔:《二十世纪哲学》,上海:上海译文出版社,1987,页93—95。

又说:"身之主宰便是心,心之所发便是意,意之本体便是知,意之所在便是物"(《传习录·徐爱记》)。梁氏据此从下述方面论证"身心意知物"只是一个共同的原始材料的各关系项,这个共同的原始材料就存在于它们的相互关系之中("意"是一个特别重要的概念)。

首先,他运用生理学和心理学的方式把"身"的存在置放于"心"对"身"的主宰关系之中,而"心"的活动就是"意"。"意"在与"心"的关系中是"能知",在与"物"的关系中是"所知"。论证心物关系的关键之一由此就在于如何界定"物"的性质及其与"意"的关系。梁氏的解释方法是先把"物"的范围从有形物质扩展到抽象事物,如事亲、治国、读书等等,指出这些不同的认识对象有其普遍形式即"意之所在"。梁氏说:

凡不在我们意识范围内的物(即阳明所谓意念不涉着者),最多只能承认他有物理学上数理学上或几何学上的存在,而不能承认他有伦理学上或认识论上的存在。[212]

这与詹姆士对经验的陈述如出一辙:"当然,不能经验的事物也尽可以存在,但绝不构成哲学争论的题材"。[213] 从心理方面说,"意不能悬空发动,一发动便涉着到事物",从物方面说,"心外无物",物不能离开"心"而独立存在。因此,"心无体以万物之感应为体","知"就是"意之本体"。

以上是就"心物合一"论述"知行合一"的哲学基础,梁氏还从"心理合一"的角度论证同一问题。阳明的"心即理"是针对朱子"格物而穷其理"而言的,他认为"就事事物物上求其所谓定理"是"析心与理为二"(《答顾东桥书》)。梁氏按照阳明的看法把"理"解释为"吾人应事接物之条理"而非自然界之物理,这样,对"理"的追求就是"返诸本心"。不过,在现代思想的语境中,"理"已不可能局限在道德、修身的范畴中,当这种对"理"(在现代语境中扩大了内涵的"理")的认识被归结为"正心

---

[212] 梁启超:《王阳明知行合一之教》,《文集》之四十三,页40。
[213] 威廉·詹姆士:《实用主义》,页159。

诚意"时，似乎也表明对客观世界的认识过程是与人的道德状态紧密相关的。对于梁启超而言，"心理合一"与"心物合一"是同一问题，他引王阳明《答罗整庵少宰书》说：

> 理一而已。以其理之凝聚而言则谓之性，以其凝聚之主宰而言则谓之心，以其主宰之发动而言则谓之意，以其发动之明觉而言则谓之知，以其明觉之感应而言则谓之物。故就物而言谓之格，就知而言谓之致，就意而言谓之诚，就心而言谓之正……

以心物合一、心理合一为前提，"格致诚正"不是几件事的"次第"而是一件事中包含的条件。简言之，根据"身心意知只是一物"的哲学理论，归结到"格致正修只是一事"的实践法门，这便是阳明学的全体大用，也是"知行合一"的精义所在。[214]

梁氏消解"心物"关系的努力并不是独重本心，而是追求"人我一体"、"天人合一"的状态，摒除"间形骸分尔我"的"私"见；这既是对和谐完美的社会理想的表达，又是针对近代科学文明把人与物、主体与客体对立起来并造成物对人的统治的抨击。尽管这一论述过程的出发点是恢复人的自由意志，重建道德本体，但梁氏的论述方式却不再把自由意志与科学（对客观世界的认识）作为对立的或不相关的两极加以叙述，而是用"心物合一"、"心理合一"、"知行合一"来调和上述的二元性现象，回应科学文明的挑战。梁氏不仅否定那种认为王学"为顿悟，为排斥知识，为脱略实务"的观点，而且把痛斥"主静之说"的颜元及其"践履之学"视为王学的延续，其理由是他们都主张"知识必由实际经验得来"，与"近世詹姆士杜威辈所倡实验主义同一口吻；以极端唯心派的人，及其讲到学识方面，不独不高谈主观，而且有偏于纯客观的倾向，浅见者或惊疑其矛盾，殊不知他的心物合一论心理合一论，结果当然要归着到此点"。[215]他又说：

---

[214] 梁启超：《王阳明知行合一之教》，《文集》之四十三，页39—48。
[215] 同上，页49。

盖在心物合一的前提之下，不独物要靠心乃能存在，心也要靠物乃能存在。心物既是不能分离的东西，然则极端的唯心论，换一方面看，同时也便是极端的唯物论了……夫曰："行是知的功夫"，"行是知之成"，此正实验主义所凭藉以得成立也。[216]

尽管作为道德实践论的"知行合一"说不同于作为本体论、真理论和方法论的"实验主义"，但从思想史的角度看，梁氏的解释方式却的确与"彻底的经验主义"相似。更重要的是，这种对"知行合一"的实验主义解释把中国传统的道德论与现代科学观连结起来，从而为其后的中国人理解道德与知识的相互关系开启了重要的思路。

梁氏用"心物合一"、"心理合一"解说"知行合一"，仍然保留了心与物的概念，但它们只能在人的一种持续性的活动中才能被构成造出来，而不是各自独立的实体。这很可能是在詹姆士机能心理学的影响之下作出的明确诠释。梁启超把"身心意知物"解释成由神经受刺激引起的一系列感觉所组成的绵延的"意识流"（stream of consciousness），并认为作为"意之本体"的"知"是一种"非心非物"、"即心即物"的类似于詹姆士的"纯粹经验"的东西。他像詹姆士一样，把认知作用（尽管王学的"致知"属于道德范畴）解释成纯粹经验（尽管他没有使用这一概念）的各个组成部分相互之间可以发生的一种特殊关系；这种关系本身也是经验的一部分，它的两端分别是知识的主体和所知的客体。由于实用主义真理论把真理的真实性理解为它在经验中证实本身的过程和在实践中被证明有效的过程，这很自然地使梁氏联想到"知行合一"概念：知必须在"行"中证实自己，也必须在行中被证明有效。梁氏说："依阳明看法，你们卖的买的（指学生在现代学校中得到的知识——笔者注）都是假货，因为不曾应用的知识绝对算不了知识，"他套用阳明"未有知而不行者，知而不行，只是不知"的话补充道："未有不行而知者，不行而求知，终久不会知"。实际上，他是从实践与效果两方面把"学与行打成一片"，即便是学问思辨

---

[216] 同上，页49。

之"知"也具有"行"的性质。[217]

不过,从"应用"、"效果"的意义上解释"知行"范畴与其说是王学理路,不如说是颜李学风。就梁氏来说,在阳明学与实验主义之间有一个理解的中介或过渡,这就是他在《中国近三百年学术史》中称为"实践实用主义"的颜李学派。其实早在《清代学术概论》(1920)和《颜李学派与现代教育思潮》(1923)中,他就认为颜李之学与詹姆士、杜威相像且"更加彻底",[218]至1924年的《近代学风之地理的分布》、《明清之交中国思想界及其代表人物》和《戴东原哲学》,他更明确地说:"他们是思想界的大炸弹……他们的学说,和现代詹姆士、杜威等所谓之'唯用主义'十二分相像。"[219]值得注意的是,在前述诸文中,梁氏始终强调颜李对于程朱陆王及传注考证的"推陷廓清"、"两皆唾弃"的"大革命",还曾特别指为"王学之反动",[220]而在《王阳明知行合一之教》、《儒家哲学》(1927)中却论证阳明学与颜李的相近之处。[221]那么,这种微妙变化隐含了怎样的意义呢?或者说,为什么会发生这种变化呢?回答这一问题应当注意梁氏讨论问题的角度。当梁氏强调颜李之学的"革命性"时,他首先看到的是颜李之学在体系、内容上对理学的批判,方法的变化(践履、手格猛兽之"格"等等)是由内容的差别而产生的。尽管程朱陆王在认识"天理"的方法上有主外、主内之别,但作为先验精神本体的"天理"却是两派认识论的共同前提和归宿,而颜元却否认先验"天理"的存在,他的知的对

---

[217] 同上,页30。
[218] 梁启超:《颜李学派与现代教育思潮》,《文集》之四十一,页3。
[219] 梁启超:《明清之交中国思想界及其代表人物》,《文集》之四十一,页33。
[220] 梁启超:《清代学术概论》,《专集》三十四,第七节,页16—17。
[221] 关于颜李与王学的关系,学术史上向来说法不一。《四库全书总目》卷九十七、阮元《国史儒林传》、钱林《文献征存录》卷二都认为颜学"大抵源出姚江",又"自成一家"。现代学者如胡适、侯外庐、陈登原等都把颜元视为彻底的"反理学"思想家。姜广辉则认定颜学上承胡瑗、王安石、张载而非王阳明,在体系上属"事功之学"系统,而不是"理学"系统。笔者以为,思想史上的承续关系不同于考据学意义上的承续关系,对前述不同看法,可以从不同层面来考虑。从考据学的意义上,笔者取姜广辉的意见。见姜广辉:《颜李学派》,中国社会科学院,1987。

第九章 道德实践的向度与公理的内在化

象是客观存在的事物和存在于客观事物之中的"条理",所谓"见理于事"、"寓知于行",都是对先天知识的否定。这种"事功之学"与以"致良知"为核心的王学道分为二,"践履"也不是为了推至心中固有之知。

但是,当梁氏把王阳明与颜习斋在"实验主义"的意义上统一起来时,他是在一种抽象的意义上考虑到"行"与"践履"所含有的"亲身实践、实验和运用"的方法论意义,而前提是他已对"知行合一"的哲学基础即"心物合一"、"心理合一"作出了上述阐释。梁氏曾引王阳明《答东桥书》"食味之美恶,必待入口而后知……路歧之险夷,必待身亲履历而后知……"等语,这与颜氏的认识论在理路上的确具有相似的"实践"的含义。梁氏把颜学纳入王学中来理解,一方面是用颜李的"实践"与"事功"及"物"的实在性改造阳明学,使之与近代科学精神与方法产生相关性,另一方面又用"心物合一"和"知行合一"修正颜氏过于"唯物"的倾向,从而在注重科学方法的同时为道德实践和自由意志的活动提供本体论和认识论的依据。

梁启超对"身心意知物"及其相互关系的阐释在理论上是对科学与道德、理智与情感(包括宗教信仰)的二元性的克服。这是一个既相信科学又坚持人的自由意志的学者的最终选择:他拒绝接受近代认识论的"主体—客体"的二元对立,试图找寻一种和谐的、道德化的方式处理宇宙万物的相互关系。在他看来,科学不仅应当适合道德目的,而且它本身作为人的活动就是具有道德性的——求真的过程与求美、求善(去"私"、克"己")以达到"天人合一"境界的过程完全一致。正如詹姆士所说:理性主义有宗教无事实,经验主义有事实无宗教,"你需要一个结合两种东西的哲学体系,既要有对于事实的科学的忠诚并且愿意考虑事实,简言之,就是适应和调和的精神;还要有对于人类价值的古老的信心和随之产生的自发性,不论这种信心是具有宗教的风格还是具有浪漫主义的风格。"[222]詹姆士在他的"纯粹经验"中找到了建立这种调和哲学的根据,而梁启超却在这种"调和"的冲动中重新发现了中国思想的现代意义。

---

[222] 威廉·詹姆士:《实用主义》,第13—14页。商务印书馆,1989。

作为对于人类文明危机和中国社会出路的思考,梁启超的观点在当时没有引起广泛的重视。对于"新一代"来说这不啻是一个时代落伍者的复古呓语而已。[223]然而,梁氏艰苦的思想探索不仅闪烁着一种植根于传统的理想主义的光芒,而且也是对现代性所作的自觉批判。对于一个把自己的一生献给现代中国的社会、国家和人的自我改造的人而言,对于一个致力于不懈地寻求各种现代性方案的知识分子而言,这种思考所包含的自我批判的意味是极为深刻的。梁启超以他对中国思想的再发现结束他一生的探求,与其说这是对自己的文化的回归,不如说是对他追求的目标的怀疑。这种怀疑并没有转变成为对于现代性的全面的否定,恰恰相反,它是内在于他的那些以寻求现代性为特质的思想内部的。

本章旨在阐释和厘清梁氏科学观的基本概念、逻辑理路,及其与道德、政治和宗教的关系。在很大程度上,这种阐释的明晰度远远超过了梁氏经常显得含混不清的表达方式——这种含混不是语言风格上的,而是逻辑上的。依据梁氏的著述及其思想来源复现其思想的逻辑结构和变动过程当然具有阐释的冒险性,但我还是确信这种阐释方式在思想史研究中是完全必要的,因为任何一种思想观点都不会是孤零零的,虽然它们有时显得是如此。我的论述证明:梁氏思想的变化不仅是因时而异的,而且是有其内在逻辑的,是从他赖以建立其思想体系的那些基本概念及其相互关系的运动中产生的。在许多方面,他只是澄清了他早年的思想,而不是背弃了那些思想,他的许多说法不一的观点也并不像乍看起来的那样自相矛盾——这当然不是说完全不存在矛盾。尽管我用逻辑的方式呈现梁氏科学观的内在理路,但在此我却乐意声明:梁启超的哲学信仰的动机基本上是审美的而不是逻辑的,他似乎有一种一贯倾向,即把哲学和思想看作是表达对世界的一般态度,而不是沿着逻辑理路去追问一系列问题的正确结论。这一点是他与詹姆士之间的最为重要的相似之处。詹姆士

---

[223] 陈独秀指责梁氏在"科玄论战"中的立场是"骑墙态度",胡适则宣传梁氏是变法维新以来公然毁谤科学的第一个"自命为新人物的人"。见《科学与人生观》陈序和胡序,上海亚东图书馆,1923。

曾说:"哲学史在极大程度上是人类几种气质冲突的历史……他(指哲学家)的气质给他造成的偏见,比他那任何比较严格的客观前提所造成的要强烈得多。正像这个事实或那个原则那样,气质也会这样那样地给他提供证据,造成比较重感情的或者比较冷酷的宇宙观",并在文学、礼仪、政治等方面留下影响。[224] 从梁氏的始终如一的倾向看,他似乎总有一种调和的冲动,想在"较重感情的或者比较冷酷的宇宙观"之间保持一种平衡状态:他相信科学,重视事实和实验,尊重客观规律与理智态度;但同时,他又热衷于道德和宗教,渴望为自由意志开路,用乐观主义的趣味态度面对人生的有限性。在这方面,与其说他有着一种分裂的气质,倒不如说在他的情感与理智之间存在一种张力,他先被康德吸引,后又欣赏詹姆士可能正基于这一事实。不过,如果我们要是还记得本章第一部分曾引述的那种自由和谐、长幼有序、其乐融融的"三代之制"的话,那么我们也就明白梁启超在阐发他的思想,完成他一生的种种追求时,内心深处荡漾着的是怎样的一种诗意的理想情怀了。

---

[224] 威廉·詹姆士:《实用主义》,商务印书馆,1989,页7—8。

第十章

无我之我与公理的解构

> 其所谓公,非以众所同认为公,而以己之学说所趋为公。然则天理之束缚人,甚于法律;而公理之束缚人,又几甚于天理矣。
>
> ——章太炎

第一节　章太炎的个体、自性及其对"公理"的批判

1. 个体概念为什么是临时性的和没有内在深度的?

　　章炳麟(1868—1936),字枚叔,号太炎,光复会领导人之一。1903年发表《序革命军》、《驳康有为论革命书》,并因《苏报》案被捕入狱。1906年6月29日,章太炎刑满出狱,东渡日本,主持《民报》笔政。从第7号起(1906年9月5日出版)至第24号《民报》出版时被封(1908年10月10日出版)止,章太炎在发表大量的政论的同时,还发表了一系列哲学和宗教学的论文,为他的社会政治观点提供理论的依据。由于章氏的文章大量发表于具有广泛影响的同盟会机关报上,并有一批相应的文章与之呼应,我以章氏为个案所作的研究在一定程度上也是对这一时期以报刊为媒介形成的社会思想氛围的分析。

章太炎早年同情康、梁的改革思想，如为强学会捐钱，并不惜谢本师以为《时务报》撰稿，但自28岁起即分别今古，发表了大量古文经学的论述，如《今古文辨义》(1899)、《驳箴膏肓评》(1902)、《春秋左传读叙录》(1907)、《刘子政左氏说》(1909)、《驳皮锡瑞三书》(1910)，以及收录在《訄书》(1899)等作品中的经学论述。但是，章太炎正面展开对于今文经的辩论已经在戊戌之后，他的政治思想也很难在经学的框架中给予解释。1905—1907年间，处于上升之势的革命党人与康、梁等流亡者之间展开了正面的政治论战，正是在这样一种特定的思想氛围中，章氏不仅对康有为、梁启超、严复等人的社会政治主张进行严厉批判，而且试图重新构筑一个与以"公"、"群"和"进化"观念为基础的科学世界观截然相反的世界观。他公开提出并阐述了"中华民国"的观念，同时也在哲学上论证了他的新世界观的一系列核心观念，如"个体"、"自性"、"齐物"、"平等"等等。这些观念早已超越了今文经学和古文经学的范畴。章太炎的个体、自性概念是对用进化论和现代科学方法重建宇宙秩序的努力的否定，也是对把公理内在化为个人和民族的道德的否定。章太炎用个体、自性及其相关话语攻击国家、政府、家族、社会以至人类自身，同时又试图以此建立新的宗教和革命的道德，最终通过运用唯识学思想对庄子《齐物论》的解释，完成了他的新世界观。

与严复、梁启超等现代科学思想和方法的热情倡导者不同，章太炎对于现代中国的科学宇宙观进行了尖锐的批判。20世纪的头十年是章太炎思想的最为复杂难解的时期，也是他的一生事业中最为重要的时期。一方面，他为文古奥，又习用索解为难的佛教语汇表述他的社会思想，另一方面，他的以自性、个体为肯定性概念的思想体系与他正在从事的社会目标之间有着明显的矛盾。因此，无论从写作的形式还是从写作的内容来看，章太炎的思想都包含了内在的悖论，其中最为重要而明显的是这样两组悖论：个体观念是现代思想对传统思想进行批判的主要的道德资源，也是中国现代反传统主义的出发点之一，但对章太炎来说，这个观念却是反现代的和自我否定的；自性和个体的观念构成了对一切普遍性的观念和集体性的认同的否定,但对章太炎来说,最为重要的现实任务莫过于形成民族认同,建立中华民国。一些学者在"现实任务与未来理想的矛盾"的框架中解释章太炎的思想悖论,而另一些人则将之归因于章太炎思想的急剧变化和混乱。所有这些解释均未深入章氏思想的内在逻辑,对理解中国现代认同及其多面性而言并不能提供有意义的解释。从思想史的脉络来看,我们必须面对如下问题:章太炎基于对现代性的批判(尤其是对现代时间观念即直线进化的时间观念的批判)提出的个体观念,在他的学生鲁迅那里成为现代道德观和文学观的核心理念;而"五四"文学和思想中的个体观念已然成为整个现代思想的有机部分,它的合理性恰恰建立在进步的时间观念之上。章太炎的自我否认的、反现代的个体观念如何可能成为现代认同的思想资源的呢?

在章太炎那里,个体观念不是本质主义的概念,它自身即包含了自我的否定或解构。理解这一思想的有效途径之一是在其运用中、从否定的方面把握其内容,即个体观念如何构成了国家、政府、众生、社会、人类等等的否定,但只此是不够的。因为批判的展开必须展示其肯定性的内容:章太炎不仅用原子的观念、自性的观念来论证个体观念较之那些集体性观念的优越性,而且又从自性的观念引出真如的观念,并由此演为齐物的宇宙原理和平等的道德论。正是在齐物论的宇宙模式中,章太炎重新理解社会的构成、种族共同体的特性、人类社会存在的原理,等等。那么,原子论的自然观念、佛教的自性观念如何成为个体观念的源泉,又如何构成个体观念的否定的呢?如果仅仅从社会政治的层面理解个体观念的含义,我们就有可能把这一观念化约为针对康有为、梁启超以及革命党人政治主张的现实对策,而忽略了这一观念在整个现代认同形成中的作用;如果仅仅独取观念的内在展开,我们就只能陷入有关佛教和庄子的复杂观念的抽象思辨之中。因此,我的分析从下述方向展开:首先分析个体观念是如何建构和展开的,其次分析这一观念在展开过程中的直接的社会政治含义,最后分析完整的新世界观是如何重新理解现实世界并确定其道德的指向。我的讨论主要集中在章太炎1906—1910年间的思想活动,分析的线索虽然照顾到时间的先后和章太炎本人的思想变化，但我更关心的是问题的构成和文本间的关系。这些问题是：临时性的个体观念及其对以"公理"为特征的现代性世界观的批判；现代民族国家与章太炎社会政治思想中的个体观念；个体观念与"齐物论"的世界观。

2. 认同问题为什么被理解为一种道德的取向？

个人的自我归宿感是一个现代事件。我为什么属于自己（而不是他人，如家族、社会、国家），为什么这种对自己的归宿感能够成为拒绝他人干涉的道德资源？"自己"这个词在此已经不只是一种空间上的指称，而且是一个具有内在性深度的自我概念：个人是具有内在性深度的自我。那么，这个自我又是如何为现代人提供个人权利的合理性和合法性的基础的呢？我与我自己是什么关系？我与他人或他事物是什么关系？个体、个人和自我及其相关话语构成中国现代认同的重要内容，它涉及个体与其他事物如自然、社会、国家、民族、性别及其他群体的复杂关系。本章所要讨论的是这种关系是如何被历史地建构，在这种临时性的个体概念的视野内，现代思想的那些最为基本的假定——自然、公理、进化论、民族、国家、社会，等等——如何呈现了它们内在的矛盾和遮蔽性？

如果说严复重建宇宙自然、社会和国家的秩序的努力是寻求认同的方式，那么，章太炎用自性、个体作为重要的出发点也涉及同样的问题。因此，问题不在是否存在认同问题，而是以什么作为认同的基本标准，或以什么作为认同的前提。在讨论西方的自我观念与现代认同的关系时，查尔斯·泰勒(Charles Taylor)这样规定他所说的"认同"的含义：

> ……这一问题经常同时被人们用这样的句子来表述：我是谁？但在回答这个问题时一定不能只是给出名字和家系。如何回答这个问题，意味着一种对我们来说什么是最为重要的东西的理解。知道

我是谁就是了解我立于何处。我的认同是由承诺(commitments)和自我确认(identifications)所规定的,这些承诺和自我确认提供了一种框架和视界,在这种框架和视界之中,我能够在各种情境中尝试决定什么是善的,或有价值的,或应当做的,或者我支持的或反对的。换言之,它是这样一种视界,在其中,我能够采取一种立场。[1]

反过来说,一旦失去这种承诺和自我确认,人们就会感到不知所措,无法判断事物对他们的意义。这就是所谓"认同危机"———一种不辨方位的尖锐表述:

> 人们经常用不知他们是谁来表述,但这个问题也可以视为他们的立场的彻底的动摇。他们缺少一种框架或视界,在其中,事物能够获得一种稳定的意义,某些生活的可能性可以视为好的或者有意义的,另一些是坏的或者不重要的。所有这些可能性的意义是不确定的,易变的,或者未定的。这是一种痛苦的和恐惧的经验。[2]

查尔斯·泰勒的《自我的根源—现代认同的形成》(*Sources of Self: The Making of the Modern Identity*)一书集中讨论了这种现代认同的三个方面:现代内在性,即我们是具有内在深度的存在的意识和与之相关的我们是自我的观念;从现代初期发展而来的日常生活的形成;作为一种内在道德源泉的表现主义的自然概念。[3]对于严复来说,认同的基础在于宇宙运行的公理,对于梁启超来说,认同的基础在于内在化的公理,而对章太炎来说,认同的基础则是个体与自性。

个体与自我观念本身也是依据情境的变迁而改变的,"自我居于角

---

[1] Charles Taylor, *Sources of the Self: The Making of the Modern Identity* (Cambridge: Harvard University Press, 1989), p. 27.
[2] Ibid., p. 27.
[3] Ibid., p. 28.

色中，而角色的整体性就是一个角色的整体。"[4]休谟和洛克这样的经验主义者力图孤立地依据心理状态或事件阐明个人身份，但他们的论题缺乏相应的背景条件，而缺乏背景条件，许多问题都无从理解。"这种背景条件是一个故事的概念和一个故事所需要的角色整体的概念提供的。正如一个历史不是行为的一种连续，而一个行为的概念是为着某种目的从这历史中抽取出来。……在一个历史中的多种角色不是许多个人的集合，而个人的概念是从一个历史中抽取出来的角色的概念。"[5]没有历史的个体不能被理解为一种肯定性的概念，它仅仅意味着它自身与历史之间的否定性的关系。任何自我都是和特定的社会身份密切联系着的，当自我概念被表述为对于一切社会身份的反叛或否定的时候，它的历史性就必须在这种反叛与否定之中寻找。[6]

正是在这个意义上，"个人的解放"不应仅仅当作一个思想的和道德的本质命题，而且还应当看作是一个内涵不断变化的政治的、经济的、文化的和科学的命题。在严复和梁启超那里，个人、个体及其自由的命题是和国家、社会、公理、自然、科学、进化等等范畴紧密地联系在一起的，以至如果你若不了解国家、社会、公理、自然、科学、进化等等范畴的含义，你也就无法建立对于个体与自我的了解。然而，章太炎的个体概念却是建立在自身的绝对性之上的，它与国家、社会、科学、自然、公理、进化等等普遍原则构成了一种相互否定的关系。我们既无法用先秦语言中的"己"的含义或者佛教思想中的"我"的范畴来解释章太炎的个人及其相关话语，

---

[4] Alasdair MacIntyre，《德性之后》，页274。

[5] 同上，页274。

[6] 麦金太尔提醒我们说，"自我不得不在社会共同体中和通过它的成员资格发现它的道德身份，如家庭、邻居、城邦、部族等共同体，但并不意味着，自我必须接受这些形式的共同体的特殊性的道德限度。但没有这些道德特殊性作为开端，就决不可能从任何地方开始；而对善和普遍性的寻求就出自于这种特殊性的向前的运动。但是，特殊性决不可能被简单地滞留在后面或遗忘。摆脱特殊性进入完全普遍性的准则的领域，并认为这种普遍准则是人本身所有的观念，不论在18世纪的康德哲学的形式中，或在某些现代分析道德哲学的描述中，都是一种错觉，并且是一种有着痛苦后果的错觉。"同上，页279。

也无法规定中国现代思想中相关话语的本质内含。我们所能指出的仅仅是在所有这些否定性的关系中个体究竟意味着什么。但是,这丝毫不意味着章太炎的个体概念必须在与上述范畴的关系之外才能加以阐释。恰恰相反,这一概念的可阐明性就存在于它们的相互关系之中。在这个意义上,如果把章太炎的个体观念与认同问题关联起来的话,那么,它就只能通过否定性的关系才能获得表达,也即通过一种特殊的取向才能获得表达。

3. 个人观念的反道德方式及其对确定价值的追寻

白鲁恂(Lucian W. Pye)在《中国政治精神》(The Spirit of Chinese Politics)一书的序言中断言中国现代的心理震撼并不是所谓认同的问题,他说:

> 在适应由于现代世界之冲击而引起的文化变迁的种种要求时,大多数处于过渡阶段的亚洲和非洲民族都受到强烈的心理震撼,它常常被描述为一种认同危机。但对中国人来说,问题并不出在认同方面。相反,他们的焦虑和迷茫却有着与众不同的缘由,这可追溯到中国传统文化的一种特殊敏感性,即敏于感受权威对人类感情的潜在破坏的性质所具有的重要意义。在权威、秩序、礼仪和对感情的抑制之间所存在的密切心理联系系统都指向深层的文化意识:一个人只有作为社会的人才能发现自身的意义。这种关于自我的关键性意识一定起源于对集体的归宿感,它对攻击本性起到了一种绝对重要的作用。[7]

中国现代思想中的个人观念与对集体的归宿感的联系是非常显然的。弗里德里克·詹姆逊(Fredric Jameson)从"跨国资本主义时代的第三世界

---

[7] Lucian W. Pye, *The Spirit of Chinese Politics* (Cambridge, Mass: The MIT Press, 1968), p. xviii.

文学"视野出发,在另一不同的层次上论证说:"第三世界的本文,甚至那些看起来好象是关于个人和利比多趋力的本文,总是以民族寓言的形式来投射一种政治:关于个人命运的故事包含着第三世界的大众文化和社会受到冲击的寓言。"[8]基于对西方的自我批判,詹姆逊把自以为是世界主宰的西方看作是奴隶主,它把所观物缩减为分裂的主体活动的一堆幻象:

> 这种观点是孤立和缺乏个人经验的,它掌握不住社会整体,象一个没有集体的过去和将来的、濒死的个人躯体。这种没有个人位置的个人和结构主义为我们提供了萨特式的否认事实的奢侈,让我们逃脱了历史的梦魇,但是同时也注定我们的文化染上心理主义和个人主观的"投射"。基于自己的处境,第三世界的文化和物质条件不具备西方文化中的心理主义和主观投射。正是这点能够说明第三世界文化中的寓言性质,讲述关于一个人和个人经验的故事时最终包含了对整个集体本身的经验的艰难叙述。[9]

在詹姆逊看来,个人与集体之间的这种寓言式的联系不是从中国文化传统中演生出的独特现象,而是由第三世界在与第一世界的对抗性关系中的位置所决定的普遍性的特征。按照他的看法,中国的个人观念和经验寓含着整体性的经验,对个人和个人经验的叙述同时就是对集体和集体经验的叙述。然而,詹姆逊完全没有涉及个人与民族的集体经验之间的关系是如何或以何为中介建立起来的。在这样的条件下,用与心理主义有特殊联系的概念即认同(identity)来表述中国现代思想中的个人与自我问题是否有意义?此外,中国的现代文化震撼是否仅仅与个人对集体的归宿感相关?在进一步追问之前,也许有必要对认同一词作更为精确的解释。查尔斯·泰勒在讨论所谓"认同危机"(identity crisis)时说,由

---

[8] Fredric Jameson, "Third-World Literature in the Era of Multinational Capitalism," *Social Text*, No. 15 (Fall 1986): 65-88, 69.

[9] Ibid., 85-86.

于认同问题与意义和价值相关,因此,在认同(identity)与取向(orientation)之间存在基本的联系。换言之,知道你是谁也就是在道德的空间里作出自己的取向:正是在这个空间里,诸如好与坏,值得做与否,什么对你是有意义和重要的,什么是微不足道的或第二位的等等问题出现了。[10]

那么,认同与取向的联系是如何构成的呢?或者为什么我们用道德的取向来取代我是谁这样的问题呢?对这一问题的回答首先是历史的,因为这样的问题在现代问题发生之前颇为不同。中国的传统"五伦"思想以确定无疑的方式规定了那个时代的道德取向和认同,以"天"、"天理"和"天道"为中心建立起来的宇宙图式用普遍性的概念来解决认同的问题。然而,章太炎的个人和自我概念的出现意味着:无论是"天"、"道"等传统的普遍性概念,还是"自然"、"进化"、"公理"、"群"、"社会"以及国家、种族等范畴,都不能解决认同问题。"天"、"道"、"自然"、"公理"及其预设的家、国、社会等普遍性范畴与道德必然性的关系不再是自明的了。换言之,不是科学对公理、规律的预设,也不是现代国家及其必要性,最终瓦解了自然主义范畴的合法性含义,而是个体、自性等概念才真正构成了对自然主义范畴的真正挑战。

例如,包括普实克在内的许多中国文学史家都把"五四"以后的中国现代文学的主要特征视为"主观主义和个人主义"的文学,其理由是现代文学作品特别突出地体现了创作者的个性并成为表达其情绪和心态的方式;[11]与此相关的是,"五四"文学的基本主题就是作为个人的主人公("五四"文学流行自传式的叙事方式,人们有理由把人物与作者的关系理解为一种自我表现式的关系)与整个外部世界的尖锐对立,这个外部世界是包罗万象的传统社会。现代文学史家通常把这种个人主义看作是在社会的结构性变化中个人从传统中获得解放的表征。从"五四"往前追溯,在1906—1911年间,章太炎、鲁迅等人把以普遍性的名义出现的政

---

[10] Taylor, *Sources of the Self: The Making of the Modern Identity*, p. 28.
[11] Jaroslav Prusek, *The Lyrical and The Epic: Studies of Modern Chinese Literature*, ed. Leo Oufan Lee (Bloomington: Indiana University Press, 1980), p. 1.

第十章 无我之我与公理的解构

府、聚落、人类、众生、世界、公理、进化、惟物、自然、义务、责任等等视为没有"自性"的事物,并通过这种否定性的方式提出个人自主性的问题。换句话说,个人观念是作为"公"的替代物出现的,它以反对普遍性概念的方式来重建道德的基础。因此,个人观念一方面同样面对"公"、"群"观念所面对的那些社会问题,另一方面又与"善"的问题相关:在宇宙和社会中,什么是具有"自性"因而是本然的善的事物?只有当个人及其自主性成为本然的善的时候,个人与社会的对立才能构成道德性的善恶对立。在这个意义上,个人观念、自我意识与善的问题具有内在的联系。

查尔斯·泰勒用这样的问题来表述西方思想中认同问题的非历史方面:为什么我们用我是谁这一问题来思考基本的取向?对我是谁的追问把人作为潜在的对话者置于对话者的社会,因为对我是谁的回答总是伴随我与他人的关系的界定。[12]个人无法离开这些关系来回答他对自己提出的这个问题,他所能回答的是他立于何处,他想要回答的是什么。因此,我们总是自然地倾向于用谈论我们的基本取向来取代我是谁的问题,失去了这个取向,或者不能发现它,也就是不知道我是谁。一旦获得了这个取向,确定了你回答问题的立场,也就得到了你的认同。就这一点来说,尽管在中国现代思想中很少出现我是谁的追问,然而,个人和自我作为一种独特的价值判断的源泉提供了道德的空间,在这个道德的空间中,人找到了自己的方式、自己在这个空间中的位置、事物对我们具有的意义,等等。在这个意义上说,我无法同意说中国不存在认同的问题,或者把这个问题置于个人与集体的社会性关系之中,而否认这种个人与集体的关系是和认同问题密切相关的。詹姆逊的问题涉及了个人与集体的寓言性关系,他并不认为这种寓言性关系与认同问题相关,因此,他没有进一步分析个人与集体的关系是如何历史地构成的。

就对中国现代思想中的个人和自我的观念及其运用的研究而言,我的动机并不仅仅是抽象地讨论中国的现代认同与个人观念的关系,我所特别注重的是个人观念的历史建构,或者说是个人观念的谱系学。"语

---

[12] Taylor, *Sources of the Self: The Making of the Modern Identity*, p.29.

言科学,特别是对语源学的研究,给道德观念的历史发展带来了什么样的启示?"[13]尼采的上述问题提示我们从语源及其运用的角度,而不是用现成的理性来解释和规范人的行为准则,揭示道德(或反道德)观念产生的自然、社会、生理甚至病理条件,发掘人们在不同时期、不同条件下创造不同的价值判断的原始动力。

如前所述,与"公"、"群"观念不同的是,个人和自我观念是以反道德的方式出现的,但这种"反道德的方式"应该被理解为一种从反方向上寻求确定价值的行动。中国现代思想中的个人观念是作为所有普遍性概念——如"自然"、"公理"、"国家"、"团体"等等——的对立物来界定自己的,然而,如果我们把个人观念置于近代中国的语境中来观察它的起源和运用,我们将会发现,这种对人的自主性、独自性和唯一性的强调恰恰以那些普遍性观念所要解决的问题为其目标。换句话说,如果公、群观念在晚清社会具有实际的政治意义,那么个人观念也将同时是政治性的概念。

第二节 临时性的个体观念及其对"公理"的解构

——反现代性的个体概念为什么又以普遍性为归宿?

1. 现代性的态度:把个体纳入群体进化的时间目的论之中

欧洲思想中的现代观念与个人、自我的观念密切相关。在 18 世纪,心理学、哲学和文学都发展了关于人的自我的研究,对人的感情的细致探

---

[13] Friedrich Nietzsche,《论道德的谱系》(*On the Genealogy of Morality*, ed. Keith Ansell-Pearson Cambridge: Cambridge University,1994),周红译,北京:三联书店,1992,页 37。

索和心理动机的分析，以及多愁善感的个人感情的培养。对个人幸福的考虑越多，道德、社会、国家对个人来说就越加成问题。个人如何同他人的生活联结在一起，集体生活又如何超越于个人生活？这就是启蒙运动的实践问题。通过各种讨论，现代欧洲思想达成了一个默契：为自然所规定的个人是原始的既与的事实，是简单的自明的事实，一切超越个人的关系都必须以个人作为解释的出发点。就这点而言，17世纪的自然主义形而上学形成了18世纪伦理学的背景——在18世纪，人们更多地按照原子论类比来考虑个人的含义，而17世纪则更多按照单子论类比来考虑问题。[14]

章太炎后来也发展了类似原子论的个人观念，但他的个人观仍然与18世纪欧洲的个人观念存在重要的差别。因为，一方面，他的个人的观念极少涉及心理和情感的问题，另一方面，在他思想方式中，个体观念最初是在"群"与"独"的思想范畴中得到解释的，因而社会、国家（它们都在"群"的范畴之内）作为首先考虑的范畴渗入了对个人的论述。1894年8月，章太炎撰《独居记》，后改名《明独》收入《訄书》，列于《明群》一文之后。文中说："夫大独必群，不群非独也"，"大独必群，群必以独成"，"小群（指家族），大群（国家）之贼也；大独，大群之母也"，"故夫独者群，则群者独矣。"[15]通观全文，章太炎对"独"的重视来自"独"对"群"的意义，因此他一再强调的问题是什么才是真正的"独"：有利于"大群"即整体的社会和国家的"独"。"独"必须以"群"及其需要为指归，因而"独"意味着责任、义务和对私利及狭隘的团体利益（如家族利益）的摒弃。因此，在"独"和"群"构成的等级结构中，"群"是更为本质和重要的范畴。

就政治意义而言，章太炎当时所谈论的"群"也并未超出康有为所谓"合大群而后力厚"的主张。他在《明群》一篇中说：

> 今之合群明分者，莫亟于学士，是何也？将以变法为辟公，必使

---

[14] 文德尔班：《哲学史教程》下卷，商务印书馆，1993，第688页。
[15] 章太炎：《明独》，《章太炎全集》第3卷，上海：上海人民出版社，1984年版，页53—55。

> 天下之聪明耳目，相为视听，股肱毕强，相为动宰，则始可以御内侮，是故合群尚已，……[16]

这是对康有为变法主张及其实践的肯定。他还从社会发生的角度讨论"群"与"君"的关系，把"群"视为"君道"："群者，争道也。……明其分际，使处群者不乱。故曰：君者，群也。"[17]"群"是使人类社会得以形成的秩序和制度，其中也包含了归类和等级（明其分际），这与荀子所谓"合群明分"大致相似。在变法时代，"群"直指社会的构成物，如商会、学会、学堂、报刊和议会等等，故而章太炎在同一时期的文章中说："上书则新旧杂糅，而持新者制之；群议则新旧杂糅，而持旧者制之。故据乱则通封事，乱已则置议院"，[18]"议院者，定法之后之所尚，而非所取于法之始变也，"[19]"学堂未建，不可以设议院；议院未设，不可以立民主。"[20]商会、学会、学堂、报刊以至议会都是逐渐从王朝政治中分离出来或独立形成的范畴，也是近代"社会"和"国家"观念形成的制度基础。

"群"的观念与"公"或"公理"的观念在晚清中国的语境中是可以互换使用的概念。这一概念的流行与社会的观念和进化论的观念具有紧密的联系。严复在1903年翻译的斯宾塞（Herbert Spencer）的《群学肄言》（*The Study of Sociology*）中说：

> 群学者何？用科学之律令，察民群之变端，以明既往测方来也。……斯宾塞尔……殚年力于天演之奥窔，而大阐其理于民群，……[21]
>
> 群也者，人道所不能外也。群有数等，社会者，有法之群也。社

---

[16] 章太炎：《明群》，《章太炎全集》第3卷，页52。
[17] 同上，页51—52。
[18] 转引自汤志钧《章太炎年谱长编》上册，北京：中华书局，1979年版，页101。
[19] 章太炎：《明群》，《章太炎全集》第3卷，页52。
[20] 章太炎：《变法箴言》，《经世报》第一册，光绪二十三年七月出版，又见汤志钧编：《章太炎年谱长编，1868—1918年》，上册，北京：中华书局，1979，页47。
[21] 严复：《译〈群学肄言〉自序》，《严复集》第1册，北京：中华书局，1986年版，页123。

第十章　无我之我与公理的解构

会，商工政学莫不有之，而最重之义，极于成国。[22]

"群学"是科学律令（天演之公理）在有关人类社会的知识领域的展现，社会的内在构造和等级秩序也是科学公理的物质性的展现。这种以进化论为基础的社会观念构成了整个中国现代思想的最为重要的基础之一。不仅康、梁的"三世进化"和立宪主张奠基其上，而且孙文和其他激进分子的主张也以进化论的社会观念为依据。就在《民报》的《发刊词》上，孙文用"群"和进化的观念来论证他的三民主义：

> 夫缮群之道，与群俱进，而择别取舍，惟其最宜。此群之历史既与彼群殊，则所以掖而进之之阶级，不无后先进之别。余维欧美之进化，凡以三大主义：曰民族，曰民权，曰民生。……[23]

社会统治的技术方式是和社会的组织方式一同进化的，不同的社会集团具有不同的历史组织方式，从而社会统治的技术方式也有所差异。

晚清至"五四"时代中国思想界的重要特征就是在社会进化的意义上来讨论社会和个人的观念及其意义。由于"进化"是一种"科学公理"，因而社会和个人的进化不过是"公理"的物质性的展现。进化的观念提

---

[22] 严复：《〈群学肄言〉译余赘语》，同上，页125—126。严复特别将中国、日本和西方的社会观念作一总合的观察："尝考六书文义，而知古人之说与西学合。何以言之？西学社会之界说曰：民聚而有所部勒（东学称组织者）祈向者，曰社会。而字书曰：邑，人聚会之称也。从口，有区域也，从巴，有法度也。西学国之界说曰：有土地之区域，而其民任战守者曰国。而字书曰：国，古文或，从一也，地也，从口，以戈守之。观此可知中西字之冥合矣。""东学以一民而对于社会者称个人，社会有社会之天职，个人有个人之天职。或谓个人名义不经见，可知中国言治之偏于国家，而不恤人人之私利，此其言似矣。然仆观太史公言《小雅》讥小己之得失，其流及上。所谓小己，即个人也。大抵万物莫不有总有分，总曰'拓都'，译言'全体'；分曰'么匿'，译言'单位'。笔，拓都也；毫，么匿也。饭，拓都也；粒，么匿也。国，拓都也；民，么匿也。社会之变相无穷，而一一基于小己之品质。是故群学谨于其分，所谓名之必可言也。"

[23] 孙文：《〈民报〉发刊词》，见《辛亥革命前十年间时论选集》第2卷，上册，北京：三联书店，1963年版，页81。

供了社会走向新的未来的动力、目标,这就是所谓"现代性"的时间观念在中国发生的理论依据。进化指的是社会群体的进化,作为一种对历史的描述方式,它提示了宇宙和人类社会的最终的理想。现代思想对个人观念的阐释建立在这样一种群体的和进化论的现代性观念之上,其逻辑的结果就是:必须把对个人的权力、义务和责任的考虑置于社会的利益和历史的最终目标之下来衡量。梁启超在《新民说·论自由》中区分出政治自由、宗教自由、民族自由和经济自由等四项自由,其中政治自由又分为三种,即"平民对于贵族而保其自由"、"国民全体对于政府而保其自由"、"殖民地对于母国而保其自由",从而自由问题被看作是一个具有历史性的问题。[24] 在这样的历史视野中,晚清思想着重强调了自由与群体的关系,这就是所谓"自由是团体的自由,不是个人的自由",[25] "吾侪求总体的自由者也,非求个体的自由者也,以个体之自由解共和,毫厘而千里也"。[26] 进化论的"群己"观最终表达为这种被历史化了的自由观。

在这样的语境中,晚清个人观念的提出与"群"的观念直接相关。严复在翻译穆勒(J. S. Mill)的《群己权界论》(*On Liberty*)时,将 individual 一词译为小己,将 society 译为群、国群或国人,也都是在这种进化的社会观念的支配下对个人所作的理解和阐释。换句话说,个人不能被单独理解,而必须被作为一种"关系"来理解。如果不存在作为"关系"范畴的"群",也就不可能存在个人的范畴。因此,个人不是自然的范畴,不是指单个活动的、具有自主性的人,而是一种关系的构成物。这种与"群"紧密相关的个人范畴明显的是近代思想家构筑民族—国家理论和社会观念的一个有机的组成部分。

这种个人/群的论述模式也经历一些历史性的变化。在辛亥革命之后,特别是在"五四"反传统主义的文化运动中,个人与社会的关系经常被解释成为一种对抗性的关系,个人更多地被置于传统与现代、新与旧的思想框架中加以理解。在"五四"思想和文学中,个人观念自身成为道德

---

[24] 梁启超:《新民说》,《饮冰室合集》第三册《专集》之四,页40。
[25] 梁启超:《新民说·论自由》,《新民丛报》第7、8号,1902年5月,《饮冰室合集》第三册《专集》之四,页44。
[26] 陈天华:《论中国宜改创民主政体》,《民报》第1号,1905年11月。

和价值的源泉,但是,它所以能够成为这样一种源泉,却是因为个人的观念与社会的进步、对传统的反叛等现代观念具有内在的联系。在那个时期的相互矛盾和冲突的讨论中,个人、个体和个位等等观念成为较之国家、社会、家庭等集体性概念更为重要的概念,但这丝毫也不意味着这个时代的人们已经普遍地相信绝对的个人是唯一值得注意的事情。毋宁说,个人的解放是通向群体、社会和国家的真正解放的基本条件,它不过是现代性的目的论历史观和民族国家理念的独特的呈现形式。

现代启蒙思想试图规定时间的内在的目的论和人类历史向之而行的归宿地,正如福柯(Michel Foucault)在分析启蒙与现代性时所指出的:

> 启蒙的分析——把历史规定为人类向成人状态的过渡——把当代现实与整个的运动和它的基本方向联系起来。但是,与此同时,它表明,在这个特定时刻,每个个人是怎样以一种特定的方式对整个过程负责。[27]

换句话说,在这种启蒙的分析中,个人的存在和工作的意义是同他所存在的特定时刻——现代——相联系的,而这种联系与对整体历史及其通向特定目的的过程的反思具有内在关联。这种被福柯称之为"现代性的态度"标志着一种归宿的关系并经常被表述为一种任务,一种把当代现实与什么相联系的模式,一种由特定的人们所做的志愿的选择,一种思想和感觉的方式,甚至是一种行为和举止的方法,简言之,一种精神气质。因此,了解现代性的个人观念的有效的途径,就是了解这种个人的观念是如何建立它与当代现实、进而与整体的历史过程的关系的模式的。把个人与群、与处于过去和未来之间的特定时刻(时代)、与进化的人类整体历史相联系的模式,构成了一种道德的空间;在这种空间中,个人得以确定他的道德的取向、责任、义务和生存的意义。

---

[27] Michel Foucault, "What is Enlightenment?" in *The Foucault Reader*, ed. Paul Rabinow (New York: Pantheon Books, 1984), p. 38.

2. 反现代性的态度：拒绝将个体与群体进化的历史目的论相联系

正是由于个体观念的内涵依赖于它与对整体历史的反思模式的关系，因此，要清楚地解释章太炎的个体观念及其内含，就必须从分析他对整体历史以及个体与这个整体历史的关系的阐释开始。我已经提及章太炎的个体观念及其对现代性的批判，这一命题的含义首先是指他的个体观念与整体历史的联系模式是反现代的，即他拒绝把个体与进化论的历史目的论相关联，拒绝承认个体的道德取向依赖于社会整体的价值，拒绝把对个体的存在理由的确认视为通达任何其他目标的方式，并由此形成他的社会政治思想：个体不是国家和法律的公民，家庭和社会的成员，历史和道德的主体，与作为客体的自然的关系中的主体……总之，个体不能通过它与其他任何普遍性事物的联系来界定它的意义和位置。换句话说，它把自己建立在"无"之上，因为就如同原子构成了自然界一样，社会由个体构成，从而只有个体本身才是真实的。[28]

与此同时，章太炎的个体观念与真、自性等观念直接有关，这意味着个体观念在与其他事物的否定性关系中有其自身的肯定性内容；但这些用以确认个体对于普遍事物优先性的概念最终也构成了个体概念的自我否定。在进一步探讨这一复杂的问题之前，我先引出章太炎在狱中研读《瑜珈师地论》期间对"真"的解释，这一解释同时有助于我们理解他的另一概念即"自性"：

---

[28] 章氏在个体与普遍性问题上的看法颇接近于尼采。尼采说："要是一切统一性都是组织同一性，那会怎样呢？可是，我们信仰的'事物'仅仅被进而设想为不同的谓语的证据。假如该事物'起了作用'，那也就是说：我们认为，一切其余特性即这里平常存在的一时潜在的特性，乃是现在出现的个别特性的原因。即，我们认为事物特性的总和——x——它就是 x 特性的原因。但是，这有多么愚蠢和荒谬啊！一切统一性都不过是作为组织和配合的统一性。无非就像人的群体就是某种统一性的情形一样。也就是说，它是原子论无政府状态的反面，因此，一种意味着统一的统治产物却是不统一的。"《权力意志》，张念东、凌素心译，商务印书馆，1991，页208—209。

> 《说文》真,仙人变形而登天也。从匕从目从乚‖所乘载也。㒫,古文真。案古文下从六,即从卵而合之,盖多细胞生物必有死,而单细胞生物万古不死。卵字作双耳相背,象多细胞也;㐁字合而一之,则单细胞也。真人不死,必化单细胞物,故从山𠃉也。[29]

相对于细胞而言,个体并无自性,但就社会而言,个体却具有真实性,因此它是它自己的立法者。从这个意义来说,章氏所谓多细胞与单细胞的关系也就是无自性与有自性的关系。关于自性,章太炎曾多次作过解释,如谓:

> 自性者,不可变坏之谓。情界之物,无不可坏;器界之物,无不可变;此谓万物无自性。[30]

又谓:

> 凡云自性,惟不可分析、绝无变异之物有之;众相组合,即各各有其自性,非于此组合上别有自性。……[31]

这样,在最基本的意义上,所谓自性就如同当时物理学所认识的物质的最终的、不可分析的构成物——原子。在这个意义上,章太炎的自性概念似乎含有实证主义的意味,从唯识学的立场看,也明显地存在堕入法我之危险。换言之,真、自性和原子都是宇宙和世界的终极本源和构成要素。然而,对章氏来说,自性与单细胞的比附是临时性的,自性最终不同于原子。[32]在稍后的段落中,我还将指出,对宇宙最终构成物的理解是章太炎的批判思想的出发点,也是他对个体的既肯定又否定的双重态度的理论来源。

---

[29] 章太炎:《章太炎释真》,《国粹学报》"撰录栏",乙巳年第2号出版,1905年3月25日。
[30] 章太炎:《辨性》,《章氏丛书·国故论衡》,页148。
[31] 章太炎:《国家论》,《章太炎全集》第4卷,1985年版,页457。
[32] 同上。

章太炎对进化论的批判首先是对历史目的论和历史决定论的否定，即对由启蒙运动所创制的一种以普遍主义的理性概念和不可逆转的时间观念为基础的历史观的否定。晚清思想对进步和进化的理解集中于达尔文的进化论及其社会运用方面，而章太炎的理解却要深刻得多。在许多方面，他对进化论的理解较之《天演论》的翻译者严复更为准确和深刻。赫胥黎在《进化论与伦理学》中明确地指出，进化不仅具有从相对一致的状态趋向相对复杂的状态的进步现象，而且具有"从一种复杂的状态趋向相对一致的状态的进步的退化变态现象。"[33] 赫胥黎在书中广泛探讨人类的困境与进化的关系，他的主题之一是不同文化对待罪恶和痛苦的态度这一始终与进化过程相伴随的问题，其中也涉及了印度文化从对"苦"的理解出发不再理睬整个的进化过程。与用斯宾塞思想解释赫胥黎的著作的严复相比，章太炎的《俱分进化论》不仅抓住了赫胥黎的要旨，而且深化了对社会达尔文主义的批判。在这篇文章的开头，章太炎明确地指出他所批判的对象，是起源于黑格尔的历史哲学的总体历史观念，而不是达尔文的生物进化论，从而显示了他的理论洞见：

> 近世言进化论者，盖昉于海格尔氏。虽无进化之明文，而所谓"世界之发展即理性之发展者"，进化之说蘖芽其间矣。达尔文、斯宾塞尔辈应用其说，一举生物现象为证，一举社会现象为证。如彼所执，终局目的，必达于尽美醇善之区，而进化论始成。[34]

---

[33] 赫胥黎：《进化论与伦理学》，纽约，1925，页6。转引自本杰明·史华兹：《寻求富强：严复与西方》，叶凤美译，江苏人民出版社，1989，页94。

[34] 章太炎：《俱分进化论》，《章太炎全集》第4卷，页386。类似的观点在其他文章中也多次出现，并且把对进化论的和目的论的时间观念的批判与整个启蒙主义的意识形态，特别是其人道主义的批判联系起来。例如在《五无论》中，他说："或窃海格尔说，有无成义，以为宇宙之目的在成，故惟合目的者为是。夫使宇宙而无所知，则本无目的也；使宇宙而有所知，以是轻利安稳之身，而倏焉生成万物以自蠹。……然则宇宙目的，或正在自悔其成，何成之可乐？调御丈夫，当为宇宙之忏悔者，不当为宇宙所漂流者。且人之在斯世也，若局形气以为言，清净染污，从吾志耳。安用效忠孝于宇宙目的为？若外形气以为言，宇宙尚无，何有目的？世之论者，执着有生，而其终果于

章太炎认为赫胥黎从生物角度、叔本华从非理性角度对这种理性进化论的批评未能击中要害，因为这种历史观的真正核心问题并不是客观地陈述生物和社会的历史，而是通过这种历史叙事确定价值和道德的起源，进而提供社会认同的资源。因此，对进化论的批判主要是对历史目的论的批判，而后者需要在道德的领域进行；章太炎并不否认作为"客观事实"的进化（即变化），而是否认这种进化具有向善的道德含义：

> 虽然吾不谓进化之说非也。即索氏（指叔本华——作者引）之所谓追求者，亦未尝不可称为进化。若云进化终极，必能达于尽美醇善之区，则随举一事，无不可以反唇相稽。彼不悟进化之所以为进化者，非由一方直进，而必由双方并进。专举一方，惟言智识进化可尔。若以道德言，则善亦进化恶亦进化；若以生计言，则乐亦进化，苦亦进化。双方并进，如影之随形，如罔两之逐影。非有他也，智识愈高，虽欲举一废一，而不可得。曩时之善恶为小，而今之善恶为大；曩时之苦乐为小，而今之苦乐为大。然则以求善求乐为目的者，果以进化为最幸耶？其抑以进化为最不幸耶？进化之实不可非，而进化之用无所取，自标吾论曰：俱分进化论。[35]

章太炎批判国家、社会、团体等人类文明"理性化"的产物也是基于这种善恶俱进的非历史目的论判断。他说：

> ……国家未立，社会未形，其杀伤犹不能甚大也。既而团体成矣，浸为戈矛剑戟矣，浸为火器矣，一战而伏尸百万，蹀血千里，则杀伤已甚于太古。纵令地球统一，弭兵不用，其以智谋攻取者，必尤甚行杀，曷若生杀两尽之为愈也？至其所谓人道者，不知以宇宙目的为准耶？抑以人类天性为准耶？若以宇宙目的为准者，已如前驳；若以人类天性为准者，人之天性不能无淫，犹其天性不能无杀。以淫为人道不可断者，何不以杀为人道而不可断乎？……"见《章太炎全集》第4卷，页439—440。

[35] 同上，页386—387。

于畴昔。何者？杀人以刃，固不如杀人以术。……[36]

他的结论是，在低级哺乳动物直至人类的历史中，善与恶同时并进。[37]其所以如此，用章太炎的佛教语言来说就是：一是由于熏习性，这是说生物本性无善无恶，但一切生物无不从于进化之法而行，故必不能限于无记（按即无善无恶），而必有善恶种子与之杂糅，且"种种善恶，渐现渐行"，"熏习本识，成为种子，"[38]生物进化的程度"愈进而为善，为恶之力亦因以愈进，此最易了解者"；二是由于我慢心，由有末那执此阿赖耶识以为自我，念念不舍，于是生四种心，在"好真、好善、好美"而外，复有一好胜心，善恶亦随之而生。[39]章太炎用这些佛教语词所要表明的基本问题就是，人类文明的发展并不是一个随时间的不可逆转的进化而不断进步的过程，现代社会的观念、制度和物质的发展并不是一个合目的的过程，相反，它所蕴含和制造的恶较之古代有过之无不及。

3. 否定性的自由：个体观念的内涵与对"公理"世界观的批判

章太炎所谓善恶俱进并不就个体而言，而是"就一社会一国家中多数人类言之"，他所着眼的不是知识、物质和制度的变化，而是这些变化对于道德的意义，这里所谓道德也不是一般所谓"公德"、"私德"，而是一种基于"真如平等无别异"的本体论原理的平等观念。这里特别应当指出的是，章太炎所反对的不是作为历史过程的（他所谓"客观的"）进化，他的论旨也主要不是证明现代社会较之古代社会更为残酷，而是通过历

---

[36] 同上，页387。
[37] 章氏说："由是以观，则知由下级之乳哺动物，以至人类，其善为进，其恶亦为进也。"同上，页387。
[38] 同上，页389。按章太炎的看法，种子有"本有"、"始起"（新熏）两种，"本有"种子没有善恶，"始起"种子有善恶。
[39] 同上，页389。

史过程的再叙述瓦解现代价值来源的"公理"、现代性的知识体系和基于这种"公理"化的现代知识体系而产生的现代性的态度。对进化论历史观的批判仅仅是他对"公理"化的现代知识体系的批判的一个有机部分，这在他写于两年之后、刊于《民报》第22号（1908年7月10日出版）上的《四惑论》中已经非常清楚。章太炎说：

> 昔人以为神圣不可干者，曰名分。今人以为神圣不可干者，一曰公理，二曰进化，三曰惟物，四曰自然。有如其实而强施者，有非其实而谬托者。要之，皆眩惑失情，不由诚谛。[40]

实际上，进化、惟物和自然也都是作为科学"公理"而成为中国现代意识形态的构成要素的，或者说，进化、惟物和自然的思想只有被理解为"公理"才能成为中国现代认同的基本资源和中国现代政治思想的理论基础。章太炎对"公理"世界观的揭露和批判因而特别地涉及现代社会的认同和政治思想的基本出发点等问题。

值得注意的是，章太炎的个人观念及其内含正是在对"公理"的批判过程中呈现出来的，从而这种个人观念是从否定的方面关涉现代认同和社会政治思想的基础问题。章太炎说：

> 公理者，犹云众所同认之界域。……然此理者，非有自性，非宇宙间独存之物，待人之原型观念应于事物而成。[41]

"公理"是存在的，但它不是宇宙的原理或先验规则，而是人的观念建构，即把事物建构成为一定的认知体系中的存在，"公理"不是物的本性，而是人的创制——不是人类的共识，而是个人的学说。因此，"公理"的创制过程并不是"公"的展现，而是"私"的曲折的表象。从社会功能的角

---

[40] 章太炎：《四惑论》，《章太炎全集》第4卷，页443。
[41] 同上，页444。

度,章太炎说:

> 若其以世界为本根,以陵藉个人之自主,其束缚人亦与言天理者相若。……其所谓公,非以众所同认为公,而以己之学说所趋为公。然则天理之束缚人,甚于法律;而公理之束缚人,又几甚于天理矣。[42]

"个人之自主"在这里成为一种至高的原则,它拒绝任何以公理、社会和世界等名义出现的集体性观念,这些观念在整个现代革命的过程中表现为一种现代性的态度:

> 彼其言曰:不与社会相扶助者,是违公理;隐遁者,是违公理;自裁者,是违公理。[43]

我在上文已经提及,现代性的态度的特征之一是进化论的和目的论的历史观,它把个人及其生存的意义与合目的的历史过程的当代时刻相关联。置身于种族革命和社会革命的过程中,章太炎否认社会对于个体的决定意义和优先性,捍卫个体退守、隐遁和自杀的自主权,其政治性含义接近于依赛亚·柏林所说的"否定性自由"。[44]也正是在这个意义上,章太炎把他对个体自主性的强调与对自由的理解联系起来,只是他对个人及其自由的论证方式是从他的自性、原子和真的宇宙构成原理中展示出来。

在章太炎的理解中,作为公和公理的对立物的个人及其自由包含这

---

[42] 同上,页444。
[43] 同上。
[44] 依赛亚·柏林将自由区分为否定性的和肯定性的两种含义。他将自由的首要的政治含义称之为"否定性的自由"。他解释说,这一概念涉及对下述问题的回答:"在什么样的领域中,主体——个人或由个人所形成的群体——可以或应该不受他人干涉地是其所是,或做其能做的事?"而肯定性自由所要回答的则是:"什么,或谁,是控制或干涉的来源,这种干涉能够决定某人做这而不做那,是这而不是那?"。Isaiah Berlin, *Four Essays On Liberty* (Oxford New York: Oxford University Press,1989), pp.121-131.

样几层含义:

首先,个人是绝对自主的存在,"非为世界而生,非为社会而生,非为国家而生,非互为他人而生。故人之对于世界、社会、国家,与其对于他人,本无责任。"[45]换句话说,个人不是世界的分子、社会的成员、国家的公民、宗教的信徒、他人的亲朋,从而不存在独立的个人之上的任何命令或他律,无论这种命令或他律是法律、教义、自然法,还是社会责任和义务。"我既绝对,非他人所得与其毫毛。"[46]个体是个体自身的绝对者,他不隶属于任何的"关系"范畴。

其次,个人的自由以无害于人为界,这种自由的根本意义在于拒绝的自由;任何以社会、历史或必然性等"公"的形式为由而产生的对个人的要求都是对自由的否定。个人自由的真正含义不是个人能做什么,而是个人可以不做什么;退守、隐遁和自杀行为是个人自主性的最高表现,这是因为这些行为是一种否定性的行为,它们不是表明个人能够做什么,而在表明个人可以面对"神圣不可干者"——诸如责任、义务等等——而做出拒绝的姿态。换言之,个人的自主性才是绝对的,"责人以'无记'以上,而谓之曰公理,则束缚人亦甚矣。"[47]像黑格尔、普鲁东那样"以互相牵掣为自由","使万物皆归于力,故持论至极,必将尊奖强权。名为使人自由,其实一切不得自由也。"[48]相对于天理,公理"以社会常存之力抑制个人","束缚无时而断","无逃于宙合",故"公理之惨刻少恩,犹有过于天理"。[49]在这个意义上,现代社会组织及其意识形态对个人的压抑远甚于专制社会及其以"天理"为中心概念的伦理体系。

第三,章太炎把这种绝对的个人观念同时理解为一种以不齐为齐的法则,从而这一观念被最终归结为齐物的宇宙原理和历史观念。作为一种宇宙原理,它也提供认知世界的方式和应对世界的伦理。这也就意味

---

[45] 章太炎:《四惑论》,《章太炎全集》第4卷,页444。
[46] 同上,页447。
[47] 同上,页446。
[48] 同上,页445。
[49] 同上,页449。

着它的个人观念与它的否定对象——公、群、公理等现代世界观——一样，试图解决的是社会认同的基础问题，只不过它不是以普遍性的概念、而是以绝对的个人自主性作为真正的社会法则。章太炎说：

> 庄周所谓"齐物者，非有正处、正味、正色之定程，而使万物各从所好"。其度越公理之说，诚非巧历所能计矣。若夫庄生之言曰："无物不然，无物不可。"与海格尔所谓"事事皆合理，物物皆善美"者，词义相同。然一以为人心不同，难为齐概；而一以为终局目的，藉此为经历之途。则根柢又绝远矣。[50]

在齐物思想与黑格尔的历史理性的明确对比中，这种齐物思想与个人观念构成了一种反决定论和反目的论的宇宙观。关于这一点，我在论述他的《齐物论释》时再作详论。

章太炎对进化、惟物和自然的批判同样是对"公理"的迷妄和假象的揭露，这三个方面都与近代思想以科学及其公理性作为社会变革的理由相关。可以说，他对公理世界观的解构实践，是通过对进化论的历史目的论、惟物论的历史决定论和科学主义的自然观念的具体分析展现出来的。章太炎的哲学批判方式并不复杂，他在认识层面试图证明：进化、惟物和自然等科学思想归根到底无非是人的理智活动而已。首先，进化并不是世界的状态，而是人的意识的建构，用佛教的术语说，无非是缘识而成。"所谓进者，本由根识迷妄所成，而非实有此进。……借观地球，无时而不绕日，乃其所旋轨道，惟是循环周转，非有直进之途。"[51]其次，科学所研究的物质不是自存的物质，而是被纳入特定视野的物质，它只能通过因果律来呈现自身。因此，科学首先把世界建构成为它的对象，并纳入它的范畴关系加以解释。在这个意义上，"惟物"是虚妄的，科学只不过是关于世界的解释体系，它并不能解释世界自身。"应用科学者，非即科学自

---

[50] 同上，页449。
[51] 同上，页449。

体;而科学之研究物质者,亦非真惟物论。是何也?言科学者,不能舍因果律。因果非物,乃原型观念之一端。"承认因果的存在,也就承认物之外仍有别的东西存在,也就不能以惟物相标榜。即使是原子,也仍是"軼出经验以外,以求本根于无方分者。"[52]第三,既然作为科学认知对象的"物"是被科学建构起来的,因此,以物为内容的自然也必然没有自性,因为"自然"不过是由科学建构起来的认识对象而已。"知物无自性之说,则自然之说破。……近人又言自然规则,乃合自然、法尔为一谈。言法尔者,本谓离心不得一法,即此法者,亦心之尔燄迷惑所成。言自然规则者,则胶于自性,不知万物皆展转缘生,即此展转缘生之法,亦由心量展转缘生。"[53]

章太炎认为知识的推论永远类似于一种还原,它从复杂到简单,从表面上的多样性达到构成这种多样性的基础的同一性,即心之所造。[54]这种思维方式的主要特征就是抹杀人的意识的各层次的差别和多样性,而只是把这种差别和多样性视为一种假象和迷妄。通过清除这些假象和迷妄,人们认识中的各事物的形态和重要性上的差别消逝了;他举例说,在感觉中,只有光相与火相,而不存在日与火,"日与火者,待意识取境分齐而为之名。"[55]章太炎的意图之一,乃是扫除一切由科学的信仰、传统的

---

[52] 同上,页452。

[53] 同上,页454—455。中国思想中的自然概念即"本然的样子"的意思,这一概念与中国思想中的"公"观念具有内在的联系。章太炎用自性的观念来驳斥自然的观念,也就是对公的观念的批判,如《无神论》:"虽然,亦不得如向郭自然之说,夫所谓自然者,谓其由自性而然也,而万有未生之初本无自性,自性既无其自,何有其然。"

[54] 同上,页453。章太炎特别将科学与惟物论作出区别,主要是为了不致使科学成为外在于人自身的存在,进而成为压迫人的东西。他引用休谟说:"科学之说,既得现象,亦必求其本质。而吼模之说,惟许现象,不许本质,则原子之义自推。由是观之,惟物论成,则科学不得不破。世人之矜言物质文明者,皆以科学揭櫫,而妄托其名于惟物,何其远哉!"章太炎似乎倾向于用感觉论的方式来消灭心物二元对立,实际上是要消灭由名相而来的虚妄和等级:"即实而言,惟物之与惟心,其名义虽绝相反,而真惟物论,乃即真惟心论之一部。所以者何?不许因果,不许本质,惟以现所感触为征,此则所谓'现见别转,远离一切种类、名言、假立,无异诸门分别'者,是正惟心论之见量。……"

[55] 同上,页453。

习俗和知识的命名所建立并竭力加以维护的种种人为的差别即所谓名相。他力图表明,现代性的历史观和宇宙观所说的那些特殊的规律,以及由这些规律所产生的新的道德意识和社会认同,仅仅是一种与实际状态相距甚远的假设和子虚乌有。进化与退化、苦与乐等等并没有高低之分,也不存在理论形态的根本性的差别,相反,所有这些区分和差别都可以归结为一堆无差别的感觉。这从认识论的层面为他的基于"真如平等无别异"的本体论原理的平等观念提供了基础。

就把判断与知觉相同一的方法论而言,这些想法类似于(仅仅是某种程度的类似)爱尔维修(Helvetius)在他的《精神论》(De l'Esprit)中的观点,即认为一切精神活动都能还原为判断,而判断只不过是把握个别观念之间的异同。但对异同的辨识是以意识的一种原始活动为前提的。这种活动类似于、甚或等同于对某种可感性质的知觉。当爱尔维修将判断与知觉相等同的时候,"伦理准则的大厦和知识的逻辑层次结构就被摧毁了。这两座建筑之所以被夷为平地,是因为据说知识的唯一不可动摇的基础是感觉。"卡西勒(Ernst Cassirer)指出,尽管爱尔维修的方法论构成了18世纪的特征,但他的这种观点是和法国启蒙哲学和百科全书派完全对立的。[56] 章太炎的特点在于:他虽然强调知识(名相)与感觉的联系,但他对这种感觉本身同样持怀疑态度。

4. 自然法则与人道原则

进化、惟物和自然等现代观念涉及的似乎是自然历史、自然规则和世界的物质起源等等问题,但这只是其外表,而不是它的理论核心。章太炎把它们作为"公理"世界观的构成部分进行分析,这种批判策略清楚地显示我们不应到自然哲学,而应到伦理学中去寻找这一理论核心,虽然这种"公理"伦理学是以"公理化"的自然观念或宇宙论作为他的理论资源的。

---

[56] Ernst Cassirer, *The Philosophy of the Enlightenment*, trans. Fritz C. A. Koelln and James P. Pettegrove (Boston: Beacon Press), p. 27.

换句话说,进化、唯物和自然以及现代思想对这些观念的辩护,并不是纯粹的科学教条或形而上学教条,而是一种律令。这种律令不仅旨在确立一种关于物性的论点,而且旨在命令和禁止。从表面看,这些观念及其辩护如同一种严格和一贯的决定论体系,按照其逻辑,人们不应当用人或以人的主观性来解释的任何特性强加于自然。因此,自然中没有正义或非正义,也没有善或恶。在自然中,一切生物、一切事件,就价值和有效性而言都是平等的。一切现象都是必然的;生物的既定属性和它的生存环境,决定了它只能象它实际活动的那样活动。把这种有关物性的论点推及人及其活动,也就成为关于人的原子论的理解:原子的结构形成了人,不取决于人的主观性的原子的运动决定了人的性格和命运。

但是,章太炎发现,这种唯物主义的陈述中却隐含了一种深刻的对抗。因为正如18世纪欧洲启蒙哲学——如霍尔巴赫(Holbach)的《自然的体系》(System of Nature)——那样,这些有关自然的观念只是一个更广泛的整体的前奏,仅仅是有关社会体系和普遍道德的基础;这些观念的真正倾向只是在社会和道德领域才清楚地显现出来。

> 余谓进化之说,就客观而言之也。若以进化为主义者,事非强制,即无以使人必行。彼既标举自由,而又预期进化,于是构造一说以诬人曰:"劳动者人之天性。"若是者,正可名进化教耳。[57]

进化或者公理并不是物性自身,而是关于物性的强制性规定。用这种强制性规定作为社会的行为规范和价值标准则是社会专制的认识论起源。章太炎说:

> 若是而主持强权者,亦可为训令以笼人曰:"服从强权者,尔之天性然。"此与神教之说,相去几何?[58]

---

[57] 《章太炎全集》第4卷,页451。
[58] 同上,页452。

> 以自然规则本无与于人道,顺之非功,逆之非罪云尔。今夫进化者,亦自然规则也。……个人欲自遏其进化,势非不能。纵以个人之不进化,而风靡多数,使一切皆不进化,亦不得为个人咎。以进化者,本严饰地球之事,于人道初无与尔。然主持进化者,恶人异己,则以违背自然规则弹人。……今之尊信自然规则者,一则废之,一则举之,自为矛盾而不悟。……昔之愚者,责人以不安命;今之妄者,责人以不求进化。二者行藏虽异,乃其根据则同。……[59]

章太炎坚持区别自然规则与人为规则,他清楚地看到了这种关于自然事件具有绝对必然性的观念已经陷入了它自己织就的推理之网。因为按照这种观念,我们有什么权利谈论规范?又有什么权利提要求和作出评价?这些观念不是把"必须"都看作"必然"了吗?难道我们能指引"必然"、规定它的道路和归宿吗?[60] 现代世界观由公理、进化、惟物、自然等等"根识迷妄"所成,而如果允许迷妄来造就道德秩序,那么这些迷妄的"公理"就会构成危险的专制统治。因为在这里它不仅取消了人的知识,而且从根本上剥夺了人——不是普遍的人,而是具体的个人——的幸福和自由。只有彻底消除诸如"公理"、"进化"、"惟物"、"自然"等等概念或名相,才能使自然的秩序不致遭受由这些概念或名相构成的超自然世界的干涉、威胁和颠覆。

---

[59] 同上,页456—457。

[60] 章太炎对进化论和有关自然的观念的批判方式有些接近于弗里德里希大帝(Frederick the Great)对霍尔巴赫《自然的体系》一书的回答。弗里德里希大帝反驳说:"在作者罗列了全部证据,以表明人的全部活动是受一种宿命的必然性所支配的以后,他不得不得出这样的结论:我们只是一架机器,只是由一种盲目的力量所牵引的木偶。可是他接着来了个180度大转弯,突然爆发出一种反对牧师、政府和我们的整个教育体系的热情。他甚至认为,能够这样做的人是自由的。与此同时,他又竟然向他们证明他们只是奴隶!多么愚蠢,何等的胡言乱语!……如果万物是由必然原因所推动的,那一切劝告、指教和赏罚岂不是既多余又无法解释了吗?……" See Cassirer, *The Philosophy of the Enlightenment*, p. 71.

5. 无我的个体不能成为道德的起源

就理路而言,章氏对"公理"世界观的批判来自佛教的宇宙"真实"学说,特别是它的缘起论和无常论;但这不等于说章氏的思想就是佛教思想的推衍。当他把个人的自主性与上述种种"公理"相对立时,这些"公理"就不过是环绕个人、压迫个人的专制力量。在这个意义上,个体或个人虽然也并没有"自性"可言,但却是一种相对而言较为真实的存在,甚至是道德的基础。1907年,章太炎答复别人对他在《民报》上大谈佛学的指责时说:

> 要之,仆所奉持,以"依自不依他"为臬极。[61]

对于章氏来说,这种"依自不依他"的观念就是王阳明的"自尊无畏",就是上自孔、孟、荀,下讫程朱陆王颜李的"自贵其心,不援鬼神"的"汉族心理","盖以支那德教,虽各殊途,而根原所在,悉归于一,曰'依自不依他'耳。"[62]章太炎甚至说,象王学那样"或不免偏于我见","然所谓我见者,是自信,而非利己……犹有厚自尊贵之风,尼采所谓超人,庶几相近。(但不可取尼采贵族之说)。"[63]个体与自我蕴含了道德的意义,而道德则是"复兴诸华"的基础。[64]这种对个体和自我观念的理解也影响了他对佛教的理解,例如他有意无意地忽略了法相、禅宗的诸多差异,认为"法相、禅宗,本非异趣",其理由就是"至于自贵其心,不依他力,其术可

---

[61] 章太炎:《答铁铮》,《章太炎全集》第4卷,页374。
[62] 同上,页369。
[63] 同上,页374—375。
[64] 章太炎说:"然所以维持道德者,纯在依自,不在依他……而今世宿德,愤于功利之谈,欲易之以净土,以此化诱贪夫,宁无小补?然勇猛无畏之气,必自此衰,转复陵夷,或与基督教祈祷天神相似。……至于社会相处之间,稍有信仰,犹愈于无执持。今之所志,但欲姬、汉遗民,趣于自觉,非高树宗教为旌旗,以相陵夺。"同上,页374—375。

用于艰难危急之时,则一也。"[65]

但是,个体与道德的上述联系不能被简单地加以理解,这是因为章太炎所谓"自性"、所谓"我"是与个体及其"我见"有重要区别的概念,它的意义只能在佛教"无我论"的理路中才能彰明显现。个体对于公理、进化、惟物、自然以及政府、国家、社会、家族等等具有优先性,但这种优先性只是由于它更接近于、而非等同于"自性"而已,最终它也应如其他没有自性的事物一样归于"无"。换句话说,个体观念在章太炎的论述过程中是一个临时性的概念。个体与道德的关系建立在个体与"无我论"中"我"这一从佛教缘起论中派生的概念的复杂关系之中。佛教所谓"我"是主宰与实体的意思,"寻其界说,略有三事:恒常之谓我;坚住之谓我;不可变坏之谓我。质而言之,则我者即自性之别名。此为分别我执,属于遍计所执自性者。"[66]而所谓"无我"则是说一切存在都不是独立不变、自我存在、自我决定的实体,也没有自我主宰的我或灵魂。从缘起论的观点说就是,一切事物和现象都在相待的关系中和条件下产生,从而是因缘所成的、相对的和暂时的。章太炎在《人无我论》中认为现代物理学对原子的发现破除了"人我"的观念,但它又将所谓自性归诸"他种根力,又堕法我之谬论",因此,章太炎对"我"的破除也是在"人无我"和"法无我"两个层面上进行的,但其重点是"人无我"。[67]从唯识学的立场出发,章氏首先区别所谓"常人所指为我"与"邪见所指为我"。前者如孩童堕地已有顺违哀乐之情,在整个生命过程中"无一刹那而不执有我见"。"此

---

[65] 同上,页369—370。正如已有学者指出的,章太炎完全是站在法相宗的立场上来看待禅宗的,他进而也在法理上忽略二者的差别:它们虽然都以《楞伽》为宗经,但所取并不相同。法相取于《楞伽》的是"五法、三自性、八识、二无我";而禅宗则取宗说二通、"不说一字"以及关于禅的思想等等;禅宗属于"真心一元"论,法相属于"阿赖耶缘起"论,一以"真心"为本原,一以"妄心"为本原;就"自贵其心,不依他力"而言,禅宗所贵在"真心",法相所贵在"赖耶",前者"依自力""直指人心",见性成佛,所谓"顿门";后者,则须历经"三大阿僧祇劫"方能成佛,所谓"渐教",有大不同。见郭朋、廖自力、张新鹰:《中国近代佛教思想史》,成都:巴蜀书社,1989年版,页361。
[66] 章太炎:《人无我论》,《章太炎全集》第4卷,页419。
[67] 同上,页419。

为俱生我执,属于依他起自性",[68]也即由各种因缘而成的具有相对的自性的我。章太炎所说的"无我"之"我"则是在"遍计所执自性"的意义上陈述的"邪见所指为我",也就是他在《无神论》一文中所说的"惟我论"。"僧佉(译曰数论)之说,建立神我,以神我为自性三德所缠缚,而生二十三谛,此所谓惟我论也。"[69]

章氏在讨论"惟我"问题时并不限于佛教资源,他也从西方现代思想中寻找解释,费希特和叔本华即是他的例证。如谓:"似僧佉派而或进或退者,则前有吠息特(费希特——引注),后有索宾霍尔(叔本华——引注)是也。"这些惟我论的特点是"以为智识意欲,互相依住"。[70]值得注意的是,章氏在此提及的费希特和叔本华的各不相同的唯心主义都是"从康德在阐述物自体概念中交织着的种种敌对思想发展而来"。[71]文德尔班(Wilhelm Windelband)在讨论费希特对知识学的基本问题即"经验的基础是什么?"时指出:"知识学力求证明:一切经验的意识即使它的目标集中在存在,客体,事物,并将这些当作自身的内容,归根结底,它的基础还是存在于意识对自身的原始关系上。"[72]自我意识构成了费希特唯心主义的原则。从主观方面说,这一唯心主义原则认为知识学只从知性的直观出发发展自己的认识,意识只从它对自身行为的反省出发而进行自己的活动;从客观方面说,日常生活中的所谓事物和客体以至康德所谓物自

---

[68] 同上,页419。《成唯识论》卷一(《大正新修大藏经》第三十一卷第二页)释"俱生我执"谓:"俱生我执,无始时来,虚妄熏习内因力故,恒与身俱,不待邪教及邪分别,任运而转,故名俱生。"《瑜珈师地论》卷七十三《大正新修大藏经》第三十卷第七〇三页)释"依他起自性"谓:"云何依他起自性?谓从众缘所生自性。""依他起自性,由何故依他? 答:由因缘故。"关于章太炎对这两个概念的讨论,已有学者作了研究,参见郭朋、廖自力、张新鹰:《中国近代佛学思想史》,页373—375;姜义华:《章太炎思想研究》,上海:上海人民出版社,1985年版,页369。

[69] 章太炎:《无神论》,《章太炎全集》第4卷,页395。

[70] 同上,页395。

[71] Wilhelm Windelband, *Lehrbuch der Geschichte der Philosophie*, 14. Ausg., revidiert von Heinz Heimsoeth (Tübingen,1950), p.488. 见中译文德尔班《哲学史教程》下卷,罗达仁译,北京:商务印书馆,1993年版,页778。

[72] 同上,页799—800。

体都是理智的功能,从而客体只为主体而存在,知识的对象就是理性体系。叔本华在费希特的影响下,从"德性主义"的立场跃进到对万物本质的认识。"作为观念的世界"只能是现象;客体只有在主体中才有可能,客体被主体的形式所决定。从知识学的意义上说,只有直观才能理解世界的本质,而这种直观是这样一种直观:"凭借这种直观,'认识主体'通过自身直接呈现为意志。"由此也就解决了外部世界之谜:物自体就是意志。[73] 章太炎对惟我论的批判的核心就在于,他不承认"知识意欲"是单一、普遍的宇宙意志,是一与全,是道德的根源。"惟我之说,与佛家惟识相近,"其区别在于"佛家既言惟识,而又力言无我。"[74] 这样一来,章太炎"无我论"和"无神论"的论旨就与康德的物自体理论极为接近:通过对我、物、神的解析,达到对阿赖耶识或真如的确认。"依他起"之"我"只是证明了阿赖耶识和真如的存在,后者正如康德的物自体一样不是现象界的、可以用知觉感知的具体事物,也不是随个别事物的差异而变化区别的灵魂,而是含藏万有的普遍本质和一切见相的起源。

6. 阿赖耶识、无我之我与重归普遍性

理解这一点对理解下述问题至关重要:个体观念瓦解了作为伦理基础和道德源泉的"公"观念——从"公理"化的现代世界观到家、国、社会之"公"伦理,但它本身也是"无我"的,这是否会导向道德的虚无主义呢?或者,如果个体人是无我的,那么存在不存在真正的自我呢?如果存在,这种自我与个体人是怎样的一种关系呢?章太炎说:

> 遍计所执之我,业已瓦解。虽然,人莫不有我见,此不待邪执而后得之。则所谓依他起之我者,虽是幻有,要必依于真相。譬如长虹,虽非实物,亦必依于日光水气而后见形。此日光水气是真,此虹

---

[73] 同上,页810—811。
[74] 章太炎:《无神论》,《章太炎全集》第4卷,页395—396。

是幻。所谓我者,亦复如是。昔人惟以五蕴为真,仍堕法执,又况五蕴各分,别自成聚,岂无一物以统辖之者?故自阿赖耶识建立以后,乃知我相所依,即此根本藏识。此识含藏万有,一切见相,皆属此识枝条,而未尝自指为我。于是与此阿赖耶识展转为缘者,名为意根,亦名为末那识。念念执此阿赖耶识以为自我,此不必多有证据,即以人之自杀者观之,亦可知已。[75]

"所谓依他起之我"虽然是依据了"真相"也即真如或阿赖耶识而起,但仍然是一种"幻我"、"我相"或现象之我。值得注意的是,通过对"我相"的揭露,章太炎试图分解出在人的意识之外的"真相"。章太炎以自杀为例说,以"救我"为目的的自杀者不以"形体为我",因而在形体之外必有所谓我者。自杀可以被解释为一种途径,一种摆脱为世界所缚的形体之我而达于真我的道路。这种自杀者之我因此就是幻形为我的阿赖耶识。与没有实体性、普遍性和永恒性的"我相"相比,阿赖耶识才是真正的自我:它是普遍的、永恒的和自主的"完全自由之我"。它一方面是人我和一切万物的起源,另一方面又存在于一切事物之中。这就是所谓"一切众生,同此真如,同此阿赖耶识","是故此识,非局自体,普遍众生,惟一不二。"[76]

章太炎在这里将超越形体的我、阿赖耶识和真如当作同一事物,是

---

[75] 章太炎:《人无我论》,同上,页424。章太炎在《菿汉微言》(页2)中也曾涉及相同的问题,他说:"佛法虽称无我,只就藏识生灭说耳。其如来藏自性不变,即是佛性,即是真我,是实,是遍,是常。而众人未能自证,徒以生灭者为我,我岂可得邪?……今应说言:依真我(如来藏,是实、遍、常),起幻我(阿赖耶,非实、遍、常);依幻我,说无我;依无我,说真我。"晚清思想界也经常将佛教有关我、真我以及真如的讨论与西方思想作比附,如梁启超《近世第一大哲康德之学说》云:"佛说有所谓真如。真如者,即康德所谓真我,有自由性者也。有所谓无明。无明者,即康德所谓现象之我,为不可避之理所束缚,无自由性者也。"

[76] 章太炎:《建立宗教论》,《章太炎全集》第4卷,页414—415。同样的看法还见于《人无我论》:"至阿赖耶识为情界、器界之本,非局限于一人,后由末那执著,乃成我相。……若阿赖耶识局在体中,则虽以千百妙语成立无我,不过言词之异同,而实已暗认有我矣。"同上,页427。

"一切众生"共同具有的连生体,而不把阿赖耶识说成是"一切众生"各自具有的不同个体。这样,他所谓我就与个体区别开来了。已有学者指出这种看法并不符合唯识思想。按唯识宗看法,阿赖耶识虽然以真如为实性,但毕竟是"一切众生"所各自具有的一种主体现象,而不象真如那样是遍在的。[77]这也证明了章太炎所谓"识所幻变之我"不是通常与肉体或物质相对的精神或灵魂,因为灵魂"为东西所共许,原其本义,特蠢尔呼吸之名","乃个人所独有",而阿赖耶识"为情界、器界之本,非局限于一人,后由末那执着,乃成我相。"[78]他甚至把孔子所谓"克己复礼为仁"中的克己解为杀己,从而论证说:"仁者我之实性,形体虽亡,而我不亡,故仁得依之而起。"[79]真我、阿赖耶识、真如、仁都是超越变化、生灭和具体事物的世界本体和实、遍、常的存在,也即"无我之我"。"必依他起之我相,断灭无馀,而圆成实自性赫然显现。当尔所时,始可说有无我之我。"[80]既然章太炎认为阿赖耶识不能局限于个人,那么他所谓"恒常"、"坚住"、"不可变坏"之"我"就是一种"大我",一种类似于康德"物自体"的超越现象界的宇宙本原。就"无我之我"与道德的关系而言,章氏谓:"然则能证无我,而世间始有平等之大慈矣。"[81]对于章氏来说,平等的原则不是伦理的规定,而是本体的状态。这就是他将惟识思想与庄子的《齐物论》相关联的内在基础,也是他从否定公、群的个体走向至高的、超越个体的公的思想桥梁。

章太炎从捍卫个人自主性出发对公理世界观的批判至此达到了对个人及其自主性的否定。"所谓我者,舍阿赖耶识而外,更无他物。此识是

---

[77] 参见郭朋、廖自力、张新鹰:《中国近代佛教思想史稿》,页378。
[78] 章太炎:《人无我论》,《章太炎全集》第4卷,页427。这一问题也涉及到轮回观念。章氏说:"无我之与轮回,非特不互相抵触,而适足以相成。所以者何?恒常之谓我,坚住之谓我,不可变坏之谓我。若其有我,则必不流转以就轮回。……正惟无我,乃轮回于六趣耳。"章氏没有回答在既无灵魂又无我的情况下,谁是轮回的承担者的问题;但实际上,轮回只是在无我状态下呈现,也是从无我之我的观点上才能发现的。
[79] 同上,页425。
[80] 同上,页428。
[81] 同上,页427。

真,此我是幻。执此幻者以为本体,是第一倒见也。"[82]个人是无我的、因而是无实体的、变动不居的、非普遍的存在。因此,作为五蕴和合而成的无自性事物,个人与他的对立物如公理、进化、惟物、自然、政府、国家、社会、聚落等等集体性观念一样,不过是幻觉而已。不仅如此,个体在意识中"执藏识以为自我,以执我之见见于意识,而善恶之念生",从而个体之自我也绝无可能成为道德的源泉,毋宁是罪恶的渊薮,纷争的蛊惑,等级的起源。[83]章太炎不是把个人而是把对无我的证明视为宇宙间的普遍和绝对的平等的前提,这是因为无我论才是通达真我和本体即阿赖耶识和真如的必由之路。换言之,章太炎从个人的自主性开始,到否定公理世界观和各种以"公"的名义出现的事物,最终达到的并不是绝对自主的个体,而是本体论意义上的普遍性。这种普遍性是宇宙的原理,因而也是社会应该遵循的伦理和道德。这意味着章氏并未以个人自主性作为终极的道德基础,而只是以个人自主性作为针对"公理"和"公"的世界模式的批判性的前提。"无我之我"才是本原性的存在,是摆脱一切束缚的主体,进而是"平等"这一宇宙原理的基础。当章太炎把阿赖耶识与仁作类比的时候,他实际上已经在本体论的意义上接受普遍原理亦即"公理"的思想了,只是他的普遍原理并没有如公理世界观那样以"公"的名义对个体人直接提出制约性的要求,特别是没有在社会的等级结构的关系中形成制约性的道德伦理。阿赖耶识是超越人我与法我的本原性存在,如果它可能构成一种召唤的话,那么这种召唤是超越宇宙间的一切等级而直接与平等的个体对话的。正如我已经指出的,近代思想中的公、群观念的使用方式与荀子以礼制为其内核的群的政治理想具有重要的联系,而章太炎在这里用佛教语言所表述的公的思想却与庄子所谓"天无私覆,地无私载,天地岂私贪我哉?"的自然之公、特别是其宇宙论意义上的平等观存在内在的相似性。[84]"自然之公"是宇宙的本性,而不是可以被掌握

---

[82] 章太炎:《建立宗教论》,《章太炎全集》第4卷,页406。
[83] 章太炎:《五无论》,《章太炎全集》第4卷,页436。
[84] 章氏对个人及其自由的论述中基本上不涉及"社会"的范畴。因此,他的个人观念尽管有其政治意义,但却不是通常政治理论中界定的个人概念。

并利用的规则。宇宙的存在和呈现本身就是他的原因,它没有别的原因。

通过对普遍性(公理或公)的否定,最终达到对普遍性的肯定,新的认同基础得到了确认。这个奇异的推理过程是在佛教唯识宗和老庄思想的语言中建构起来的,我将在对他的齐物论的宇宙模式和本体论的分析中着重进行解释。但是,在此之前,我们将首先回到章氏的社会政治思想及其历史语境中,因为这些看似难解而且自相矛盾的抽象的观念论是与章氏直接面对的社会政治问题紧密相关的。这就是说,在进一步分析章氏的宇宙论或本体论之前,我们将提供理解他的宇宙论和本体论的知识社会学背景。

第三节　民族—国家与章太炎政治思想中的个体观念

——在个体/国家的二元论式中为什么省略了社会?

1. 个体概念为什么是反国家的和无政府的?

章太炎的个体观念不仅仅是一个哲学的或道德的概念,而且是——首先是——一个政治概念。这是因为个体观念是在与以"公/群"为核心概念的现代世界观的对立中展示其意义的,而"公/群"观念在晚清的语境中绝不仅仅是一种抽象的道德观念,而是现代民族—国家及其社会组织形式如商会、学会、国会、政党以及士绅—村社共同体的代称和道德基础。公理、进化、惟物、自然等现代观念的运用是围绕着建构民族—国家这一中心而展开的,或者说,它们是中国现代民族—国家话语的最重要的和最活跃的部分。我在这一部分设定的问题是:章太炎的个体观念与民族—国家的话语建构是什么关系? 更直接地说,作为"中华民国"这一概念的首创者和晚清种族革命的理论制造者,民族主义构成了章氏一生文字生涯和革命实践的特别重要的内容,但同时,章氏的临时性的个体概念不仅构成了对国家、政府和各种以建立现代民族—国家和进行社会动员为目的的社会团体的批判和否定,而且还构成了对民族概念的最终抛弃。如果说个体概念是现代民族—国家话语的重要部分的话,那么,这一概念又如何、在什么意义上构成了对民族—国家话语的否定:这一悖论是如何构成的?个体概念的这种政治性的运用同时呈现了这一概念建构的社会语境。如果说个体和自我概念与种族、国家、社团、聚落等等概念涉及中国的现代世界观的不同侧面及其构成方式,对它的解释也将回答章氏以否定普遍性为特征的个体观念为什么又以普遍性为归宿。

章氏的个体概念的政治含义首先体现为这一概念对国家概念和政府概念的否定,因此,这是一种反国家的和无政府的个人概念。在《五无论》、《国家论》以及《代议然否论》等文中,章太炎将他在《四惑论》、《人无我论》、《无神论》等文中的论述逻辑直接转向政治领域,个体、自性等概念成为批判国家、政府以及代议制等现代国家机器的理论上的出发前提。章氏在《国家论》一文中提出了排斥国家的三条理由:

> 一、国家之自性,是假有者,非实有者;二、国家之作用,是势不得已而设之者,非理所当然而设之者;三、国家之事业,是最鄙贱者,非最神圣者。[85]

在这三条理由中,第一条理由是原理性的理由,后两条理由是从第一条理由发展出来的。也正是在国家是否具有自性的讨论中,章太炎把个体与国家放在截然对立的关系中。章氏首先重复了他在讨论佛教唯识宗的自性观念时的近于原子论的观点,即自性是不可分析、绝无变异的存在,"众相组合,即各各有其自性,非于此组合上别有自性。"正如一切物体与原子的关系一样:

----

[85] 章太炎:《国家论》,《章太炎全集》第4卷,页457。

> 凡诸个体，亦皆众物集成，非是实有。然对于个体所集成者，则个体且得说为实有，其集成者说为假有。国家既为人民所组合，故各各人民，暂得说为实有，而国家则无实有之可言。……要之，个体为真，团体为幻，一切皆然。[86]

章太炎把原子论的物质观念与社会国家的构成作类比，意在否定国家为主体和人民为客体的国家学说：

> 国家之为主体，徒有名言，初无实际……或曰：国家自有制度法律，人民虽时时代谢，制度法律，则不随之以代谢。即此是实，故名主体。此亦不然，制度法律，自有变更，非必遵循旧则。纵令无变，亦前人所贻之'无表色'耳。[87]

值得注意的是，在论及国家与个体的关系时，章氏所讨论的是谁是主体的问题，但他并不认为个体的主体性是绝对的，它只是在与国家以及其他社会团体的关系中具有相对的优先性而已。换言之，章氏"国家论"中的个体概念也仍然是一个临时性的概念。既然个体仅仅"对于组合之团体，则为近真"，[88]其本身也是"伪物"，那么国家是一种"假有"的结论就不只是推论的结果，也是它在物的秩序中的"分位得然也。"[89]章氏并未论述自性观念与"分位"观念的相关关系，因为从原理上看，自性观念是排斥任何等级性的秩序和对待性的关系的，但是，为什么又认为世界有某种分位即秩序呢？这种分位与秩序一方面是为强调个体的优先性而设定的，另一方面章氏所讨论的问题不是本体论问题而是政治问题。因此，

---

[86] 同上，页457—458。
[87] 同上，页459。所谓"表色"，章太炎解释说："凡言色者，当分为三：青黄赤白，是名显色；曲直方圆，是名形色；取舍屈伸，是名表色。凡物皆属显色、形色，凡事皆属表色。表色以过，而其所留遗之功能，势限未绝，是名无表色。"
[88] 同上，页459。
[89] 同上。

第十章　无我之我与公理的解构

"分位"指涉的并不是宇宙的先验模式，而是现实的社会体制和政治结构。这种将个体、国家与自性置于一种等级关系中的论述模式又一次证明了个体概念的直接的政治性。

我们可以将章太炎从个体问题出发展开的国家批判归结为三个方面。首先，个体对于集体的优先性的论证针对的是国家主权的观念（也就是邹容、陈天华、孙文、梁启超、严复等共同论证的总体之自由对于个体之自由的优先性的观念），这一论证的依据是唯识思想的自性概念。但是，从是否具有自性的观点来讨论国家是否拥有主权，这表明章氏在此论述的主权概念不涉及国家与国家之间的关系，在后一方面，章氏是坚定的民族主义者（而不是国家主义者）。其次，否定国家的地理设定和等级结构具有实体意义。"天高地下，本由差别，妄念所生，一切分位，随眼转移，非有定量。……乾坤定位，准此可知，名分之执，亦由斯破坏矣。"[90] 从无差别的观念出发，没有自性的国家无论其外延（国界）还是其内部的等级构造都不过是"妄念"的产物。最后，对国家的主权、界域和等级结构的虚幻性的分析最终导致了他的第三个结论：国家不是道德的源泉而是罪恶的渊薮，个体才是价值的创造者。根据上述引文，个体是指"各各人民"，即不是人民这一总名，而是每一个体。拥有主权的不是国家，也不是作为总体的人民，而是个体即"各各人民"。这不仅因为"凡诸事业，必由一人造成，乃得称为出类拔萃"，集体性的事业既非抽象的团体之功，也非团体的元首之誉，而是个体的创造。[91]

隐藏在上述结论背后的，是对集体性事业有无权力处理个体的生命并诠释其意义的质疑。从现代革命的历史来看，这一问题既涉及革命的理由、革命的召唤是否道德的问题，也涉及那种将自己与总体历史过程相关联的现代性的态度是否合理的问题，还涉及现代民族—国家及其事业是否具有天然合法性的问题。比之于舍生赴死而绝不牵连他人的宗教性事业，章氏说：

---

[90] 同上，页460。
[91] 同上。

> 国家事业则不然。其为种族革命欤？政治革命欤？社会革命欤？必非以一人赴汤蹈刃而能成就。我倡其始，而随我以赴汤蹈刃者，尚亿万人。……而独尸是语，以为名高，斯亦何异于盗窃乎？[92]

在章氏的眼中，以社会改造和国家事业为职志者，如尧舜，如华盛顿、拿破仑，如巴枯宁、克鲁泡特金，都不可与为普度众生而只身赴难的释迦、伊壁鸠鲁、陈仲子、管宁诸公相比，因为前者的声名建立在别人的牺牲之上。

2. 在个体/国家二元对立的论述模式中，如何理解个体/民族的关系？

在国家与个体的二元对立的论述模式的另一面，是章太炎的激烈的民族主义。一个合乎逻辑的追问是：民族与个体的关系又如何呢？对这一问题的解释首先涉及如下问题：对于章太炎来说，国家与民族是什么关系？作为激烈的民族主义者，章氏对国家的否定发生在怎样的历史语境中？与所有这些问题相关的一个甚为重要、影响深远的问题是：为什么章氏的论述模式是个人/国家的二元论，而不是个人/社会/国家的更为复杂的论述模式？"社会"范畴在章氏的论述模式中居于什么地位？

在现代中国民族主义的各种讨论中，国家、国家主权和国家的制度结构（立宪、代议制和官僚制度）是最为重要的论题，也是中国民族主义与传统的华夏中心主义有所区别的主要标志。作为一种群体认同意识，中国思想中的族类和文化观念都起源很早，如《左传》所谓"非我族类，其心必异"，如《礼记》所谓"有知之属，莫不知爱其类"，如荀子所谓"先祖者，类之本也"。根据王尔敏的研究，春秋时代的族类有不少是指宗族派系，但也有不少与种族（族群）的自我体认相关，这就是《左传》、《论语》中的夷狄与诸夏的分别。这种种族（族群）上的正统意识得到了文化上的自

---

[92] 同上。

我认同的确认,孔子所谓"微管仲吾其被发左衽矣"就是明证。但是,正如许多学者都已提及的,在中国民族的斗争与同化过程中,族类的观念不如文化观念之深入人心,甚至可以说"由文化而泯除种界的区别,是自先秦以来政治理想的传统。"[93]从华夏中心与四夷的关系看,同化的形式主要不是设重兵置总督,而只是奉行中国的一册正朔即可。上古中国的中国中心说体现为王畿与五服的观念,它是以帝王为中心向外推移的差等关系之理想。[94]就制度形式而言,对四夷的关系主要由礼部而不是外交部或殖民部主持,这明显地说明维持王道中心的是集政统与道统于一身的天子,而不是国家。在这种外推式的结构中,最难以产生的是国与国之间的对等关系。正是在这个意义上,传统中的"中国"概念虽然具有复杂和多面的含义,但主要是一种所谓"有文化的邦土之体认",而不是民族—国家。[95]因此,中国概念与诸夏概念是同一的,它主要是基于文化与族类的统一观念。自清代中叶庄存与、刘逢禄倡公羊说,它的泯灭"内外"和"夷夏"的观念成为晚清今文经学运动的一个核心思想,康有为、梁启超把这一观念用于改良的政治实践,即使像章太炎这样的古文家也深受影响。成于戊戌之前的旧《訄书》以"客帝"和"分镇"的观念讨论清代政治的变革问题,前者承认了清帝的合法性,后者则是地方分权政治的理论表达。在这个意义上,章氏在1903年发表于《苏报》的《驳康有为论革命书》重申种族革命的观念,不但是对民族主义的体认,而且也是对于自己曾经信奉的泯灭内外和夷夏的公羊思想的否定。换言之,从清代思想的演变的角度看,章太炎的民族思想是在摆脱公羊学转而复归宋儒的春秋观的过程中发展出来的。所谓宋儒的春秋观的核心即夷夏之辨。

晚清中国民族主义从重申夷夏之防的观念开始,并在鸦片战争之后

---

[93] 王尔敏:《中国近代思想史论》,台北:台湾商务印书馆,1977年版,页210。

[94] 《史记·夏本纪》:"令天子之国以外五百里甸服","甸服外五百里侯服","侯服外五百里绥服","绥服外五百里要服","要服外五百里荒服"。《史记》卷一,北京:中华书局,1982年版,页75。

[95] 参见王尔敏:《"中国"名称溯源及其近代诠释》、《清季学会与近代民族主义的形成》二文,见《中国近代思想史论》,页447—486,页209—232。

逐渐地与欧洲的国家主权概念相结合。到甲午战争失败、维新运动兴起的时期，主要来自西方的"国家"观念不仅已经成为中国现代民族主义的最为显著的特征，而且也是贯穿不同政治集团的政治话语的中心概念。"民族—国家"的观念经由朝廷的政治改革方案（以奏折、上谕的形式）、民间知识分子的宣传（以文章、刊物的形式）和革命党人的理论与实践（以演说、文章、刊物和海外活动的形式）而被建构起来。早在1850年代，冯桂芬就说："今国家仍以夷务为第一要政，而剿贼（太平天国）次之。贼可灭夷不可灭，一夷灭，百夷不俱灭。……今海外诸夷一春秋时列国也。"[96]戊戌运动之初，康有为说："当以列国之势治天下，不当以一统垂裳之势治天下。"[97]梁启超直接把"国"的概念与"一统"及"天下"的概念相对立："我支那人非无爱国之性质也，其不知爱国者，由不自知其为国也。中国自古一统……谓之为天下，而不谓之为国，……自数千年来，同处于一小天下之中，未尝与平等之国相遇，盖视吾国之外，无他国焉。"[98]在一系列文章中，梁氏也将个人或自我与国家（群）相对立，但他的取向恰与章太炎相反，即把中国积弱的原因归结为"人人心目中但有一身之我，不有一群之我"。[99]梁氏说：

> 国家思想者何？一曰对于一身而知有国家；二曰对于朝庭而知有国家；三曰对于外族而知有国家；四曰对于世界而知有国家。[100]

---

[96] 冯桂芬：《显志堂稿》卷一，页11。
[97] 康有为：《公车上书》，《戊戌变法文献汇编》第2册，台北：鼎文书局，页140。类似的看法如徐勤《总论亚洲》："列国并列，则民智而国强；国势统一，则民愚而国弱。"（麦仲华辑：《皇朝经世文新编》卷一下，页一八下）又：汪康年《中国自强策》中："中国自古独立于亚洲之中，而其外皆蛮夷视之，素以君权为主，务以保世滋大为宗。故其治多禁防遏抑之制，而少开拓扩充之意。"（同上，页三下。）
[98] 梁启超：《爱国论》，《饮冰室合集·文集》之三，上海：上海中华书局，1947年版，页66。
[99] 梁启超：《中国积弱溯源论》，《饮冰室合集·文集》之五，页23。
[100] 梁启超：《新民说·论国家》，《饮冰室合集·专集》第三册之四，页16。

国家概念是在与个人、家庭、外族和世界的相关关系中建立起来,但梁氏在此省略掉的是种族与国家的关系,这一省略的政治含义十分明显,即淡化满汉之间的民族主义冲突,而强调中国作为一个多民族国家的统一性。国家而非种族成为真正的主体和现代认同的源泉,并重构了中国人关于世界秩序的想像结构。

孙中山认为中国自秦汉以后就是民族国家,因此在中国"民族主义就是国族主义。"与梁启超一样,孙中山也是将国家概念与家族和宗族作为对立的两极来加以论述的。不过应当提及的是,孙文的上述看法发表于1924年中华民国已经成立的时代,这与他于1906年在《民报》周年纪念大会上的演说对民族主义的阐述颇有不同,那时他虽然不赞成民族革命就是尽灭满洲民族的看法,但他强调中国人已是"亡国之民",并把"种性"和建立汉人的政权作为民族主义的主要内容。[101] 这意味着他的国族主义是作为已经建立了汉族统治的政治家对"民族—国家"的阐述,因此多民族统一国家的思想是与维护汉族主权的合法性直接相关的。尽管上述近代人物所谓国家的内涵各不相同,但是,民族—国家作为西方现代性的最重要的成果已经重构了中国思想的世界图式。国家认同的要求意味着国家自身是真正的主权单位:这种国家主权并不仅仅是对其他国家而言,也是对国家内部的个人、家族、宗族和种族等社会群体而言。在这个意义上,为了获得有效的社会动员,国家的自主性意味着个人、家族等社会单位的自主性的丧失或部分丧失。

在建构民族—国家话语的历史语境中,章太炎对国家的否定姿态的含义究竟如何?首先需要提及的是,章氏在文化立场上并未拒斥"国"的概念。作为近代中国"国学"运动的主要倡导者,他对"国粹"即语言文字、典章制度、人物传记的整理、阐释正是整个现代中国民族—国家观念建构过程的一个重要部分。1905年2月,国学保存会的机关刊物《国粹

---

[101] 关于民族主义即国族主义的看法见孙中山《三民主义》,《孙中山全集》第9卷,北京:中华书局,1981,页184—185。《"民报"周年纪念大会上的演说》,见《辛亥革命前十年间时论选集》,第2卷,上册,北京:三联书店,1978,页535—536。

《学报》在上海创刊时,仍在狱中的章太炎在该刊发表了他入狱前的四封信和狱中的"漫笔",自称"上天以国粹付余";[102] 1906年章氏主持《民报》时期,国粹派的排满复汉思想大量见于该刊。王缁尘编著《国学讲话》论及国学时说:

> 国学之名,古无有也。必国与国对待,始有国家观念,于是始以己国之学术称为国学。[103]

这大体说出了国学与国家思想的关系。黄节在《国粹学报叙》中将国体与国学并列而论,其言曰:

> 吾国之国体,则外族专制之国体也;吾国之学说,则外族专制之学说也。[104]

但是,这里所谓"国学"的"国"指的是汉族之"国","学"亦汉族之学,其直接的对立面是"夷族"专制和"胡学"。[105]因此,"国粹"或"国学"概念中的"国"主要是针对异族特别是满族统治而产生的种族的和文化的概念,而后才是现代国际关系中的政治性的国家概念。[106]章太炎在《东京留学生欢迎会演说辞》中将他的民族主义思想概括为两句话:"第一是用宗教发起信

---

[102] 章太炎:《章太炎癸卯【】(狱)中漫笔》,《国粹学报》第8期撰录第5页,上海,1905。
[103] 王缁尘:《国学讲话》,上海:世界书局,1935,页1—3。
[104] 黄节:《国粹学报叙》,《国粹学报》第1期,1905年3月23日,上海,页3。
[105] 黄节:《国粹学报叙》,《国粹学报》第1期,页3。在同文中,他又说:"不自主其国,而奴隶于人之国,谓之国奴;不自主其学,而奴隶于人之学,谓之学奴。"
[106] 如许守微:"国粹者,一国精神之所寄也。其为学本之历史,因乎风俗,齐乎人心之所同,而实为立国之根本也,源泉也。是故国粹存,则其国存,国粹亡,则其国亡。"许守微:《论国粹无阻于欧化》,《国粹学报》1905年第7期社说,页2。又如邓实:"国学者何,一国所有之学也。有地而人生其上,因以成国焉……","国学者,与有国以俱来,因乎地理根之民性,而不可须臾离也。"邓实:《国学讲习记》,《国粹学报》1906年第19期社说,页4。

第十章　无我之我与公理的解构　　　　　　　　　　　　　　　　　　　1055

心,增进国民的道德;第二是用国粹激动种性,增进爱国的热肠",而提倡国粹"只是要人爱惜我们汉种的历史。"[107]尽管"国粹"的倡导与抵制欧风日雨的动机有关,但其主要的内容却是从文化上论证反满的必要性。章氏坦承他的思想上承蒋氏《东华录》和郑所南、王船山的思想,他关注的是种族和文化的自主和纯洁,其逻辑的结论也就必然是"排满革命"。

章氏对"国家"的否定显然不在文化的层面,而在政治的层面。就直接的针对性而言,晚清国家话语是在清朝政府的奏议、文牍之中产生的,所谓国家的主体不言而喻地指称清朝政府。在《新民丛报》的文章中,国家概念的运用强调的是中华民族共同体,即由于文化的同化作用而产生的多民族统一的国家。因此,国家概念在康、梁等人的话语中不仅是针对列强的侵略而提出的主权思想,而且是(主要是)针对排满革命的主张而提出的修辞策略,即用文化的同一性而非种族及其文化的纯洁性作为国家的基础,进而用国家的概念来批判政治革命和社会革命的思想。章氏的民族主义注重的是国内的种族关系,康、梁的民族主义注重的是国际关系。1903至1906年间,对美国作了实地考察之后的梁启超已经不再把国家与民族作为同一概念来运用。他援引伯伦知理关于国民与民族之差别的理论,认为"国家为完全统一永生之共同体",这个政治有机体由国民及其活动之精神而成就;民族则是由同一语言风俗和同一精神性质所构成,在其没有成为一种国民人格和法团时,民族就不是国民,因而也不是国家。在分析了国家构成(多民族之国家、单一民族之国家及多国家之民族等等)的诸种类型之后,梁氏的问题是:

> 爱国之士之所志,果以排满为究竟之目的耶,抑以立国为究竟之目的耶?

梁氏认为中国的问题不在满人或对于满人之媚,而在汉人对于独裁

---

[107] 章太炎:《东京留学生欢迎会演说辞》,《民报》第6期,页4,1907年1月。又见《章太炎政论选集》上册,北京:中华书局,1977,页272—276。

之媚,从而将问题从种族问题转变为政治问题。他直指章太炎所说"不能变法当革,变法亦当革"的排满主义,认为后者将"建国主义一变而为复仇主义"。基于对章氏排满革命论的批评,梁启超提出了两种民族主义的模式,即"小民族主义"和"大民族主义",前者指的是汉族对于国内其他种族的关系,后者指的是"合国内本部属部之诸族以对于国外之诸族是也"。在他的"大民族主义"的概念背后则隐含着中国文化对于满洲及其他民族的同化能力的预设。[108]

3. 个体/国家的论述模式与晚清国家主义

显然,章氏对国家的否定与他的排满的民族主义有深刻联系。但这仍不能解释为什么他对国家的批判采取了"国家/个人"相对立的论述模式。对此,我们需要从相反的方向分析他的论敌有关国家的论述。

梁启超访美归来后对美国的民主制度及他曾信奉的西方自由主义深表怀疑,他转而赞成德国国家主义的政治理论,特别是伯伦知理和波伦哈克的国家理论。梁氏介绍了伯伦知理对卢梭民约论的批判,认为民约论者混淆了国民与社会的差别。梁氏说:

> 国民者,一定不动之全体。社会则变动不居之集合体而已。国民为法律上之一人格,社会则无有也。故号之曰国民,则始终与国相待而不可须臾离。号之曰社会,则不过多数私人之结集。[109]

除了前已论及的国民与民族的关系之外,梁氏引述伯伦知理和波伦哈克

---

[108] 梁启超:《政治学大家伯伦知理之学说》,《饮冰室合集·文集》之十三,页72—76。
[109] 同上,页68。在梁氏的观点背后,是他的政治态度和政治信仰的重大转变,在《梁任公先生年谱长编初稿》中有如下记载:"从前所深信的破坏主义和革命排满的主张,至是完全放弃,这是先生政治思想的一个大转变,以后几年内的言论和主张,完全站在这个基础上立论。"转引自《辛亥革命时期期刊介绍》第1册,北京:人民出版社,1982年版,页162。

第十章 无我之我与公理的解构

的国家理论包含了下述几层意思：

首先，与个体集合而成的社会不同，国家是有精神意志、肢体结构、自由行动和发育过程的统一的有机整体。以此为理由，他赞成伯伦知理对卢梭的民权和民约论的批判，主张"国家主权"不能为任何个人所分享。[110]

其次，就政体而言，伯伦知理认为君主立宪较之其他政体、特别是共和政体为最良政体。这不仅因为共和政体的成立依赖于特定的历史条件，而且它将立法权（多数决定）与行政权相分离的做法可能削弱国权。共和政体标榜自由平等，但实际上既鄙视下等国民，又猜忌俊杰。按照波伦哈克的看法，共和政体将统治主体与统治客体相混同，在人民之外没有国家的位置。从直接的政治结论来说，梁氏想说的是："我中国今日所最缺点而最急需者，在有机之统一与有力之秩序。而自由平等直其次耳。"[111]

第三，主权既不属于君主，也不属于社会；既不在国家之上，也不在国家之外；国家及其宪法就是主权的来源。梁氏特别驳斥主权为私人之集合权或未能成为法人的民族之主权的看法，认为有主权则有国家，无主权则无国家。[112]

第四，从国家目的来说，伯伦知理虽然试图在以国家自身为目的与以国家为"各私人"即国民之工具这两种观点之间保持某种平衡，但基本的倾向却是明确的国家目的论："国家目的为第一位，而各私人实为达此目的之器具也。"[113]关于国家的上述看法最终导致梁氏转而认为在中国的具体情境中，"开明专制"甚至较之君主立宪更为合适。[114]

现在我们可以清楚地看到章太炎从个体角度对国家进行批判的真正

---

[110] 同上，页70—71。
[111] 同上，页69，页77—86。
[112] 同上，页86—88。
[113] 同上，页88。
[114] 参见梁启超：《开明专制论》，《饮冰室合集·文集》之十七。张灏指出：梁启超最关心的不是"开明专制"，而是一个更广泛的问题，即"国家理性"。换句话说，梁氏与西方政治思想中自马基雅维里直至黑格尔以来的思想倾向完全一致，他们最关心的是有关政府确保国家生存和安全的理性行为，而不考虑它在道德和意识形态方面的后果。"国家理性"明确地证明政府这种最高政治目的的理性行为的合理性。梁对"开明专

理由,这就是对国家作为首要政治价值的观点的彻底否定。对于个体而言,国家没有自己的特性,也绝非具有内在生命的有机体;对于个体而言,国家没有主权,只有个体——"各各人民"——才是主权的拥有者;对于个体而言,国家是专制的工具和罪恶的渊薮,而绝不是道德的来源;对于个体而言,一切对待性的关系都是不平等的起源,宇宙和世界在本体论的意义上就是平等而无差异的。从政治层面看,章太炎的个体概念的最重要的政治含义是对"开明专制"和"君主立宪"的政治主张的全面否定,但问题的核心却仍然是要不要满人统治这一民族主义问题。

鲁帕特·埃默森(Rupert Emerson)曾经指出,19世纪伯伦知理和德国其他政治理论家所提倡的有限的君主立宪制,无非是试图通过立宪方法,防止君主的意志趋于专断,从而保证君主忠于国家,对国家作出最大的贡献。[115]梁启超的开明专制论和伯伦知理的有限君主立宪制把国家奉为最高价值的目的,似乎都包含了对君主专制进行限制的含义。梁启超在写作《政治学大家伯伦知理之学说》时,从伯伦知理那里得到的启示之一是有关民族和国家的区分,即作为一个法人团体的国家与作为以共同的语言、宗教、习俗和种族为根据的民族的区别。他开始认为民族主义作为一种建立现代国家的途径或方式,也可能导致分裂的后果,因为中国是一个多民族的社会。因此,国家目的论在晚清的语境中明确地包含着对于内部民族主义或他称之为"小民族主义"的否定。不言而喻,对于章太炎等人来说,这种国家目的论恰恰是维护清朝统治的理论工具。正如朱执信在《心理的国家主义》一文中说的,梁启超的《新民丛报》、杨度的《中国新报》和《东方杂志》等刊物中所谓"国家","舍满政府而外,他更

制"的兴趣是他关心"国家理性"的一个自然发展。但在这方面必须指出的是,他不是对开明专制本身感兴趣,而是把它当作在帝国主义时代解决中国国家安全和生存问题的一个理想的和有效的方法。这大致也可以解释梁对君主立宪和开明专制的矛盾心理。Hao Chang, *Liang Ch'i-cháo and Intellectual Transition in China, 1890-1907* (Cambridge: Harvard University Press, 1971)。此据中译本《梁启超与中国思想的过渡(1890—1907)》,崔志海、葛夫763手译,南京:江苏人民出版社,1993,页181—183。

[115] Rupert Emerson,《近代德国的国家和主权》,纽黑文,1928,页1—4,转引自张灏:《梁启超与中国思想的过渡(1890—1907)》,江苏人民出版社,1993,页183。

无所指"。[116]反过来看,章氏的《中华民国解》反复论证中国的国家与种族的统一性。"建汉名以为族,而邦国之义斯在。建华名以为国,而种族之义亦在。此中华民国之所以谥。"他断然拒绝将中国解释为地域的概念、将中华解释为文化的概念,都是为强调中国概念的种族性质。[117]他也强调国家主权的概念,但他的主权概念完全是种族的主权概念,而不是政治的主权概念。"吾向者固云所为排满洲者,亦曰覆我国家,攘我主权之故。"[118]

值得注意的是,梁启超与章太炎关于民族主义的争论早在1903年即已发生,章氏在1907年再论国家问题已经具有更为直接的政治性。这不仅因为《民报》与《新民丛报》及《中国新报》等改良派报纸的论争涉及革命还是改良的尖锐对立;而且还因为1905至1907年间,"预备立宪"之"新政"已经是清朝政府的国家行为。1905年底,清朝政府派载泽、端方、戴鸿慈、李盛铎、尚其亨等五大臣赴日本和欧美各国考察宪政,流亡中的梁启超为他们草拟若干奏折。1906年清廷宣布预备立宪,"大权统于朝廷,庶政公于舆论,以立国家万年有道之基","但目前规制未备,民智未开",只能先从官制入手。从《清末筹备立宪档案史料》所收资料来看,整个"预备立宪"涉及官制、议院、咨议局和地方自治、法律和司法、满汉关系、教育、财政和官报等方面,其基本的构想是以清廷为中心,建立起一套类似于欧美现代国家的等级性的官僚体制,进行有效的社会动员,由上至下,"各明忠君爱国之义,合群进化之理,勿以私见害公益,勿以小忿败大

---

[116] 朱执信:《心理的国家主义》,《民报》第21号,1908年6月,页22—34。
[117] 章太炎:《中华民国解》,《章太炎全集》第4卷,页253。他所批判的对象是"金铁主义说者",实际所指当是杨度发表于《中国新报》第2号(1907年2月)上的论文《金铁主义说》等。杨度认为富国强兵、军事立国"特以之对于外,而非以对于内",实行"经济的军国主义。"在论及君主立宪时他涉及了满汉问题:"君民之间,久无所谓满汉问题云云者,不能及于皇室,皇室直立于满汉问题之外耳。"他的看法是君主是国家的一个机关,只有专制政体君主与立宪政体君主的区别,不存在满汉问题。"君主为一国之代表,而非一族之代表。"在他的"君民一体、满汉平权"的口号背后是用国家问题来掩盖种族问题。参见杨度:《国会与旗人》(《中国新报》第7号)、《金铁主义说》(《中国新报》第2号)等文。
[118] 章太炎:《中华民国解》,《章太炎全集》第4卷,页256。

谋,尊崇秩序,保守和平,以预诸立宪国民之资格,有厚望焉。"[119]可以说"预备立宪"是清廷与流亡知识分子的共谋产物,以清廷的合法性为核心的国家主义及其价值是"新政"时期社会氛围的主要特征之一。[120]杜赞奇(Prasenjit Duara)将清末新政视为"与现代化和民族形成交织在一起的中国模式的国家权力的扩展",这是因为"所有的中央和地区政权,都企图将国家权力伸入到社会基层,不论其目的如何,它们都相信这些新延伸的政权机构是控制乡村社会的最有效的手段。"[121]

4. 在个体/国家的二元论述模式中,为什么省略了社会范畴?

在清末特定的国家主义氛围中,章太炎用个体的真实性否定国家的虚幻性,用个体的否定性自由批判民族—国家的总体之自由,临时性的个体概念便具有了广泛的政治含义。章氏有关个体/国家的二元论述结构中有一个应予特别注意的省略,这就是对社会概念的省略。章氏用语中并非没有社会概念,我所谓省略是指他并没有从国家/社会/个人的三重关系来讨论个人问题,而是把国家与社会视为与个体相对立的组织形态;这样,社会与国家及政府的互动的和制约性的关系也就不在讨论的范围之内。中国现代性思想的主要特征之一就是社会观念的形成,所谓"公/群"概念的流行与西方思想中有关"社会"的学术和思想的传

---

[119] 《宣示预备立宪先行厘定官制谕》,《清末筹备立宪档案史料》上册,北京:中华书局,1979年版,页44。
[120] 清廷宣布"预备立宪"之后,康、梁极为兴奋。康有为说:"此一诏也,即将数千年来国为君有之私产,一旦尽舍而捐出,公之于国之臣民共有也。此一诏也,即将数千年无限之君权,一旦尽舍之,而捐立法权于国会,捐行政权于内阁。"(《救亡论》,此据《辛亥革命时期期刊介绍》第1册,页178。)梁启超则说:"从此政治革命问题告一段落。"(同上,页178。)
[121] Prasenjit Duara, *Culture, Power, and the State: Rural North China*, 1900-1942 (Stanford University Press,1988), pp.3-4. 此据中译本《文化、权力与国家——1900—1942年的华北农村》,王福明译,南京:江苏人民出版社,1994年版,页2—3。

入有直接联系。康有为、梁启超等对"学群"(学会)、"商群"(商会)和"国群"(国会)的理论探讨和政治实践,都是以社会/国家(主要是皇权)的关系为轴心来展开的,也就是以如何形成社会的力量以限制皇权并完成社会政治制度的社会改造为宗旨的。对于梁启超、严复等人来说,个人的自主性与社会契约团体以至现代国家体制的建立有绝大关系:一方面,具有自主性的社会团体是进行社会动员以建立现代国家的中介组织,另一方面,自主性的社会团体与国家的制约性关系为个体的自由提供了公共空间。这就是许多西方学者用"市民社会"(civil society)和"公共领域"(public sphere)的范畴来解释近代中国"群"的理论与实践的原因。换句话说,梁、严等人的个体观念是在"群"和民族国家范畴中的个体观念。"吾中国所以不成为独立国者,以国民乏独立之德而已"[122],梁启超对个体独立的表述以建立国民的道德为手段、以建立独立的民族国家为目的,而社会团体的形成则是一个中介环节。

但是,章太炎的个体概念不仅是反国家的,而且也是非社会的。正如《四惑论》所云:"人类所公认者,不可以个人故,陵轹社会;不可以社会故,陵轹个人。"这里所谓社会意指包括国家、政府和一切以人为原子而组织起来的社会团体。个人不以国家、社会、他人而生,因而也不承认法律、责任和义务等等。[123]从是否具有自性这一立场出发,章氏矛头所指远远超越了对国家的否定:

> 非直国家,凡彼一村一落,一集一会,亦惟各人为实有自性,而村落集会,则非实有自性。[124]

在事物的整体性秩序中,所有组织而成的事物都没有自性。《五无论》全面表述了章氏社会思想的诸方面,即无政府、无聚落、无人类、无众生、无

---

[122] 梁启超:《十种德行相反相成义》,原载1901年6月16日、7月6日《清议报》第82、84册,后收入《饮冰室合集·文集》之五,页44。
[123] 章太炎:《四惑论》,《章太炎全集》第4卷,页444—449。
[124] 同上,页458。

世界。他把"五无"的实践过程分为三个阶段,即无政府、无聚落为一期,无人类、无众生为二期,无世界为三期。"五无"的推论过程首先把个体作为构成一切社会组织的原子来看待,而这些组织则是没有自性的对待性关系,因此在社会层面,对国家和其他社会组织的否定起源于将个体从一切对待性关系中解放出来的要求。这意味着章氏的社会思想不仅是无政府的,而且是无社会的。但是,作为社会原子的个体本身也是可分的,因为"若云原子,本无方分,互相抵触而后见形者。既无方分,便合浑沦为一,何有互相抵触之事?故知原子云者,徒为妄语。"[125]这就是他对人类、众生和世界也一并否定的理由。

我在此侧重分析章氏对各种社会群体的否定的政治内含,这就是他的所谓"无聚落"的思想。但在具体分析他的论点之前,首先需要回答如下问题:为什么章太炎在批判国家的同时,连同梁启超等人特别注重的自主性的社会团体也一同否定?按照西方、特别是西欧的历史经验,市民社会以及在此基础上产生的公共领域,不是限制国家权力、形成民主社会的根本条件么?这里根本的问题是,章氏所谓"社会"是包括国家在内的各种非个人的集合体,而不是在国家之外的、与私人领域具有特殊联系的市民社会。在晚清的语境中,无论是形成都市契约团体的动力和实践,还是重新阐释并利用以宗族—士绅为核心的村社共同体的社会功能,都是以建立现代国家、实现社会动员为目的的。西欧市民社会的形成过程,也是现代民族国家形成和发展的过程;晚清各种社会团体则是在国家机器衰败的背景下倡导、产生和形成的;欧洲市民社会以及在此基础上形成的公共领域对专制国家具有重要的限制功能,进而成为民主制度的社会基础,而清朝政府和部分知识分子利用都市团体和士绅—村社共同体却有着不同的意义:这些社会组织以建立民族国家为主要目的,对它们的社会功能的理解、倡导和建立本身就是一种国家的或准国家的行为。晚清学会、商会和其他一些团体的组织者和参与者经常是与政府关系密切的士绅、知识分子,有些就是官员,这些社会组织的出现是晚清自上而下的国家改革

---

[125] 章太炎:《五无论》,《章太炎全集》第4卷,页435。

运动的一部分,甚至有关宗法社会的讨论也是在它的组织功能对于现代国家的意义的层面进行的。这一切证明:这些社会组织的行为与国家行为之间并无明显的界线,它们本身就是国家政权建设(State-making),特别是国家权力向基层渗透以加强政治和经济控制的重要手段。国家问题是整个社会活动的中心问题。这也可以从晚清"群"概念的模糊性中得到解释:一般社会组织如商会(商群)、学会(学群)与国家组织如国会(国群)都可以用"群"的概念来指称,而"群"的最高等级即"大群"则是指国家。如果上述看法成立,那么,章氏对"聚落"和各种社会"群体"的批判就是他的国家批判的一个组成部分,这也就解释了为什么他在否定国家的同时,连同一切团体都加以否定,并置之于个体的对立面。

5."群"之否定(1):从个体角度批判代议制与平等问题

在以西方民族—国家为蓝本进行国家建设的清末"新政"的背景下,章氏对政府通过议院的设立和地方自治向基层社会扩张国家权力持激烈的批判态度。他首先涉及的是其上层的结构,即被梁启超称为"国群"的议会,特别是在"预备立宪"中谈得甚多的代议制。章太炎对议会的攻击始于《驳康有为论革命书》(1903),到"预备立宪"时期以《代议然否论》最为著名。许多学者对章氏批判议院的观点进行分析和梳理,在此不一一重复。我要特别提出的是,章氏对代议制的否定与国家通过建立自己的组织体系对基层进行控制的过程具有深刻联系。[126]换言之,章氏批判

---

[126] 有关章氏对批评代议制的主要观点,可参见王汎森:《章太炎的思想及其对儒学传统的冲击》,台北:时报文化出版有限公司,1985年版,第5章第3节。我在这里着重要提及的是,无论是清朝政府还是立宪派官员,他们都十分自觉地看到了代议制的功能是国家权力的扩展、渗透和巩固。如《御史徐定超请速设议院保互华侨以维人心弭民变折》即指出上、下议院及各级谘议局有六便:便于对不同地区进行因地制宜的控制;便于官绅联络,互相监督;便于将立法、行政和司法相分离;便于以地方自治为基础,解决当地问题;便于以国会认可的形式来确定和更改行政法令;便于通达下情,以静制动地对待地方性的社会问题;等等。见《清末筹备立宪档案史料》下册,页603—604。

代议制的最为重要的理由是反对国家用议院的形式进行社会组织和动员。这包含这样几层意思：

首先，代议政体是封建之变相，其主要的弊害是以贵贱等级来组织社会。这也涉及章氏对中国历史形态的独特看法。他认为中国的专制制度较之西方和日本的立宪制度是更为平等的社会形态。章氏说：

> 不悟彼之去封建近，而我之去封建远。去封建远者，民皆平等；去封建近者，民有贵族黎庶之分。与效立宪而使民有贵族黎庶之分，不如王者一人秉权于上，规摹廓落，则苛察不遍行，民犹得以纾其死。[127]

> 必欲闟置国会，规设议院，未足佐民，而先丧其平夷之美……是故选举法行，则上品无寒门，而下品无膏粱。名曰国会，实为奸府。[128]

议员表面代表人民，实际依附政党，"故议院者，国家所以诱惑愚民，而钳制其口者也。"[129]

其次，章氏深刻地意识到，在中国各级地区设立议院不仅操作上（特别是众多的人口与有限的议员、庞大的地域与选民的教育程度之间的矛盾）极为困难，而且更重要的是，设立议院的目的是在经济上对基层社会进行控制，特别是解决中央政府难以解决的纳税问题。章氏细致分析了以纳税多寡来确定选举权可能造成的问题，又指出：

> 且所为代议者，欲使增益租赋之令，不自上发，而自下裁定之。今为繁殖选权，则于代议未行之前，先武断以增租赋，于因果又适为颠倒矣。[130]

中央政府利用选举和地方议院的设立，以政治形式重建村社体制，国家机

---

[127] 章太炎：《代议然否论》，《章太炎全集》第4卷，页300。
[128] 同上，页301—302。
[129] 章太炎：《五无论》，《章太炎全集》第4卷，页431。
[130] 章太炎：《代议然否论》，《章太炎全集》第4卷，页303。

第十章　无我之我与公理的解构

构可以利用地方力量解决租赋问题并对社会进行控制。代议制原来是为了扩大民权,但实际上却由于财富的不平等,扩大了政治的不平等,造成了新的社会等级结构。从国家权力扩张的角度来看,代议制加强了国家对基层社会的政治和经济控制。

最后,章氏认为议会制使议员(豪民)特权合法化,这也与民生主义的经济平等原则相冲突。章氏在提出一系列"抑官吏伸齐民"的理想主义政治方案的同时,特别提到他的经济方案,我们可以简要地概括为:"均配土田","官设工场","限制相续"(财富继承),"公散议员"(使政党不敢纳贿),官/商严格分开(防止其借政治以自利),等等。[131] 表面上看,章氏的这些主张与孙中山的民生主义基本相似(他自己也使用民生主义的概念),但内容却十分不同,这主要是他对资本主义、特别是资本的活动采取严厉的批判态度。他所谓"均配土田",不限于露田池沼,也包括山林场圃甚至牲畜,明显地具有打击资本活动的意图。他所说的"官立工场"与孙中山的大企业国有不同,并无"发达资本"的内容,而只是从反对私人工商业出发的。这与孙中山借"发达国家资本"来发展资本主义经济的主张正好相反。[132] 在《五朝法律索隐》等文中,他特别推崇传统的"重农抑商"论,主张实行贱商的《晋令》,并把社会动乱归之于"尊奖商人"。[133] 联系章氏在《四惑论》中对新式工业和技术的反对态度,他的上述看法明显地具有反现代的特征。

值得注意的是,章氏对国家的否定是从个体的立场出发的,但这种个体立场完全没有发展成为私人占有权的经济思想;相反,无论在政治权利的层面,还是在经济权利的层面,个体的概念都是与平等的概念(而不是权利的概念)紧密相关的。在经济占有权的意义上,无论是他所谓土田之"均配",还是工场之"官立",都体现了一种"公"的原则。

---

[131] 章太炎:《代议然否论》、《五无论》,《章太炎全集》第4卷,页307—308,430—431。

[132] 参见赵靖、易梦虹主编《中国近代经济思想史》下册,北京:中华书局,1985年版,页488—502。

[133] 章太炎:《五朝法律索隐》,《章太炎全集》第4卷,页84。此文原载《民报》第23号,收入《太炎文录》时有些改动。

如果考虑到个体概念是在与公理世界观的对立中展示其特征的,那么,在具体的社会政治和经济思想的层面,个体观念与公的价值的关联就特别值得注意。这有助于我们理解章氏对普遍性的批判为什么又以普遍性为归宿。

6. "群"之否定(2):对商的否定涉及由谁来分享国家权力

章太炎对商人及其团体的批评曾经引起他究竟是地主阶级代言人,还是民族资产阶级中下层或自耕农以上阶层的代言人的争论,[134]却很少提及他对"商"的批判是他的国家批判的一个组成部分,具体地说,就是对清朝政府的"新政"以及改良主义者有关观点的否定。在《五无论》中,章太炎明确地将对议院的批评与对商人的批评结合在一起,其中核心的问题是由谁来分享国家权力?官与商的问题一方面涉及商通过对国家的渗透获得特殊的利益,另一方面涉及国家通过商业活动扩大国家权力、盘剥民间社会,其中得利者仍是豪右而已。章氏在分析了日本议会的腐败情况之后说:

> 设议院者,不过分官吏之赃以与豪民而已。返观专制之国,犹无斯紊乱也。……专制之国,商人无明与国家分权之事,及异于专制者则不然。……是故有共和政体,而不分散财权,防制议士,则犹不如专制政体之为善也。[135]

章太炎着眼于商会与国家权力的关系来讨论"商"的问题,这在晚清的语境中不难理解。从郑观应早期所写的《商战》(上、下)、《商务》(一——五),我们已可知中国的国家主权和利益意识与商战有极大的关

---

[134] 参见李润苍:《论章太炎》,成都:四川人民出版社,1985年版,页32—60。赵靖、易梦虹:《中国近代经济思想史》下册,页488—502。

[135] 章太炎:《五无论》,《章太炎全集》第4卷,页431—432。

系。在谈及商会的自治功能时,郑观应说:

> 各国每埠皆设有商会,京都设商务总会,延爵绅为之领袖。其权与议院相抗,如有屈抑,许诉诸巴力门衙门。故商人恃以无恐。[136]

康有为《公车上书》里也论及商会的政治功能,并建议"今各直省设立商会、商学、比较厂,而以商务大臣统之……"[137] 1896 年初,总理衙门在《奏复请讲求商务折》指出设立商务局旨在"官商一气,力顾利权,此周官保富之法,行之今日尤为切要。"[138] 戊戌运动之后,商务局一度受挫;1904 年清政府颁布《奏定商会简明章程二十六条》,商部劝办商会。1905 年之后的"新政"期间,政府与商会的活动发生了较为密切的联系,1907—1908 年两次举行全国商业代表大会,讨论商法,供政府参考。在商会的历史中,它与政府的关系是一种控制与反控制的关系。一方面,在"预备立宪"时期,商会是支持政府的最为重要的社会力量之一。例如上海商务总会主办的《华商联合报》盛赞预备立宪是"举二千年之魔障摧而廓之……"呼吁人民采取行动协助朝廷立宪。[139] 商会积极参加和支持宪政活动,特别是地方自治活动、咨议局和地方议会的活动等等。另一方面,商会与国家之间也有重要的利益冲突,因为国家劝办商会的目的是"广开利源",必然伴随苛捐杂税、侵夺商利和出卖利权的行为,而商会的"振兴工商"则有商人自己的利益在内。对于章太炎来说,国家与商会(商人)双方既合作又冲突的关系,一方面证明国家无法通过利用商业活动使自己的体制合理化,另一方面又证明商会等非国家组织其实是一些准国家组织。这也就是章太炎对"商"大加讨伐的根本原因。

---

[136] 郑观应:《商务二》,《郑观应集》上册,上海人民出版社,1982 年版,页 608。
[137] 康有为:《公车上书》,《康有为全集》(二),上海:上海古籍出版社,1990,页 92。
[138] 《戊戌变法》第 2 册,神州国光社 1953 年版,页 399—400。
[139] 金贤采:《宣统元年颂辞》,《华商联合报》第 1 期,转引并参见虞和平:《商会与中国早期现代化》,上海:上海人民出版社,1993 年版,页 85—86。

7. "群"之否定(3):学会、政党与国家权力扩张

在都市团体中,除商会外,学会与政党是最重要的团体。章太炎对政治团体的批判着眼于国家的权力运作及其道德后果。

自强学会以后,帝制晚期的学会大多为政治性团体,也是中国现代政党的雏形。对学会倡导最力的是梁启超,他用"群"的概念来表述各种社会政治有机体,它们的主要功能就是将中国人结合为统一的国家。梁氏在《变法通义·论学会》中将社会团体分为三种,即:

> 国群曰议院,商群曰公司,士群曰学会,而议院公司,其识论业艺,罔不由学,故学会者,又二者之母也。……学会起于西乎,曰:非也;中国二千年之成法也。[140]

张灏指出,梁启超所以赋予学会如此重要的地位,是因为他认为学会构成了国家建设(State-making)的一种组织纽带。学会不仅担负着对人民进行训练的任务,而且也是形成一定政治认同的途径;因此,学会成了将复杂多样和组织松散的中国社会联合为一个统一的、具有凝聚力的国家的必不可少的环节。[141]晚清立宪运动时期的政党与学会之间有很深的联系。

章太炎对这些政治团体的批评主要是就它们与国家权力的关系进行的。章氏说:"要之,国有政党,非直政事多垢黩,而士大夫之节行亦衰。直令政府转为女闾,国事夷于秘戏,……"由政党中选出的议员"一朝登王路,坐而论道,惟以发抒党见为期,不以发抒民意为期,乃及工商诸政,则未有不循私自枉者。"[142]1911年10月,他发表了《诛政党》一文,认为

---

[140] 梁启超:《变法通议·论学会》,《饮冰室合集·文集》之一,页31。
[141] 张灏:《梁启超与中国思想的过渡》(*Liang Ch'i-ch'ao and Intellectual Transition in China, 1890-1907*, pp. 107-109.),页76—77。
[142] 章太炎:《代议然否论》,《章太炎全集》第4卷,页309。

"近世朋党者,新党所从出,政党又新党之变相。中国大局,已非往代,朋党猥贱,甚于古人,""朋党之兴,必在季世","天下之至猥贱,莫如政客",中国政党,"非妄则夸"。他"校第品类",分为七类,举凡康、梁之学堂、上层立宪分子、推动立宪运动的政闻社,以至各类资政员、谘议局员,及立宪派的士绅等等均在其列。[143]他对政治团体的否定也是双向的,即一方面它们是有自身利益的社会集团,阻碍了国家建设的合理化,另一方面中国政治团体的活动又是国家行为的一部分。这也是他在辛亥革命后随即主张"革命军起,革命党消"的理论基础。

8. "群"之否定(4):个人、民族主义及其对士绅—村社共同体的否定

在"五无论"的论述结构中,对"聚落"的破除主要指向因地缘和血缘而成的宗族和部落。值得注意的是,对聚落的否定紧随对政府的破除,从而也需要在政治层面理解章氏的这一独特思想。

> 凡兹种族相争,皆以有政府使其隔阂,假令政权堕尽,则犬马异类,人犹驯狎而优容之,何有于人类?[144]

然而,章氏的无政府思想并非无条件的"无政府主义",在他看来,政府起源于战争,如果战争不绝,政府也就不能一日废弃。"是故政府者,非专为理民而设,实与他国之政府相待而设。他国有政府在,即一国之政府不得独无。"[145]因此,无政府的含义是破除国界、统一语言,进而全面地息争。

所谓"无聚落"也正是在全面地息争这一意义上提出的,因为即使

---

[143] 汤志钧编:《章太炎年谱长编》上册,页352—360。
[144] 章太炎:《五无论》,《章太炎全集》第4卷,页432。
[145] 同上,页432。

国界破除、政府泯灭,而人类所居处的自然条件不一,以种族、语言或地域的差异而形成的自然聚落之间仍会合旅相争,并产生出新的国家和政府。

> 是故欲无政府,必无聚落。农为游农,工为游工,女为游女。……苦寒地人与温润地人,每岁爱土,易室而居,迭相迁移,庶不以执着而生陵夺。斯则无政府者,必与无聚落说同时践行也。[146]

章氏这里所谓聚落主要指以地域分布而成的部落组织,虽然具体所指语焉不详,但没有疑问的是,他对聚落的否定起源于对国家和政府的否定。值得注意的是,章太炎所谓"农为游农,工为游工,女为游女",强调的是对地缘、行业和血缘关系的摆脱,其中地缘和血缘问题涉及他对中国宗法制度的理解。在《〈社会通诠〉商兑》一文中,他针对甄克思关于宗法社会"重民而不地著"的观点,指出中国的宗法社会与田土的关系极深,是祖先崇拜与土断之制的结合。

章氏对宗法制的批判是与他对民族主义的理解深刻地联系在一起的。他反对严复按照甄克思的学说将中国社会视为"宗法而兼军国者也"的看法,指出严氏对宗法之"法"的理解只涉及种而未涉及"国",从而误将民族主义作为一种"普遍之广名"。为什么章氏在批判国家的同时又提出"国"的问题呢?这是因为他把排满的民族主义运动理解为一种争夺主权的政治斗争,他说:

> 今吾党所言民族主义,……所为排满洲者,岂徒曰子为爱新觉罗氏,吾为姬氏、姜氏,而惧子之淆乱我血胤耶?[147]
>
> 吾党所志,乃在于复我民族之国家与主权者,若其克敌致果,而满洲之汗,大去宛平,以适黄龙之府,则固当与日本、暹罗同视,种人

---

[146] 同上,页434。
[147] 章太炎:《"社会通诠"商兑》,《章太炎全集》第4卷,页331—332。

顺化,归斯受之而已矣。[148]

章氏所谓国家及其主权不是指国际政治关系中的(多)民族—国家及其主权,而是指中国疆域中的汉"民族之国家与主权"。在获得民族—国家的主权之后,绝不以宗族血缘的理由而排外,这样,他就把满汉斗争视为争夺国家领导权的政治斗争。所谓"摄取国家观念于民族主义之中",也就是在这个意义上进行的。[149]在章氏看来,如果承认甄氏所谓宗法社会即民族主义社会的观点,那么,中国的宗法社会却容忍异族的统治。他特别指出民族主义的政治性,用中国社会的民族领导权即他所谓主权概念来批判宗法社会,并建立完备的组织体系,以军国社会的形式实现社会的动员。[150]

显然,章氏对宗法社会的批判似乎突出了"国"的概念,但他所谓"国"是指汉民族之"国"。他要破除宗族及其伦理体制,而将民族中的个体从血缘与地缘的关系中解放出来,直接组织到民族—国家之中。[151]这也是他以个体/国家的论述模式而不是个体/社会/国家的论述模式讨论中国问题的主要原因之一。在这种论述模式背后,仍是他的政治性的反满思想。

另一方面,章氏虽然在排满的意义上提及了"国"的政治性概念,但在晚清的语境中,他对宗法制的否定同样是和反对国家及其权力扩张的考虑联系在一起的。在"新政"时期,国家官吏和立宪派的知识分子对"地方自治"的考虑就是要借助于士绅—村社共同体来加强国家力量。在《清末筹备立宪档案史料》中收有大量有关"地方自治"的奏折,其中心的议题就是国家如何利用士绅、宗族、自然村的体制对社会进行盘剥、组织、动员和控制。例如《南书房翰林吴士鉴请试行地方分治折》云:

---

[148] 章太炎:《"社会通诠"商兑》,《章太炎全集》第4卷,页332。
[149] 同上,页331—333。
[150] 章氏说:"民族主义者,与政治相系而成此名,非脱离于政治之外,别有所谓民族主义者。"《"社会通诠"商兑》,《章太炎全集》第4卷,页331。
[151] 较早提出这一观点的是王汎森《"群"与伦理结构的破除》一文,见《章太炎的思想》,页243—249。

> 然又恐权集中央,彼国臣民或但知有服从之义务,而不知有协赞之义务也,则又有地方分治之制以维之。其法凡郡县町村悉举明练公正之士民以充议长,综赋税、学校、讼狱、巡警诸大政,各视其所擅长者任之,分曹治事,而受监督于长官。……遇有重大事件,则报告于中央政府,以行其赏罚。……夫官吏士民,同属朝廷臣子,官即已仕之民,民即未仕之官,……必待官民之合力分治者。[152]

清末新政要求村庄建立一套财政制度以资助兴办新学堂、新的行政组织和自卫组织,并且国家开始不断地向农村摊款(其数量远超出田赋的数倍),用于支付巨额赔款和后来的混战。根据杜赞奇(Prasenjit Duara)对1900—1942年的华北农村的研究,摊款从根本上不同于田赋和过去的其他捐税,它不是按丁口或私人财产分配,而是按村庄为单位分摊。由村庄制定自己的摊款方式,从而使村庄具有征款权力进而发展起了村庄预算。随着新式学校的建立,公共事业的扩大,为监督这些新事物并分派、征收摊款,新型的村庄领导组织亦得到加强。[153]清政府一面需要培养一批地方领导来进行社会组织和动员,实现国家的目的,另一面又必须避免社会和法统的危机,尊重传统的权威和体制。这就是士绅—村社共同体(村庄是其自然形式)在晚清社会成为如此重要的话题的原因。

实际上,利用宗法社会进行地方自治"佐国家养民"的思想早在冯桂芬的《复宗法议》等文中已露端倪,在戊戌运动之后、特别是新政时期,这一思想成为当时刊物所讨论的重要议题之一。例如蛤笑于1908年在《东方杂志》上发表《论地方自治之亟》一文,认为中国宗法社会"族制自治极发达",历经二千年专制政体之摧残而仍能延续至今,正说明"吾族自治之能力"。他将乡约之制、郡县之公局与西方社会的地方议会相比拟,论

---

[152] 《清末筹备立宪档案史料》,下册,页711—712。
[153] 杜赞奇:《文化、权力和国家——1900—1942年的华北农村》(*Culture, Power, and the State: Rural North China, 1900-1942*, p. 4.),页3。

证中国自治的存在。[154] 比他更早,攻法子在《浙江潮》上发表《敬告我乡人》一文,明确指出:

> 中国各地方有绅士,孟子所谓巨室是也。凡地方公事,大都由绅士处理,地方官有所兴举,必与绅士协议,绅士之可否,即为地方事业之兴废。故绅士者,实地方自治之代表也。欲问中国地方自治体何在,则绅士是矣。绅士所得干预之地方公事,其范围与各国地方自治体略同,而时或过之。如各国地方自治体无兵权,而中国则有事时,绅士得以办团练是也。……故中国之地方自治,真有相沿于自然之势,有自治之实,而无自治之名。……盖近世之国家,先有国家,然后有种种机关,非的论也。然以言中国之地方自治,则谓为与国家同时并生盖无可议。[155]

---

[154] 蛤笑:《论地方自治之亟》,《东方杂志》5 卷 3 期,1908 年 4 月。文中说:"吾国素为宗法之社会,而非市制之社会,故族制极发达,而市邑自治甚微弱。论者遂谓宗法为初民集合之原体,而大有障碍于人群进化。此其说,证以欧西之历史,则固然矣。然亦盍思夫吾族自治之能力,绵绵延延,经二千余年专制政体之摧残剥蚀,而憖遗一线者,固重赖此宗法之制乎? 乡约之制,一市府议会之规模也;郡县之公局,一都邑议会之形势也;善堂公所,一医院卫生局之筚路蓝缕也;市镇之团练,一民兵义勇之缩本影相也;墟庙之赛会,一袄祠教堂之仪制也。礼失而求诸野。里乘流传,固无一不具地方自治之性质者。不过其组织未进于精严,进化乃形其濡滞耳。以是之故,而遽谓吾民无与外族竞存之资,不亦诬乎?"又见《辛亥革命前十年间时论选集》第 3 卷,页 9—10。北京:三联书店,1977。

[155] 攻法子:《敬告我乡人》,《浙江潮》第 2 期,1903 年 3 月出版。值得注意的是,作者在文中把自治看作是国家的间接管理。他说:"自治云者,对乎官治而言。近世之国家,其行政之机关,大别为二:一曰官府,一曰自治体。官府为国家直接之行政机关,以直接维持国权为目的,如外交、军事、财政之类,皆官府所司之政务也。自治体为国家间接之行政机关,以地方之人治地方之事,而间接以达国家行政之目的,如教育、警察及凡关乎地方人民之安宁幸福之事皆是也。直接之行政名曰官治,间接之行政名曰自治。……自治之制,盖所以补官治之不足,而与官治相辅而行……自治之精神,在以国家之公务为地方生存之目的,而以地方之力行之。故自治体者,由地方而言则为地方之行政机关,由国家而言则仍为国家行政机关之一部分也。……自治体云者,以国家公共之事务视为地方固有之事务,而施行公共团体是也。"又见《辛亥革命前十年间时论选集》第 1 卷下册,页 497—501。

但是,满清政府利用地方自治以扩张国家权力的尝试并不完全成功,国家财政收入的增加与地方上无政府状态是同时发生的,这是因为国家对乡村社会的控制能力低于其对乡村社会的榨取能力。正式的国家政权可以依靠非正式机构来推行自己的政策,但它无法控制这些机构,其结果国家机构的合理化受阻于地方官吏的腐败,而国家权力的延伸又意味着社会的进一步被压榨和破产。杜赞奇用吉尔茨(Clifford Geertz)的"内卷化"概念来形容晚清国家政权扩张的特点,他指出:"在内卷化的国家政权增长过程中,乡村社会中的非正式团体代替过去的乡级政权组织成为一支不可控制的力量。"在这样的条件下,国家政权内卷化指的是国家机构不是靠提高旧有或新增(此处指人际或其他行政资源)机构的效益,而是靠复制或扩大旧有的国家与社会关系——如中国旧有的赢利型经纪制来扩大其控制力,这不仅使旧的经纪层扩大,而且使经纪制深入社会的最底层——村庄。[156]章太炎对地方选举及豪右的看法已经显示了他对这一过程具有很深洞察,但他在当时更注意的,可能是以地缘和血缘关系为基础而形成的自治性组织及其行为是国家行为的一部分。

9. "个体为真,团体为幻"的多重政治内涵

现在我们可以更深入地理解"个体为真,团体为幻"这一命题的历史含义了:

首先,章太炎没有采用个体/社会/国家的论述模式,而是用个体/国家的二元对立的论述模式来讨论个体与国家的否定性关系,这是因为在国家权力扩张的历史语境中,社会实际上正在被国家所挤压,各种社会团体包括士绅—村社共同体、商会和城市行会、学会和政党,以至介于政府与民众之间的中介性的国家组织——议会,都是以国家建设为基本目的组织和运转的。作为排满的民族主义者,章氏拒绝任何旨在巩固和发展

---

[156] 杜赞奇:《文化、权力和国家——1900—1942年的华北农村》(*Culture, Power, and the State: Rural North China, 1900-1942*, pp. 74-77.),页66—68。

满清国家的社会行为,这些社会行为也同时被视为国家行为。个体与国家的对立模式由此发展成为个体与包括非国家的社会组织在内的"国家"的对立模式。因此,与其说章氏省略了社会的范畴,不如说他对社会作了国家化的理解。这种个体/国家的二元对立的论述模式对于中国现代政治思想的影响极为深远,其表征之一就是:启蒙知识分子习惯于在个人与国家的二元关系中获得政治认同(无论是对抗的还是同一的),而较少研究个体与国家之间可能存在的社会中介和公共空间。

其次,在个体/国家的论述模式中,个体不再是一个抽象的哲学观念,而是一个具有复杂的意义构成的概念。作为绝对主权又绝对平等的存在,个体的意义是在具体的社会语境中展现出来的,其核心就是对一切"强为分界"的对待性关系——诸如民族主义,国家主义,村落思想,宗法思想——的激烈否定:[157] 对于国家来说,个体概念既是无政府思想的基石,又是人民(各各人民)主权的宣言;对于现代官僚体制来说,个体概念既是对一切理性化的社会等级的破除,又是对政治平等的内在要求;对于经济体制来说,个体概念既是平均地权的理由,又是国家公有的社会主义思想的源泉;对于都市团体来说,个体概念既是对契约关系的否定,又是对个人/社会/国家的论述模式的拒绝;对于宗法制村社来说,个体概念既是对作为国家权力扩张的工具的士绅—村社共同体(特别是宗族血缘与地缘关系)的批判,又是对中国传统的伦理结构的全盘性否定。就最后一点而言,我想简要指出的是,章氏虽然在文化和学术上倡导"国粹"以及中国的传统,但他从个体角度所做的对于宗族和其他社会团体的否定,却提供了中国现代反传统主义的思维逻辑。"五四"反传统思想的中心主题之一就是这种个人与家族制度及传统伦理的对立,这种对立已经是一种尖锐的善恶对立。值得特别提出的是,章氏激烈的个体概念既未成为资本主义私人占有权的思想来源,也未成为以民主为特征的现代国家制度的理论前提,换句话说,他的个体观念及其相关话语并不会促成西方式的个人主义文化;相反,个体概念在政治、经济和社会领域却发展出了

---

[157] 章太炎:《五无论》,《章太炎全集》第4卷,页429—430。

一种政治上无政府的、经济上社会主义的和社会上反等级（组织）的思想取向。个体概念与普遍平等的内在关系揭示了个体概念与"公"观念的隐秘的联系。[158]

第三，在现实政治的层面，个体对国家和任何社会群体的激烈否定都与排满的民族主义有深刻联系，因为这里所谓国家和社会群体是以清朝政府为合法权威的。这样，个人概念与民族概念之间的理论上的否定性关系（民族当然也是一种团体）便具有了现实层面的紧密的相关性，或者可以说是某种隐喻性的关系。对于章氏来说，中国民族—国家的建立就是汉民族对国家主权的拥有，即汉民族对满清的政治统治权的剥夺，而个体概念在原理上论证了满清政府的国家建设的虚幻性；在这个意义上，个体概念是中国现代民族—国家话语建构的一个组成部分、一个具有自我解构机制的部分。

第四，个体概念同时是一个自我否定的概念，因而也是一个自我超越的概念。章氏从个体与国家、政府的对立之中论证这些集体性事物的"无自性"，最终指出这些无自性的事物仍然是人的创造，因而提出无人类的概念；又考虑到人类进化历史，为避免微生物通过进化而再造人类及其社会，提出无众生的概念；最后根据世界本无的佛教原理，提出无世界的概念。实际上，所有这些近乎奇谈的概念均来源于佛教"人无我"和"法无我"的原理。个体概念所以是自我否定的，是因为个体"常执藏识以为自我，以执我之见见于意识，而善恶之念生"，而这种自我或我见都是在对待性关系中产生的偏见与幻觉。[159]换言之，章太炎所谓个体与真正的（永恒的、实在的和普遍的）"我"是分离的，这种个体是没有本体的个体。因此，个体本身不是具有自性的事物，不能成为道德认同的最终源

---

[158] 这种"公"的思想在民族主义问题上的体现就是将墨子式的"爱无差等，施由亲始"的"公"伦理扩展为民族间的关系："吾曹所执，非封于汉族而已。其他之弱民族，有被征服于他之强民族，而盗窃其政柄，奴虏其人民者，苟有余力，必当一匡而恢复之。……欲圆满民族主义者，则当推我赤心救彼同病，令得处于完全独立之地。"同上，页430。

[159] 同上，页436—437。

泉。个体概念由此成为一个自我超越的概念:它必须在它之外寻找本体或自性。个体与自性("我")的分离是章氏临时性的个体概念的最深刻的特征。这种分离决定了个体没有自己的深度或内在性,不能成为价值认同的基础,也决定了章氏思想的内在逻辑:对个体的强调最后却导致对个体本身的否定,对宗教、信仰和普遍的宇宙模式的追究。这就是他的"建立宗教论"和"齐物论"的宇宙模式得以产生的思想动力。

在寻求现代认同的过程中,个体与自性或我的分离意味着另一个寻找认同的历程:个体对自性或我的渴念,如同人对影子的寻求。这将是我对"五四"的阐释中要讲述的故事:个体的内在深度的形成。

第四节　个体观念、建立宗教论与"齐物论"世界观对人类中心主义的扬弃

——在无神的现代语境中,什么是道德的起源?

1. 无神论与以重建道德为目的的宗教实用主义

章太炎的临时性的个体概念产生了一个重要的问题:个体概念只是在与公理、进化、惟物、自然、国家、社会及其他社会群体的否定性关系中具有优先性,它本身也是没有自性的存在。那么,它对上述事物进行批判的道德基础是什么呢? 如果个体是无我的,它本身不能提供认同的最终基础;如果个体不能依据自身确定道德取向,它就必须在个体之外寻找认同的基础或价值的来源。这一问题的另一方面就是:在个体之外寻找道德基础的努力势必导致对普遍性或个体之外(也可能内含个体)的他者的肯定。我对章氏的个体概念与宗教、道德和"齐物论"世界观的关系进行研究,旨在讨论章氏的完整的新世界观中个体的位置:这个似乎极为抽象的新世界观与他从个体角度对普遍性事物的批判是怎样的关系? 在个

体之上或之外的那个价值源泉是什么？但是，在到达他的齐物论世界观之前，我首先分析的是他的"建立宗教论"。

章氏建立宗教的构想是在现代条件下发生的，这意思是说，章太炎不得不面对现代知识学语境对他的多重压力。"建立宗教论"的前提之一是经过现代知识洗礼的无神论，这明显地解释了章氏宗教思想与现代性的知识谱系的深刻联系。章氏并不清楚，他对神学目的论的批判已在很大程度上瓦解了建立宗教的知识学基础和在现代条件下建立宗教的可能性，对他最为重要的仍然是建立宗教的世俗含义。换言之，章氏"建立宗教论"的内在逻辑可能是对宗教的形成前提的最严重的打击，这深刻地说明，在现代语境中对现代性的知识谱系的自觉的批判和反抗本身，在很大程度上受制于现代性的逻辑。在我看来，章氏从"建立宗教"的道德考虑，转变为超越道德和宗教信仰的范畴、建构"齐物论"的宇宙本体论，是在现代知识语境的压力下寻求价值和认同基础的不得不为的选择。

章太炎的宗教思想的发展有一个重心的转移过程，即从对世界起源的唯物论诠释转向对宗教的道德意义的关注。章氏早年的著作如《膏兰室札记》、《菌说》、《訄书初刻本》等从不同方面对中国和西方宗教的神创论和神学目的论进行批判，主要的理论依据是中国思想中的唯物论传统（特别是王充的思想）和近代西方的自然科学。他的看法是"天且无物，何论上帝"，[160]世界万物"自生"、"自为"，而"天道无为"。[161]既然"万物自生"，又何来天或上帝的创造，又何有"天道"、"天命"？[162]值得注意的是，他对神创说和神学目的论的批评建立于近代物理学的原子论之上，即从对物质的最小的构成物的论证入手讨论世界的起源，这与他论证个体与团体的关系时所采用的方式是一样的。"凡物之初，只有阿屯"，[163]

---

[160] 章太炎：《膏兰室札记》，《章太炎全集》第1卷，页292。
[161] 同上，页243。
[162] 章太炎：《訄书初刻本》，《章太炎全集》第3卷，页19。又：章氏在《儒术真论》及《视天论》（1899）中将天视为自然，将命视为遭遇，显然是发挥荀子的思想。见《章太炎政论选集》上册，北京：中华书局，1977年版，页118—125,125—127。
[163] 章太炎：《菌说》，《章太炎政论选集》上册，页131。

第十章　无我之我与公理的解构

他接受康德的星云假说。[164]

章氏对万物起源的解释有两个重要的预设:首先他假定世界万物的产生是由于变化或演化;其次这种演化的动力是"各原质皆有欲恶去就,欲就为爱力、吸力,恶去为离心力、驱力,有此故诸原质不能不散为各体,而散后又不能不相和合。"[165]这意味着,章氏对世界起源的原子论解释有很深的物活论的特点,他将精神动物与其他物质都视为具有"欲恶去就"的愿望与能力,并以"致力以自造"和"以思自造"的形式各自适应环境而变化。这是中国现代自然观的主要特征之一。[166]章太炎否定在物质之外存在超验的精神,也拒绝接受目的论的历史观。针对谭嗣同将以太当作性海的观点,章氏指出"原质有形,即以太亦有至微之形,固不必以邈无倪际之性海言也。……以知识为全体,亦不能出乎官骸之外也",坚持的是以物质为基础的形神统一观。[167]

章太炎的无神论思想在他日本时期的重要论文《无神论》中得到全面的发挥,但他那时对神教的批判不再集中于世界物质起源的解释,而在于探讨宗教的建构基础以及这种宗教建构的方式可能造成的后果,如:"世之立宗教、谈哲学者,其始不出三端:曰惟神、惟物、惟我而已,"他分别评论说:

> 惟我之说,与佛家惟识相近,惟神、惟物则远之。佛家既言惟识,而又力言无我。是故惟物之说,有时亦为佛家所采。……何也?惟物之

---

[164] 章太炎:《五无论》,《章太炎全集》第4卷,页435。

[165] 章太炎:《菌说》,《章太炎政论选集》上册,页131。

[166] 中国现代科学观和自然观的物活论特征在章太炎的论敌吴稚晖那里也显现得极为清楚。吴在二十年代成为中国现代宇宙论和科学观的重要阐述者,在"科学与人生观"的讨论中发挥了重大作用。在1906—1908年间,他的科学和自然思想成为中国无政府主义思想的基础。章氏对公理、进化、唯物、自然等现代性世界观的抨击,部分地就是针对吴稚晖在法国参与编辑的无政府主义刊物《新世纪》的。详见本书第十二章第四节。

[167] 章太炎:《菌说》,《章太炎政论选集》上册,页134。有关章太炎早期的无神论思想,参见肖万源《中国近代思想家的宗教和鬼神》第6章,合肥:安徽人民出版社,1991。

说,犹近平等;惟神之说,崇奉一尊,则与平等绝远也。欲使众生平等,不得不先破神教。故就基督、吠檀多辈论其得失,而泛神诸论附焉。[168]

这样,章氏对宗教有神论的批判重心就从宇宙构成原理的分析转向了以"众生平等"为核心价值的社会伦理的讨论。尽管他批评康德在纯粹理性与实践理性之间的区分失之于自相矛盾,但当他从道德角度考虑宗教问题时,他自己在无神论与建立宗教论之间所面对的问题却与康德十分相似。

在无神论的前提之下建立宗教,章太炎关心的是宗教对于道德形成的意义,这就是他所谓"用宗教发起信心,增进国民的道德"。换句话说,章太炎试图将宗教作为一种世俗力量加以利用。在《革命道德说》等文中,章氏从许多方面讨论道德的意义,强调"道德衰亡,诚亡国灭种之根极也","道德堕废者,革命不成之原"。[169]而章氏所谓革命"非革命也。曰光复也。"[170]从这个观点来看,章氏对宗教的倡导也可以说是他的种族革命的道德思想的一个有机部分。"世间道德率自宗教引生",[171]"若没有宗教,这道德必不得增进",[172]"欲兴民德,舍佛法其谁归?"[173]针对别人对他用《民报》"作佛报"的指责,章氏论证说:要实行《民报》的六条主义,唯有佛教可以创造实行这种主义的人,"以勇猛无畏治怯懦心,以头陀净行治浮华心,以惟我独尊治猥贱心,以力戒诳语治诈伪心。"[174]

---

[168] 章太炎:《无神论》,《章太炎全集》第4卷,页395—396。
[169] 章太炎:《革命道德说》,《章太炎全集》第4卷,页277,284。
[170] 同上,页276。
[171] 章太炎:《建立宗教论》,《章太炎全集》第4卷,页418。
[172] 章太炎:《东京留学生欢迎会演说辞》,《章太炎政论选集》上册,页272。
[173] 章太炎:《答梦庵》,《章太炎政论选集》上册,页394。
[174] 同上,页395。章氏认为在晚清中国的语境中,除佛教外,已经很难用其他的思想资源来培育革命的道德,他在《建立宗教论》中说:"今之世,非周、秦、汉、魏之世也,彼时纯朴未分,则虽以孔、老常言,亦足化民成俗。今则不然,六道轮回、地狱变相之说,犹不足以取济。非说无生,则不能去畏死心;非破我所,则不能去拜金心;非谈平等,则不能去奴隶心;非示众生皆佛,则不能去退屈心;非举三轮清净,则不能去德色心。"《章太炎全集》第4卷,页418。

在不承认上帝、神、天、天道等超验实体的存在的前提下,章氏又把宗教作为道德的起源,这势必引申出一个问题,即在无神的宗教中什么是道德的起源?如果没有上帝或天等超验存在,由谁发出绝对命令或提供存在的正当的原理?与此相关的问题是:如果存在无神的宗教,那么,宗教的基础又是什么呢?章氏在此问题上陷入了现代知识语境中的二难困境:现代性的知识体系瓦解了宗教的信仰基础,但同时科学和其他现代知识不仅没有解决生存的意义问题,也未能适当地解决正义、道德和美的问题。章太炎对宗教的考虑不可能绕过现代科学和现代性的知识体系对宗教及其信仰的毁灭性的打击,同时又无法依据现代知识本身重建价值的源泉。章氏对佛教唯识宗的选择正是在这一两难困境中作出的。

章氏一面主张用宗教建立道德,另一面又认为唯有佛法于中国最为恰当。那么,宗教是什么,佛法是不是宗教?在回答这一问题时,章氏给自己设定了一系列疑问:如果说有所信仰就是宗教,那么各种知识学问(除怀疑论外)没有一项不是宗教;如果以崇拜鬼神为宗教,那么道教、基督教和伊斯兰教都是宗教,而佛教反而六亲不近、鬼神不礼、相信"心、佛、众生,三无差别",不在心外求佛,那还算不算宗教呢?足见信仰不能作为宗教的标志。[175]章氏将宗教作为救世的工具已经有相当的宗教实用主义的倾向,所以他才会说"道德普及之世,即宗教消熔之世",[176]在批判康有为定孔教为国教、尊孔子为教主的行为时,他强调孔子是宗师而非教主,而将孔学变为宗教无非"杜智慧之门",进而贬斥宗教为"至鄙"。[177]他把知识的重要性提高到宗教之上(所谓"学术申,宗教诎"[178]),似乎又是站在现代知识学的立场对宗教采取否定的态度。把宗教作为道德的起源,这一命题本身是对现代性的知识体系的限度的质疑;但同时现代知

---

[175] 章太炎:《论佛法与宗教、哲学以及现实之关系》,《中国哲学》第6辑,北京:三联书店,1981年版,页299—300。
[176] 章太炎:《建立宗教论》,《章太炎全集》第4卷,页418。
[177] 章太炎:《驳建立孔教议》,《章太炎全集》第4卷,页198,194。
[178] 章太炎:《訄书重订本》,《章太炎全集》第3卷,页283。

识本身又构成了对宗教的质疑。[179] 这是一个现代语境中的悖论。章氏对佛教唯识宗的选择就是试图解决或在一定程度上弥合在宗教与知识之间的裂缝。他解释说：

> 佛法只与哲学家为同聚，不与宗教家为同聚。……佛陀菩提这种名号，译来原是"觉"字。般若译来原是"智"字。一切大乘的目的，无非是"断所知障"、"成就一切智者"，分明是求智的意思，断不是要立一个宗教，劝人信仰。……试想种种物理，无不是从实验上看出来，不是纯靠理论。哲学反纯靠理论，没有实验，这不是相差很远么？佛法的高处，一方在理论极成，一方在圣智内证。岂但不为宗教起见，也并不为解脱生死起见，不为提倡道德起见，只是发明真如的见解，必要实证真如。发明如来藏的见解，必要实证如来藏。与其称为宗教，不如称为"哲学之实证者"。……[180]

章氏将佛教的内证与物理学的实证相统一，进而在知识的问题与对真如的理解之间架起桥梁。章氏没有意识到，当他论证佛的本旨不是道德与宗教，而是对真如与如来藏的发明和实证时，他已接受了现代知识对什么是知识的意识形态规定，即知识是实证的，只有实证的知识才是有效的。[181] 知识的这种现代规定导致了宗教的衰亡。在下文中，我们会发现，他对佛教的这种理解正是他从建立宗教的道德意图走向齐物论宇宙观的内在动

---

[179] 章太炎在批判基督教时，除了指责基督教的上帝观和创世说"与平等绝远"，又为帝国主义所利用之外，特别提出的就是它为"物理学士之所轻"，为"诸科学之所轻"，"刳其一隙，以杜塞人智虑，使不获知公言之至，则进化之机自此阻。"《訄书初刻本》、《訄书重订本》，《章太炎全集》第3卷，页92，292，15。
[180] 章太炎：《论佛法与宗教、哲学以及现实之关系》，《中国哲学》第6辑，页300。
[181] 章氏最推崇的是法相宗，主要的原因之一就是法相的严密的逻辑体系与近代学术相近。他说："然仆所以独尊法相者，则自有说。盖近代学术，渐趋实事求是之途，自汉学诸公分条析理，远非明儒所能企及。逮科学萌芽，而用心益复缜密矣。是故法相之学，于明代则不宜，于近代则甚适，由学术所趋然也。"《答铁铮》，《章太炎全集》第4卷，页370。

第十章　无我之我与公理的解构　　　　　　　　　　　　　　　　　　1083

力之一。

但章氏又分明是要建立宗教,并以之形成国民的道德的。既然章氏重视的是宗教的道德功能而不是宗教绝对主义,他对宗教的多元主义态度就极为自然。他说:

> 宗教之高下胜劣,不容先论。要以上不失真,下有益于生民之道德为其准的……若于人道无所陵藉,则亦姑容而并存之。[182]

"上不失真"是对现代知识的回应,"下有益于生民之道德"则是种族革命的宗教实用主义。因此,我们追问的重点将是他的宗教的内涵,而不是形式(即是什么教什么宗),更准确地说,是他的内涵与他的形式之间的实质性关系。正是在这样的条件下,我回到本文的论题,即在无神论的前提下,道德合理性的来源是什么?既然章氏已经从个体为真的立场将普遍性事物置之道德可能性之外,个体在他建立宗教的努力中居于何种地位?直截了当地说:个体思想是否构成章氏所要建立的道德的源泉,或者,他的宗教是否个体(与上帝或神相对应)的宗教?如果是或部分地是,那么,他为什么不直接地用个体主义作为他的道德基础,而要将这种个体的思想纳入到佛教唯识宗的本体论之中?这一问题我已在第一节有所涉猎,这里将详细地展开。

2. 依自不依他与佛教三性说

章氏建立宗教以激励人的道德勇气和不顾利害、蹈死如饴的革命意志,个体在他的佛教思想中成为重要的资源。为了论述方便,我再详细地引证第一部分已经涉及过的内容。章氏说:

> 明之末世,与满洲相抗、百折不回者,非耽悦禅观之士,即姚江学

---

[182] 章太炎:《建立宗教论》,《章太炎全集》第4卷,页408。

派之徒……仆与佛学,岂无简择?盖以支那德教,虽各殊途,而根原所在,悉归于一,曰'依自不依他'耳。……佛教行于中国,宗派十数,独禅宗为盛者,即以自贵其心,不援鬼神,与中国心理相合。……"

又曰:

> 法相、禅宗,本非异趣。……自贵其心,不依他力,其术可用于艰难危急之时,则一也……
> 三论继兴,禅宗、法相接踵而至,宗派虽异,要其依自则同……
> 要之,仆所奉持,以"依自不依他"为臬极。

"依自不依他"将"自"与"他"相对立,显然在另一层面再现了个体与团体(个体之外的一切他者)二元对立的论述方式。但是,章氏在论及"不依他力"的同时,与之并提的是"自贵其心",而且认为"相宗、禅宗,其为惟心一也。"[183]由此推论,"依自"之"自"指的不是自己的肉身而是"心","依自"亦即"依自性",即"惟心"。除了与"不依他力"相呼应之外,"自贵其心"还与"不援鬼神"相并提。这表明"心"与鬼神无涉。

但是,否定鬼神并不能自明地证明如下问题:这个"心"究竟是个体的心,即主观的心呢,还是遍在的心,或客观的心呢? 如果"心"指的是个体的主观的心,那么,个体就构成了道德和价值的源泉;如果"心"指的是真如,那么,个体就只不过是证实真如—如来藏(章氏一面要实证真如—如来藏,似乎真如—如来藏是外在于个体的;另一面又说"圣智内证",似乎真如—如来藏又是内在于个体的)的工具而已,它本身并不构成价值和道德的源泉。章氏有意无意地混同法相宗的"惟心"与禅宗的"惟心"的差别,但无论是阿赖耶识之心,还是真如,都不是个体之心(虽然可能是遍在的,即阿赖耶识与个体非一非异),则十分明确。因此,个体在章氏佛法中的位置决定于"心"的性质以及个体与心的关系。对此问题的解释需要回到他的宗教

---

[183] 章太炎:《答铁铮》,《章太炎全集》第4卷,页369,369—370,371,374,370。

本体论、法相唯识学的三性论及阿赖耶识论的内在逻辑之中。

我们先分析章氏对法相唯识学的三性说的解说。他说："以何因缘而立宗教？曰：由三性。三性不为宗教说也。"[184] 这意思是说宗教的起源是三性，但三性是一种自在的存在，并不因宗教之有无而生灭。三性说是唯识学的重要原理，它所要解释的问题是：宇宙人生是唯识所现，但为什么人们对此不能体会，却认为客观的存在与自己没有关涉，个人在宇宙之中极其渺小呢？三性说探讨的是人们日常生活的知识是如何构成的，事物的实际情况怎样，这种实际情况的现象与本质，等等。[185] 何谓三性？"一曰：遍计所执自性；二曰：依他起自性；三曰：圆成实自性。"[186]

遍计所执自性是指普遍计较所执著的诸法自性，也是一切语言所表达的现象。这是说人们日常的知识一切都是错觉。"本来是自识以阿赖耶识所变现的事物（依他起相）为所缘缘而于自识生起影象，却执为心外实有。"[187] 章氏把这一自性说成是"惟由意识周遍计度刻划而成"，举凡色空、自他、内外、能所、体用、一异、有无、生灭、断常、来去、因果等对立范畴及其表述物，"离于意识，则不得有此差别。"[188] 就此来说，自/他、个体/他者的对立范畴都不过是意识刻画而成的幻觉，是没有实性的。[189]

---

[184] 章太炎：《建立宗教论》，《章太炎全集》第4卷，页403。
[185] 周叔迦：《周叔迦佛学论著集》，上集，北京：中华书局，1991，页323—326。
[186] 章太炎：《建立宗教论》，《章太炎全集》第4卷，页403。
[187] 周叔迦：《周叔迦佛学论著集》，上册，页324。
[188] 章太炎：《建立宗教论》，《章太炎全集》第4卷，页403。
[189] 章太炎对遍计所执自性的解释与《成唯识论》卷八的解释有些出入。据郭朋等学者的研究，这些差别主要是如下三点：第一，"惟由意识周遍计度"中的意识应包括第七识即末那，但章氏所指却仅为第六意识。第二，色空等本身并不就是遍计执，妄执它们为实有，才是遍计执。第三，意识所缘的影像相分可以说是不离意识的，而宇宙万有的本质相分，则只是第八意识之所变现，而不是第六意识之所变现，特别是"若体若用"中的体并不是"离于意识"而不得有的。第四，说所有这些范畴都是"其名虽有，其义决无"是很成问题的，因为"绝无"的只能是遍计执，而决不能是依它起（更不能是圆成实）；而"若色"等等的本身，却多是依他起，而非遍计执。（参见《中国近代佛学思想史稿》，页374。）对于本文所论的个体问题而言，章氏对这一问题所作的解释造成了一些理解上的困难，这是因为如自他这样的范畴在依他起自性的意义上与在遍计所执自性意义上是不同的。这种不同可以被简单地概括为绝无与幻有的差别，幻有并非绝无。

关于依他起自性,章氏解释说:"第二自性,由第八阿赖耶识、第七末那识,与眼、耳、鼻、舌、身等五识虚妄分别而成。"[190] 按周叔迦的分析:"依他起自性是一切事物由于种子遇缘生起现行的现象,就是心法(精神作用)、心所有法(心理作用)、色法(物质)、心不相应行法。这些法都是依托众缘而生起,如幻假有而无实体。"[191] 五尘(色、声、香、味、触,章氏此处用"即此色空"来表述,并不准确)由五识虚妄分别而成。"即此色空,是五识了别所行之境;""即此自他,是末那了别所行之境;"而所有上述范畴又都是"阿赖耶识了别所行之境。……此数识者,非如意识之周遍计度执着名言也。即依此识而起见分相分二者,其境虽无,其相幻有。是为依他起自性。"[192]

对于本文来说,在第二自性中,值得注意的是种子、心及其与阿赖耶识的关系。章氏说:"赖耶惟以自识见分,缘自识中一切种子以为相分。故其心不必现行,而其境可以常在。末那惟以自识见分,缘阿赖耶以为相分。即此相分,便执为我,或执为法,心不现行,境得常在,亦与阿赖耶识无异。"[193] 换言之,赖耶缘色空、自他、内外、能所、体用、一异、有无、生灭、断常、来去、因果以为其境,而此数者各有自相,并不互相归属,这是因为色空、自他等虽无自性,但却是以阿赖耶识含藏的一切种子为相分的依据的。

这里所谓种子并非各各独立的、最小单位的一粒一粒的实体。"种子者,以有能生的势用,故名种子,"所以它又称功能、习气、气分。[194] 熊十力分析说:种子之说又分法相家义和唯识家义,前者所谓种子"非离诸

---

[190] 章太炎:《章太炎全集》第4卷,页403。按,此处将第六意识排除在依他起之外,也是有违于论义的,章氏对第二自性的解释也有若干概念不清楚之处。有关章氏对依他起自性所做的解释上的含混之处,可参见郭朋等著《中国近代佛学思想史稿》,页375。《成唯识论》对依他下的定义是:"众缘所生心心所体及相见分,有漏无漏,皆依他起;依他众缘而得生故。"所谓心心所,熊十力《佛家名相通释》有极清楚的解释,佛家针对将心理解为一整个的事物的观念,将心析为八识,这样心已非整个的物事,而后又更于每一心之中分为心与心所。心是一,心所便多,心所虽多,皆依一心而与之相应合作。心以一故,乃于诸心所而为之主。见该书页17—18。
[191] 周叔迦:《周叔迦佛学论著集》,上册,页324—325。
[192] 章太炎:《章太炎全集》第4卷,页403—404。
[193] 同上,页403—404。
[194] 熊十力:《佛家名相通释》,北京:中国大百科全书出版社,1985,页18—19。

行别有实物之谓,只依诸行有能生势用,而说名种子,"而唯识家说种子则"异诸行而有实物",亦即事物各有自种子为生因。"但诸行是所生果法,而种子是能生因法,能所条然各别,故前七识(此即诸行)之种子,可离异前七诸法,而潜藏于第八赖耶自体之中,为赖耶所缘相分,……即赖耶自家种子,为赖耶自体所含,而亦是赖耶所缘相分。(既为相分,明明是独立的物事。)据此,则种子与诸行,各有自性。易言之,即种子立于诸行之背后,而与诸行作因缘,亦得说为诸行之本根,故谓其种子离异诸行而有实物。"[195]章氏显然不只是以此破执,而且欲有所立,因此倾向于后者之义是自然的:

> 种子识者,即阿赖耶。凡起心时,皆是意识,而非阿赖耶识。然此意识,要有种子;若无种子,当意识不起时,识已断灭,后时何能再起?……由此证知,意虽不起,非无种子识在。[196]

至于心,章氏已经说"心不现行,境得常在,亦与阿赖耶识无异",可见心也不是与具体事物同体的心,而是事物背后的原因和自在的存在。章氏论证说,境缘心生,心缘境起,若无境在,不是也就不能立心为有了么?但是,当疑心遮心之时,并无他物能疑心遮心,因此,"即此疑心遮心之心,亦即是心",这个心是不能疑也不能遮的心,亦即区别于所谓"起心"(凡起心时,皆是意识)之心的。[197]一方面以种子说破除人我、法我之执,另一方面

---

[195] 熊十力:《佛家名相通释》,页19—20。由于唯识家认为"彼计诸行,(以非一,故云诸。)各各有自种子为生因",并建立种子,以说明宇宙万象,所以熊十力认为唯识家之种子说"盖近于多元论者"。章氏后来用唯识义理解释庄子《齐物论》,特别强调其多元论的宇宙观,这可以说是理路上的原因之一。

[196] 章太炎:《建立宗教论》,《章太炎全集》第4卷,页413。关于阿赖耶识与种子的关系,章氏在《人无我论》中亦有论述:"故自阿赖耶识建立以后,乃知我相所依,即此根本藏识。此识含藏万有,一切见相,皆属此识枝条,而未尝自指为我。于是与此阿赖耶识展转为缘者,名为意根,亦名为末那识,念念执此阿赖耶识以为自我。"见《章太炎全集》第4卷,页424。

[197] 章太炎:《建立宗教论》,《章太炎全集》第4卷,页413。

论证诸法乃因缘所成,依他而起,故是假有而实无。但虽是假有,却是遍计所执自性与圆成实自性所依,也是人我见、法我见所依。[198]换句话说,一方面章氏所谓"为真"的"个体"并无实性,但另一方面对个体的虚无化的理解却导致了对阿赖耶识、心等超验范畴的信仰。章氏在演说中谈到法相宗的"万法唯心",指出一切有形的色相、无形的法尘,都是幻见、幻想,并非实在真有,[199]因此,现世事物不能成为偶像。在这个意义上,依自不依他和自贵其心所依之"自"、所贵之"心",也可以说是非一非异、非内非外、非自非他的,是通过个体人的断惑证真而体会到的阿赖耶识和真如。

如何理解圆成实自性呢?章氏说:"第三自性,由实相、真如法尔而成,亦由阿赖耶识还灭而成。在遍计所执之名言中,即无自性;离遍计所执之名言外,实有自性。是为圆成实自性。"[200]圆成实自性也就是真如、法界、涅槃,章氏认为与柏拉图的理念相似。[201]圆成实自性是由人空、法空所显而圆满成就的诸法实性,也是诸法平等的真如。它是周遍的、常住的、真实的,却无相可得。缘此实性才能认清遍计所执而不再执为实有,能断除染分依他起性以后,证得圆成实自性。[202]

只有理解了章氏的圆成实自性与他的"依自不依他"及"自贵其心"的关系,我们才能了解他的"自"的真正含义,以及这种"依自"的原则与他的建立宗教论的内在的联系。章氏在批评各种宗教主张之后说,"今之立教,惟以自识为宗。识者云何?真如即是惟识实性,所谓圆成实

---

[198] 周叔迦:《周叔迦佛学论著集》,上册,页325。
[199] 章太炎:《东京留学生欢迎会演说辞》,《章太炎政论选集》,上册,页274。章氏在同文中将康德的"十二范畴"比作相分,将叔本华的"意识说"比作"十二缘生"。从这一点入手,我们也可以了解章氏的法相唯识学与建立宗教论的关系。
[200] 章太炎:《建立宗教论》,《章太炎全集》第4卷,页404。
[201] 郭朋等指出章氏在此的表述亦有语病。首先是真如、实相本身就是圆成实自性,所以"由实相、真如法尔而成"的说法不准确。但是,从章文后面的表述来看,他的理解是将真如、实相与圆成实自性理解为同一事的。其次,"由阿赖耶识还灭而成"之"还灭"应为转依,"而成"应为"而证"。见《中国近代佛学思想史稿》,页375—376。
[202] 参见周叔迦:《周叔迦佛学论著集》,上册,页325。《成唯识论》释圆成实自性云:"二空所显圆满成就诸法实性,名圆成实。显此遍常,体非虚谬。……此即于彼依他起上常远离前遍计所执,二空所显真如为性。"

也。"但由于圆成实自性太冲无象,要想进入,则不得不依赖于依他起,直到证得圆成,依他自除,所以"今所归敬者,在圆成实自性,非依他起自性。……一切众生,同此真如,同此阿赖耶识。"这个识是遍在的,而非局限于某一事物的。[203]因此,依自不依他的"依自"要在"不依他",即这个"自"不能在"依他起自性"的意义上理解,而只能在圆成实自性的意义上理解。所以这个"自"虽指人自己的本性,但此自己又非小己,而是我与万物同体之本来清净体性,是普遍众生,惟一不二,超越个体的。这样,"依自"的道德指向"特不执一己为我,而以众生为我","一切以利益众生为念,其教以证得涅槃为的。"[204]

3. 宗教本体论与个体的意义

在解释了章氏对三性说的理解之后,我们可以讨论他的宗教本体论了。章氏指出一切哲学、宗教都要建立一物以为本体,而历来宗教家所犯的最大错误莫过于误将神我、物质和神教当作本体:

首先,主张神我的学说将"我"视为一种永恒的实体,而不知道这种"我"不过是"我见"或意识的产物。从唯识学的立场看,所谓"我"者就是阿赖耶识,而绝非个体。所以,"此识是真,此我是幻,执此幻者以为本体,是第一倒见也。"[205]

其次,把物质,特别是不可分的原子视为世界的本体也同样不真实。虽然有人认为物质的构成是"无厚"的,即没有形式的,进而认为在色、声、香、味、触等感觉之外仍有"力"的存在,但是,既然没有离开"力"的五尘,也没有离开五尘的"力",那么,物质的构成就一定依赖于五尘和力的缘生,"既言缘生,其非本体可知。然则此力,此五尘者,依于何事而能显现?亦曰心之相分,依于见分而能显现耳。此心是真,此质是幻,执此幻

---

[203] 章太炎:《建立宗教论》,《章太炎全集》第4卷,页414—415。

[204] 同上,页415—416。

[205] 同上,页406。

者以为本体,是第二倒见也。"[206]

第三,有神论的宗教本体论可以区分为一神、多神及泛神诸种,但其起源或者是因崇拜一物以躲避烦恼、祈求幸福,或者是因困惑于宇宙的无穷、神秘和不可把握而崇拜一物以明信仰。所以"此心是真,此神是幻,执此幻者以为本体,是第三倒见也。"[207]

特别值得注意的是,在讨论宗教本体的同时,章氏还讨论了柏拉图的理念(他称之为伊跌耶,即 idea)说。他拒绝接受柏拉图将个体的存在理解为兼有与非有(即个体不等于理念,但也不离于理念)的看法,从唯识学立场出发,他坚持认为"成此个体者,见、相二分之依识而起也。非说依他起自性,则不足以极成个体也。"[208]在作了上述批判之后,章氏的结论是建立宗教既不能在万有之中横计其一为神(如物质,如个体),也不能在万有之上虚拟其一为神(如上帝),因为他们不是依他起就是遍计执。所有哲学、宗教诸师都是在他们所建立的本体之中再来构画内容,较计差别。换言之,都是没有自性和本体的存在,是意识的产物。就个体而言,它也不过是由意识所构画的名相而已,从而是没有内在性的深度的个体。

总之,在判断事物的合法性时,个体与上帝、诸神及物质都不能成为依据,只有"敬于自心"才是正途。这个自心是对外界而言的,这个外界

---

[206] 同上,页406。章氏早期宗教思想主要在批判有神论,而此时他的批判则特别指向唯物论,这一点与他对现代性的怀疑、特别是对科学主义的质疑有关。在《论佛法与宗教、哲学以及现实之关系》中,他对三性说的解释主要是针对唯物论的,所谓"追寻原始,惟一真心","唯物论说到穷尽,不能不归入唯心。"(《中国哲学》第六辑,页304。);在《规〈新世纪〉》一文中,他针对《新世纪》的科学宣传指出,科学"诊察物形,加以齐一,而施统系之谓",然而,"万状之纷纭,固非科学所能尽。"他评论了西方科学的缺失,指出哲学研究的重要性,实际上是对以《新世纪》为代表的科学信仰加以批判。(见《民报》二十四号,页44—47。)

[207] 同上,页406—407。

[208] 同上,页407。章氏同时还分析了康德的《实践理性批判》与《纯粹理性批判》的内在矛盾,即他一方面在自然的意义上将时空理解为无,进而不能肯定上帝的存在,但另一面也将自然界与自由界相区别,认为来生存在的可能性不能排除;从唯识学立场说,"非说依他起自性,则不足以极成未来,亦不足以极成主宰也。"同文,页408。

也包括个体在内。章氏建立的宗教是无神的宗教,是以"自识为宗"的宗教,也是敬于自心的宗教,但是,这个自识、自心不是个体的自我意识,不是个体的内心体验,不是人类中心主义范畴内的自我,而是真如,是惟识实性,所谓圆成实自性。个体是无我的,我是世界的本体,这个我就是真如和阿赖耶。从建立宗教的意义上说,社会批判的道德源泉就是这个超越个体之我。在这个意义上,章太炎对外在强制力量的批判超越了启蒙主义的人类中心主义的框架,从而激发了一种古老的非人类中心主义的宇宙论和本体论在现代语境中的批判意义。

尽管如此,章氏没有简单地否定个体之自我,因为人只有通过依他而起之自我,而达到圆成之路。这个看法包含着对现世的某种肯定。在日本时期的一篇讲稿中,章太炎特别指出佛法中原有真谛、俗谛二种,不能离开俗谛去讲真谛,例如因为心是人人所能自证,所以大乘所谓"万法惟心"说来才没有破绽;如果俗谛中不可说心,也就不能成立这个真谛。在《建立宗教论》中,他仔细地区分了情界与器界的差别,但在这篇讲稿中他却批评《瑜珈师地论》将植物、矿物视为无生命的器界而将之排除在情界、众生之外,强调在"万法惟心"的前提下一切平等,都具有生命的色彩,这种物活论观点从另一方面看也是"齐物论"的观点。[209] 章氏曾借用费希特的话说,从单一律来看,我就是我;从矛盾律来看,我所谓我就是他所谓他,我所谓他就是他所谓我;从充足律来看,无所谓他,即惟是我。[210] 对于充足律意义上的我,章氏是有所肯定的。充足律意义上的"我"一方面是证得真如的途径,另一方面也是他由佛教的寂灭观走向现世的通道,甚至可以说是他的建立宗教的唯识思想与齐物论宇宙观之间的重要的桥梁;如果宇宙间的一切都是"我"的话,那么无论他们之间有多大的差别,他们终究是自在平等的。

---

[209] 章太炎:《论佛法与宗教、哲学以及现实之关系》,《中国哲学》第6辑,页301。章氏的这种看法当然是与佛教的业报轮回之说相冲突的,但他此处所关心的并不是佛理的问题,而是齐物平等的问题。就在这篇讲稿中,他已经指出佛法不是宗教,可以放大眼光,自由研究,不必纠缠于一门一派。
[210] 章太炎:《建立宗教论》,《章太炎全集》第4卷,页415。

在解释了章氏的个人概念的基本逻辑之后,让我们转向他所建构的非人类中心主义的世界观本身。

4. 齐物论的自在平等:体非形器、理绝名言、涤除名相

章氏曾以"始则转俗成真,终乃回真向俗"自评学术思想之变迁,[211] 他对佛教俗谛的解释中已经突出了"以众生同此阿赖耶识,故立大誓愿,尽欲度脱等众生界,不限劫数,尽于未来"的人间关怀,[212] 他的"齐物论"宇宙观的形成则可以说是回真向俗的标志。用他自己的话说即"佛法应务,即同老庄";"所以老庄的话,大端注意在社会政治这边,不在专施小惠,振救贫穷","世间法中,不过平等二字。庄子就唤作'齐物'。"[213] 但是,这个平等不是人类平等、众生平等或天赋人权意义上的平等,而是哲学本体论意义上的平等:平等是真如和道的存在状态。换言之,对于章氏来说,平等不是一种道德要求,而是一种自然状况,只不过这种自然状况被我们日常的知识、语言遮盖了。[214]

章氏对齐物意义上的平等的最简要的解释是:

体非形器,故自在而无对;理绝名言,故平等而咸适。

又谓:

---

[211] 章太炎:《菿汉微言》,《章氏丛书》本,页45。
[212] 章太炎:《建立宗教论》,《章太炎全集》第4卷,页415。
[213] 章太炎:《论佛法与宗教、哲学以及现实之关系》,《中国哲学》第6辑,页307—308。章氏强调说,在世间法中,"若专用佛法去应世务,规画总有不周。若借用无政府党的话,理论既是偏于唯物,方法实在没有完成。唯有把佛(法)与老庄和合,这才是'善权大士',救时应务的第一良法。"同文,页310。
[214] 佛家历来攻击道家之自然,但章氏在这一问题上却站在一超越宗派的立场肯定自然,他说:"且如老庄多说自然,佛家无不攻驳自然,说道本来没有自性,何况自然?那么,我请回敬佛家一句,佛法也有'法尔'两个字,本来没有法性,何况法尔?人本无我,没有自性;法本无我,连法性也不能成立了。"同上,页301页。

> 《齐物》者,一往平等之谈,详其实义,非独等视有情,无所优劣,盖离言说相,离名字相,离心缘相,毕竟平等,乃合《齐物》之义。[215]

因此,平等的原理建立于体非形器、理绝名言和破除名相之上,而这三个方面实际上指的是同一件事,即宇宙的本体是如何存在的?个体如何达到这个本体或与这个本体相同一?[216]

所谓"体非形器"是说宇宙的本体如道、真如虽然是天地万物所以生之总原理,但却是"自本自根"、无始无终、无所不在的自然存在,而不是具体而有形质的事物,也即超越时空的存在。具体事物的存在总是以其他事物的存在为条件的,而这个本体却是"无待"的。换句话说,体既非一神、众神和泛神,也不是物质、原子或以太,更不是主观的自我,因为所有这些宗教哲学所设定的本体,都是由人的意识和语言在相待的关系中制造出来的。这些形器之"体"不仅是一种人为的(而非自在的)存在,而且以神、物和我的名义制造崇拜,形成不平等的关系。因此,"体非形器"的思想可以说是非宗教的思想。但是,体非形器并不仅仅是对宗教等级关系的否定,而是整个平等性的依据,也可以说是一种自然(不是自然界之自然,而是原来的样子之自然)的思想,老子所谓"道法自然"是对"体非形器"的极好注释。在章氏的语式中,体非形器与自在无对有一种因果关系。"无对"作为对自在之体的解释,涉及什么才是"自在",而"自在"即是齐物意义上的平等。章氏说:

> 若其情存彼此,智有是非,虽复泛爱兼利,人我毕足,封畛已分,乃奚齐之有哉。[217]

---

[215] 章太炎:《齐物论释》,《章太炎全集》第6卷,页3,4。
[216] 有关章氏《齐物论释》的基本倾向,已有学者作了梳理,请参见王汎森:《章太炎的思想(一八六八——九一九)及其对儒学的冲击》第5章第7节;姜义华:《章太炎思想研究》,第6章第4,5节。
[217] 章太炎:《齐物论释》,《章太炎全集》第6卷,页4。

本体既无形器,也无善恶,如果形迹上彼此分界,道德和情感上分出你我,则既非自在亦非无对。在这个意义上,章氏说,兼爱为"大迂之谈",偃兵是"造兵之本";如果祈祷上神,那也是顺之则宁,逆之"虽践尸蹀血,犹曰秉之天讨也。"[218] 就此而言,宗教和道德的信条无非是以天、神、爱的名义实施压迫的工具,故与平等绝异:"夫然,兼爱酷于仁义,仁义惨于法律,较然明矣。"[219] 所以,体非形器也意味着无上无下,无大无小,无内无外,无善无恶,无爱无憎,无你无我,这就是"自在而无对"的绝对平等。

所谓"理绝名言"是对以"公理"的名义出现的规则的拒绝,因为在齐物平等的条件下,不存在善者改造不善以使归于善的理由(理,或公理)。章氏释《齐物论》中子綦与子游的对话云:

> 《齐物》本以观察名相,会之一心。故以地籁发端,风喻意想分别,万窍怒号,各不相似,喻世界名言各异,乃至家鸡野鹊,各有殊音,自抒其意。天籁喻藏识中种子,晚世或名原型观念,非独笼罩名言,亦是相之本质,故曰吹万不同。使其自己者,谓依止藏识,乃有意根,自执藏识而我之也。[220]

世界本由藏识而起,而藏识是自在平等的。依藏识而起的万物各自不同,但一往平等,故各有道理。这就是所谓家鸡野鹊,各有殊音,自抒其意。

章氏在这里用唯识学解庄子的本体论,但在对待世界万物的各有其理方面,章氏显然接受了庄子的看法。冯友兰在解释庄子的自由与平等思想时曾说,庄学从人与物应有绝对平等的观念出发,以为凡天下之物无不好,天下之意见无不对,而这是庄学与佛学的根本不同处,因为佛学以为凡天下之物皆不好,天下之意见皆不对。[221] 章氏的特点是在世间的意义上肯定物(包括人)各有己及己之理,但这些平等的物与平等的理最终

---

[218] 同上,页4。
[219] 同上,页4。
[220] 章太炎:《齐物论释》,《章太炎全集》第6卷,页8。
[221] 冯友兰:《中国哲学史》,上册,北京:中华书局,1961,页288。

又被归为本然的平等或谓遍在的、超越了名言的理。如说:"齐物者,吹万不同,使其自己",这是对物各有己的肯定;但接着说"其要在废私智,绝悬娛,不身质疑事,而因众以参伍",[222]将对物各有己和理的肯定与废除私见和利益众生相联系。

那么,这两个方面是如何统一的呢?试看章氏对《齐物论》有关"正处"、"正味"和"正色"的解释。庄子的意思是,如果若必执一以为正处、正味、正色,那么,物各有所感,谁能够知道什么是天下之正处、正味、正色呢?如果不执一以为正处、正味、正色,那么,各物所感即天下之正处、正味、正色。章氏用佛教语言解释说:

> 所以者何?迷亦是觉,物无不迷,故物无不觉。今云无知,虽一切知者亦何能知之,然则第二第三两问皆不可知(第二问是"子知子所不知邪?"第三问是"然则物无知邪?"——作者注),唯第一问容有可说(第一问是"子知物之所同是乎?"——作者注)。触受想思,唯是织妄,故知即不知也。达一法界,心无分别,故不知即知也。……所谓不知即彼所知,此亦以为不知此之不知,又应彼所谓知矣。……必谓尘性自然,物感同尔,则为一观之论,非复《齐物》之谈。[223]

物各缘识而起,此是所同;但物在何种条件下、以何种感觉缘识而起,即使释迦本人亦不能知。既然如此,视天下之意见皆如自然之"化声",恰恰是从道、真如或阿赖耶识的观点观物。这就如庄子《秋水篇》所谓"以道观之,物无贵贱。以物观之,自贵而相贱。以俗观之,贵贱不在己。以差观之,因其所大而大之,则万物莫不大;因其所小而小之,则万物莫不小。……"[224]换言之,章氏所谓"理绝名言"、"平等而咸适"的观点是以某种超越的视点为基础的。这种"此亦一是非,彼亦一是非"非无是

---

[222] 章太炎:《原道》上,《国故论衡》,大共和日报馆,1912年版,页159。
[223] 章太炎:《齐物论释》,《章太炎全集》第6卷,页42—43。
[224] 庄子:《秋水篇》,引自郭庆藩:《庄子集释》第3册,北京:中华书局,1961年版,页577。

非,而是对以己之是非为天下之是非的是非观的否定。从肯定方面说,这一否定就是"万物与我为一"的"心观"、"道观"(而非物观、俗观、差观、功观、趣观)。在这样的视点内,才能达到以不齐为齐的"齐物"之境。

所谓破除名相则是抵达齐物之境的唯一途径。章氏说:

> 齐其不齐,下士之鄙执;不齐而齐,上哲之玄谈。自非涤除名相,其孰能与于此。

又谓:

> 人心所起,无过相名分别三事,名映一切,执取转深。是故以名遣名,斯为至妙。[225]

章氏之齐物乃"以不齐为齐",即承认万事万物各有差别,这与明代李贽所谓"物之不齐,又物之情也"的看法甚为相近,但他达到这种平等境界的方式却具有更为强烈的佛学意味,这就是"自在无对"、"理绝名言"。换言之,唯有离言说相、离名字相、离心缘相,才能达到不齐而齐的境界。名相未除,即有形器、分别和等级;既然知识由概念或名相构成,那么能够体证真如的就只能是无知识的经验亦即佛家所谓现量。冯友兰曾借用詹姆士(William James)纯粹经验(Pure experience)概念解释这种无知之知,即对于所经验,只觉其"如此"(that)而不知其是什么(what);即只是纯粹所觉,而不杂以名言分别。[226]这也就是章氏所谓"以名遣名"。经验之物是具体的,而名之所指则是抽象的,是经验的一部分,也即主观的观念之一部分。故以名字相,实有所亏。绝待无对,则不知有我,若本无我,虽有彼相,谁为能取?如果彼我皆空,妄觉无从生起。"由是推寻,必有真心为众生公有,故曰

---

[225] 章太炎:《齐物论释》,《章太炎全集》第6卷,页4。
[226] 冯友兰:《中国哲学史》,上册,页298。

若有真宰……即佛法中如来藏藏识。"[227] 换言之,只有涤除名相,才能绝待无对,只有绝待无对,才能体证真如。所谓"涤除",所谓"离言说相"、"离名字相"、"离心缘相"都意味着无知之知不同于原始的无知,即经过有知识的经验而得之纯粹经验。[228] 由此,涤除名相仍然是对我见、我相的摒除,是对"众生公有"之"真心"的呈现。

章氏的齐物思想从建立宗教的道德考虑再一次回向对宇宙之自然("道法自然"意义上的自然)的解释,而没有停留或归向一种人类中心主义的世界观。但是,这种解释自然的动力当然是为人类社会的合理状态寻找依据。那么,以不齐为齐的合理状态是否象有的人说的那样是"多元主义"呢?在回答此问题之前,我们先来考虑齐物思想的政治内容。章氏的以不齐为齐的宇宙论具有直接的政治性是极为明显的,其中常为人所引用的是他对文野之别的非议。章氏说:

> 或言《齐物》之用,廓然多涂,今独以蓬艾为言,何邪?答曰:文野之见,尤不易除,夫灭国者,假是为名,……如近观世有言无政府者,自谓至平等也,国邑州间,泯然无间,贞廉诈佞,一切都捐,而犹横箸文野之见,必令械器日工,餐服愈美,劳形苦身,以就是业,而谓民职宜然,何其妄欤!故应务之论,以齐文野为究极。[229]

在批判帝国主义以文明与野蛮的名义进行侵略的同时,他也批评宗教。如谓:

> 墨子虽有禁攻之义,及言《天志》《明鬼》,违之者则分当夷灭而不辞,斯固景教天方之所驰骤,……盖藉宗教以夷人国……返观庄生,则虽文明灭国之名,犹能破其隐慝也。[230]

---

[227] 章太炎:《齐物论释》,《章太炎全集》第6卷,页11—12。
[228] 冯友兰:《中国哲学史》,上册,页302。
[229] 章太炎:《齐物论释》,《章太炎全集》第6卷,页40。
[230] 同上,页40。

文/野、圣/凡、正统/异端之别都是人为的虚构,目的是为侵夺他人张目。章氏对文野之别的批判明显地与他的民族主义相呼应,他的宗教批判也是其民族主义的一个有机部分。值得注意的是,章氏在批评文野之见时特别提到无政府主义(主要针对《新世纪》)对科学基础和物质享受的追求,将之也归为文野之见,足见章氏的齐物平等观念具有深刻的反现代、反进化、反文明的特征。

从政治思想的角度说,章氏是将绝对的自由、绝对的平等与一切秩序和制度作为对立的两极的。章氏的自由思想的核心是顺性自然、无分彼此、摆脱一切制度和秩序而绝对逍遥,故而只有绝对的平等,即以不齐为齐,才能达到绝对的自由。因此,齐物论宇宙观在政治上的表达就是"五无"的思想,在观念上的表达就是"四惑"思想。章氏借助于《齐物论》与唯识学的思想所提出的以不齐为齐的平等思想中的确包含着对事物的多样性、意见的歧异性、立场的多元性的尊重,但是,这种齐物平等的观念即使能够导致一种政治上的多元主义的后果,也不能简单地等同于哲学上的多元论。威廉·詹姆士在《多元的宇宙》一书中认为,注意并重视事物的可变性,事物在存在中的和彼此相互联系中的多样性,以及处于发展过程中的世界的未经修饰的性质,这些都是具有经验主义倾向的思想家的特点。[231] 从这些方面看,章氏的齐物思想确有多元论的特点。但是,从本体论来看,章氏对多样性的看法是由一个超越的视点统摄的,这个超越性的视点是宇宙的本体和万物存在的原理,从根本上说,他的多元论是一种超越于人类中心主义的古典宇宙论的产物。因此,在对宇宙多样性的描述的背后是对那个没有形器的体的肯定。这就是道、真如、阿赖耶识。世界确乎是多元的,但多元的世界无非缘识而成。在这个意义上,以不齐为齐的世界描述在本质上是否多元论又大有疑问。作为一种社会政治思想的多元主义主要指的是社会中不同集团,如教会、工会、职业团体、少数民族、妇女等享有的独立自主权,政治多元主义学说的特征也主要体现为对具有独立自主权的集团的社会功能的肯定。但是,章氏齐物思想中的基本单位并不是集

---

[231] 威廉·詹姆士:《多元的宇宙》,北京:商务印书馆,1999。

团(如果有集团,必然有秩序、等级和分别),而是个体(物与人),对宇宙万物多元存在的论证依赖于"以道观物"的视点,而在这个视点内,社会的政治制度和一切秩序(无论这种秩序是政治性的还是道德性的)都是对个体的损害和侵夺。在前一部分我已经对章氏关于国家、议院、社团、村社等集体性存在的批判作了分析,在这样的政治思想的前提下,将章氏的齐物思想等同于作为一种社会政治思想的多元主义是有欠考虑的。

5. 个体/本体的修辞方式与自然之公

上述分析再次提供了分析和总结章氏个体概念的机会:

首先,从建立宗教的道德考虑到齐物论的宇宙存在模式的解释,个体的意义发生了一些重要的变化。在建立宗教论的框架内,个体的最深刻的特征就是无我,也即个体与自性即我的分离。就遍计所执自性而言,个体以及自/他的区分仅仅是意识的产物,是一种没有内在深度和实体性的抽象观念,是一种无内容的名言,也就是一种妄执或妄念;就依他起自性而言,个体以及自/他的区分是依他而起的幻有,是达到或证得圆成实自性、真如和阿赖耶识的工具或通道。既然章氏建立宗教的目的是革命道德的形成,那么,在佛教三性说的框架内,他所要力证的是日常生活之中的个体所欲、所思、所畏皆为虚幻,并进而对人伦日常的、具有生命、意识、情感和心理活动的个体加以虚无化;而他所要论证的"我"(亦即真如、阿赖耶识)则是超越于个体和人伦日常的普遍、永恒和真实的存在。

因此,道德的起源是超越个体的真如和阿赖耶识,个体非但不是道德的起源和认同的基础,而且由于他是意识的、情感的、心理的和具有语言能力的存在,反而成为证得真如的障碍。换言之,三性说中的个体没有个人自主权可言。这种情况在齐物论的宇宙存在模式中有所不同,发生变化的主要原因在于这种宇宙模式并非以道德为指归。如果说"以不齐为齐"的"齐物"思想也是某种道德的话,那么,这种道德不是人伦日常意义上的道德(虽然它对人伦日常具有指导意义),而是庄子所谓"形非道不生,生非德不明"意义上的道德。江袤云:

> 无所不在之谓道,自其所得之谓德。道者,人之所共由;德者,人之所自得也。[232]

不过,对于齐物平等思想来说,这里所谓人所共由和自得应该改为物所共由和自得,盖在齐物的意义上人与物并无差别。

在这个意义上,齐物意义上的个体并不专指个人,而是泛指宇宙中的一切存在,从而"齐物"的世界不是人类中心主义的世界。"以不齐为齐"的平等是宇宙的一种存在状态,但也是一种不承认原则的原则或不承认公理的公理:它不承认任何高于个体的规则和公理,并强调任何个体都有自己的规则和道理。既然语言或名相是一种抽象的普遍性,因此语言或名相也是高于个体的知识、规则和公理,故在涤除之列。"以不齐为齐"的绝对平等观在一定程度上可以视为对个体的自主性的尊重,但是,这种自主性是在任何秩序(包括语言秩序)之外的自主性,它毋宁是道德即万物所以存在的原理的体现。齐物平等意义上的物(兼人)是有生命(即活的、动的、变的)、有位置、有独特性的存在物,但仍很难说是有内在性深度的个体。超越名相和秩序的个体是一种纯粹经验,因此,它也可以说是反知识的、反理性化的、反现代的(实际上也是超越时间和空间的,因为空间和实践也是名相而已)个体。

其次,章氏在三性说和齐物论的框架内讨论个体及其自主性问题,这意味着个体问题是在本体论和宇宙论的原理中提出的。换言之,至少在形式上,个体概念与社会、集体等概念无关,当然也就与白鲁恂所说的"集体归宿感"无关,而恰恰与个体在宇宙中的位置和存在方式的体认这一认同问题有关。无论是对个体自主性的论证,还是对个体真实性的怀疑,都不在个体/社会、个体/集体、甚至个体/自我的关系之中。这种个体/本体的特殊修辞方式决定了章氏的自由和平等概念是超社会的。

因此,物与物(包括人与物、人与人、物与物)之间的平等关系是一种宇宙的存在原理和本然(自然)状态,自由则是这种原理和状态的另

---

[232] 焦竑:《老子翼》卷七引,渐西村舍刊本,页38。

一种表述方式。尽管章氏暗示这种原理也应当是支配国与国、人与人之间关系的政治的和道德的原理,但是,这种自由和平等概念既不涉及权利的概念,也不涉及义务的概念;它们既不属于法律的范畴,也不属于道德的范畴,当然更不涉及占有关系的范畴;我们已经知道在"以不齐为齐"的境界中,吹万不同,物各有己,而且各有其理,但我们不知道己与己之间、理与理之间是否需要某种协调和规范;换句话说,在章氏的论述模式中,个体与本体之间没有任何中介,特别是与社会的概念无涉。章氏的自由平等概念中既没有个人先于社会结构的原则,也没有社会形态先于个人现象的原则。因为"社会的"这个词意味着一种秩序,一种名相,一种对待性的关系,一种普遍性,一种专制和暴力的可能性。就此而言,章氏的个体概念及其相关话语涉及政治性的和社会性的运用,但却不是政治学的和社会学的运用。这不仅使章氏的个体概念及其论述模式与梁启超、严复等人在群/己、社会/个人的论述模式中的个人概念相区别,而且也同近代西方社会思想对个人及其与社会的关系模式的讨论大不相同。

第三,章氏的建立宗教论突出了"依自不依他"、"自贵其心"的思想,但是这里的"自"与"心"是圆成实自性和超越个体之真心;同样,章氏的齐物论宇宙观强调"以不齐为齐"的物各有己的思想,但是,"不齐"与"己"都是对一种更高的状态的印证。"以不齐为齐"是"以道观物"的产物。换句话说,对依自的强调和对公理的破除,所达到的结论并不是个人的绝对自主性,而是一种至高的宇宙原理,即"公"的思想。这种"公"不是一种礼制之公,也不是一种社会之公,而是一种绝对平等的自然之公。现在我们不妨重温《庄子·应帝王》:

汝游心于淡,合气于漠,顺物自然而无容私焉,而天下治矣。

郭象注曰:

任性自生,公也;心欲益之,私也;容私果不足以生生,而顺公乃全也。[233]

"依自"也好,"不齐"也好,都是"无私"的状态,亦即"公"的状态。章氏的个体概念之所以是临时性的,归根结底,只有"公"才是永恒的自然状态。换言之,章氏虽然用个体对抗国家,似乎是极端的个体主义者,但个体对他而言并非价值源泉和认同的基础;相反,价值源泉和道德基础渊源于一种独特的自然状态,这种状态是无私之公。

---

[233] 郭庆藩:《庄子集释》,第1册,页294—295。